全过程工程咨询百问百答

公诚管理咨询有限公司　编著

中国财富出版社有限公司

图书在版编目（CIP）数据

全过程工程咨询百问百答 / 公诚管理咨询有限公司编著. — 北京：中国财富出版社有限公司，2024.2

ISBN 978-7-5047-8136-9

Ⅰ.①全…　Ⅱ.①公…　Ⅲ.①建筑工程—咨询服务—问题解答

Ⅳ.①F407.9-44

中国国家版本馆CIP数据核字（2024）第047885号

策划编辑	王　靖	**责任编辑**	刘　斐　陈　嘉	**版权编辑**	李　洋
责任印制	尚立业	**责任校对**	杨小静	**责任发行**	敬　东

出版发行	中国财富出版社有限公司		
社　　址	北京市丰台区南四环西路188号5区20楼	**邮政编码**	100070
电　　话	010-52227588 转 2098（发行部）	010-52227588 转 321（总编室）	
	010-52227566（24小时读者服务）	010-52227588 转 305（质检部）	
网　　址	http://www.cfpress.com.cn	**排　　版**	宝蕾元
经　　销	新华书店	**印　　刷**	宝蕾元仁浩（天津）印刷有限公司
书　　号	ISBN 978-7-5047-8136-9 / F·3654		
开　　本	787mm×1092mm　1/16	**版　　次**	2024 年 5 月第 1 版
印　　张	15.25	**印　　次**	2024 年 5 月第 1 次印刷
字　　数	298千字	**定　　价**	65.00 元

含諧領兆數音

化一問一答皆

文章

王早生

《全过程工程咨询百问百答》
编写组

主　　　编：陈伟峰

编写组成员：王芳芳　张　兴　谢晓冲　黄绪刚　黄　剑　张明林

　　　　　　汪蒙奇　谢占鹏　彭泽权　白　琳　杨顺荣

先行先试　善做善成　共促发展

　　近几年，在国家政策指引及咨询企业转型的双重驱动下，全过程工程咨询成为咨询行业的热点。一方面从需求侧出发，投资方希望借助全过程工程咨询解决更加多元、开放、高端的服务诉求；另一方面从供给侧出发，咨询企业立足于整合服务要素、增强综合实力、推动行业持续健康发展的目标，先行先试、不断创新。由此，我国工程咨询管理模式改革迎来了蓬勃发展之势。

　　随着全过程工程咨询服务模式的深入实践与推广，与之相关的实施标准、政策依据、融合效应、行业差异等方面的疑问接踵而至，如何更大限度地发挥全过程工程咨询的服务优势、满足投资方的服务诉求、提升咨询方的综合实力成为摆在供需双方面前的共同课题。公诚管理咨询有限公司组织编撰的《全过程工程咨询百问百答》一书，通过对业务实践过程中常见问题的答疑解惑，为投资方、咨询方及产业链上下游提供理论依据和实践参考，为全过程工程咨询规范化、制度化、标准化提供工作指引和管理建议。

　　本书针对当前全过程工程咨询各服务组合项的融合关联性及业务互斥性进行详细解答，从投资方与咨询方工作界面、项目管理与工程监理的区别联系、监理与造价的组合优势等多个角度打消项目引入全过程工程咨询的顾虑。同时本书内容涵盖投资决策综合性咨询、工程建设全过程咨询、运营维护阶段咨询各个阶段，提炼了工作流程、工具方法、组织架构、交付标准等方面的实践精华，是当前全过程工程咨询从业者的一本入门指引手册。

让人眼前一亮的是，本书除了解决全过程工程咨询具有普遍性的疑难杂症之外，还兼顾了行业差异。在专业篇聚焦信息化、数据中心、新能源光伏、房建四个领域进行跨行业实践分享，围绕新基建与传统基建全过程工程咨询差异化服务内容逐一展开细述。读者在浏览全局、熟悉全过程工程咨询概念及知识体系后，可以聚焦特定领域进行深入研读，找到行业焦点问题及解决方案，甚为实用。

希望本书能够在促进全过程工程咨询业务交流与信息共享的同时，对进一步提高全过程工程咨询行业的理论水平和专业化能力有所裨益，为今后全过程工程咨询领域研究工作和体系建设提供重要参考。

编委会

二〇二四年一月

目 录

PART 2
第二部分　专业篇

01

第一部分 通用篇

全过程工程咨询百问百答

第一章 基本定义

1 全过程工程咨询的定义和特征是什么？

答： 国家发展和改革委员会 2017 年第 9 号令《工程咨询行业管理办法》第八条明确，全过程工程咨询是指采用多种服务方式组合，为项目决策、实施和运营持续提供局部或整体解决方案以及管理服务。

根据中国工程建设标准化协会《建设项目全过程工程咨询标准》（T/CECS 1030—2022）2.0.1 条，建设项目全过程工程咨询是指在建设项目的投资决策阶段、工程建设阶段、运营维护阶段，咨询人为委托人提供综合性、跨阶段、一体化的工程咨询服务，简称"全过程咨询"。

结合业务定义、政策背景及市场供需，全过程工程咨询业务特点如下：一是在内容上体现出服务的组合；二是在阶段上可涉及项目决策、实施和运营各阶段；三是在效果上体现综合性、跨阶段、一体化、智力型的服务特色。

【案例】某项目投资方将工程监理、造价咨询两项咨询服务组合采购，根据招标结果与咨询单位 A 签订了一个咨询服务合同，此合同服务是否为全过程工程咨询服务？

【分析】本案所述合同服务是全过程工程咨询服务。

《国务院办公厅关于促进建筑业持续健康发展的意见》（国办发〔2017〕19 号）、《国家发展改革委 住房城乡建设部关于推进全过程工程咨询服务发展的指导意见》（发改投资规〔2019〕515 号）为在建设领域推进全过程工程咨询服务发展提供了政策指引。全过程工程咨询区别于单一咨询的最显著特征是服务组合，本案例未采用传统的单一咨询服务采购方式，而是将两项服务组合采购并于同一合同中委托给咨询单位 A 实施，符合全过程工程咨询的定义和特征。

2 从工程咨询服务范围来看，工程咨询包括哪几类？

答： 国家发展和改革委员会 2017 年第 9 号令《工程咨询行业管理办法》第八条明

确了工程咨询服务范围。

"（一）规划咨询：含总体规划、专项规划、区域规划及行业规划的编制；

（二）项目咨询，含项目投资机会研究、投融资策划、项目建议书（预可行性研究）、项目可行性研究报告、项目申请报告、资金申请报告的编制，政府和社会资本合作（PPP）项目咨询等；

（三）评估咨询：各级政府及有关部门委托的对规划、项目建议书、可行性研究报告、项目申请报告、资金申请报告、PPP项目实施方案、初步设计的评估，规划和项目中期评价、后评价，项目概预决算审查，及其他履行投资管理职能所需的专业技术服务；

（四）全过程工程咨询：采用多种服务方式组合，为项目决策、实施和运营持续提供局部或整体解决方案以及管理服务。有关工程设计、工程造价、工程监理等资格，由国务院有关主管部门认定。"

3 从全过程工程咨询的服务范围来看，包括哪些类型？

答：（1）中国建筑业协会《全过程工程咨询服务管理标准》（T/CCIAT 0024—2020）3.2.1条规定："全过程工程咨询的服务范围可包含投资决策综合性咨询、工程建设全过程咨询及运营阶段咨询。"

（2）发改投资规〔2019〕515号文件对全过程工程咨询服务的类型明确如下。

①投资决策综合性咨询：投资者在投资决策环节委托工程咨询单位提供综合性咨询服务，统筹考虑影响项目可行性的各种因素，增强决策论证的协调性。综合性工程咨询单位接受投资者委托，就投资项目的市场、技术、经济、生态环境、能源、资源、安全等影响可行性的要素，结合国家、地区、行业发展规划及相关重大专项建设规划、产业政策、技术标准及相关审批要求进行分析研究和论证，为投资者提供决策依据和建议。

②咨询单位接受建设单位委托的工程建设全过程咨询服务，提供招标代理、勘察、设计、监理、造价、项目管理等全过程咨询服务，满足建设单位一体化服务需求，增强工程建设过程的协同性。

（3）中国建筑业协会《全过程工程咨询服务管理标准》提到，运营阶段全过程工程咨询服务单位为建设单位提供项目后评价、项目绩效评价、运营维护管理策划、资产管理等方面的咨询服务。

【案例】某政府投资项目，建设单位拟将包括项目建议书、可行性研究报告、节能评估报告、环境影响评价、安全评价、社会稳定风险评价、水土保持方案、地质灾害危险性评估、交通影响评估共九项服务进行组合，委托全过程工程咨询单位B实施，此做法是否有相关依据？

【分析】此做法属于投资决策综合性咨询服务，国家部委、各省发布了相关政策。

国家层面，发改投资规〔2019〕515号文件指出，为增强政府投资决策科学性，提高政府投资效益，政府投资项目要优先采取投资决策综合性咨询服务方式，以此加强可行性研究，对国家法律法规和产业政策、行政审批中要求的专项评价评估等一并纳入可行性研究统筹论证，减少分散专项评价评估，避免可行性研究论证碎片化，提高决策科学化，促进投资高质量发展。

省级层面，浙江省《全过程工程咨询服务标准》（DB33/T 1202—2020）中2.0.9条规定，前期咨询是指在项目建设前期，对项目建设书、可行性研究报告等进行评估论证的咨询服务。5.2.9条规定，全过程工程咨询单位应对建设项目环境影响评价、节能评估、安全评价、社会稳定风险评价、地质灾害危险性评估、绿色咨询和交通影响评价等进行咨询。咨询的成果文件应符合国家、地方标准和项目进度的要求。

由天津理工大学IPPCE研究所、广东中量工程投资咨询有限公司、深圳航建工程造价咨询有限公司联合主编的《建设项目全过程工程咨询指南》一书中指出：建设项目在决策阶段的主要工作包括项目建议书、可行性研究报告、运营策划、评估报告（节能评估报告、环境影响评价、安全评价、交通影响评价等）等相关报告的编制以及报送审批工作。在投资人具有投资意向时，可引入全过程工程咨询单位介入项目策划的一系列工作中。

4 "1+N+X" 模式具体含义是什么?

答：中国建筑业协会《全过程工程咨询服务管理标准》指出，全过程工程咨询的服务形式宜采用"1+N+X"模式。

针对"1+N+X"含义的解释不唯一，常见的一种解释如下。

（1）"1"指项目管理：主要包括项目策划管理、报建报批、勘察管理、设计管理、合同管理、投资管理、招标采购管理、现场组织管理、参建方管理、验收管理、移交管理以及质量、进度、安全、信息、沟通、风险、人力资源等管理与协调工作。

（2）"N"指包含在全过程工程咨询合同内需提供的专业咨询：根据合同委托内容

而定，可以是投资咨询、工程勘察、工程设计、招标采购、工程监理、BIM技术咨询、运营维护咨询等。

（3）"X"指需协调的服务：全过程工程咨询合同不直接提供，但需协调的服务。

上述解释中区分"N"与"X"的关键因素在于是否属于全过程工程咨询合同中的服务项，而非以某特定服务内容为区分依据，如招标代理服务若包含在全过程工程咨询合同范围内，则属于"N"，不包含在内则属于"X"。

实践中并非所有的全过程工程咨询均采用"1+N+X"模式，也有"1+N（N≥1）""0+N（N≥2）"等模式，采用何种模式取决于投资方的服务需求、组合项选择以及当地全过程工程咨询相关实施指引细则。

5 国家、行业、省市层面全过程工程咨询政策、法规、规范有哪些？

答：各级政策指引、法规规范及标准是开展全过程工程咨询业务的依据，文件原文可查阅各级住房和城乡建设主管单位及发展改革委官网、工标网等。不同层级政策法规、办法意见、标准指南如表1-1所示。

表1-1　　　　　　　　　全过程工程咨询政策、法规、规范汇总

序号	发文单位	发文名称	发布（成文）时间
国家层面政策、办法、意见			
1	国务院办公厅	《国务院办公厅关于促进建筑业持续健康发展的意见》（国办发〔2017〕19号）	2017年2月
2	中华人民共和国住房和城乡建设部建筑市场监管司	《关于印发住房城乡建设部建筑市场监管司2017年工作要点的通知》（建市综函〔2017〕12号）	2017年2月
3	中华人民共和国住房和城乡建设部	《住房城乡建设部关于开展全过程工程咨询试点工作的通知》（建市〔2017〕101号）	2017年5月
4	中华人民共和国住房和城乡建设部	《住房城乡建设部关于促进工程监理行业转型升级创新发展的意见》（建市〔2017〕145号）	2017年7月
5	中华人民共和国住房和城乡建设部	《住房城乡建设部关于加强和改善工程造价监管的意见》（建标〔2017〕209号）	2017年9月
6	中华人民共和国国家发展和改革委员会	《工程咨询行业管理办法》（中华人民共和国国家发展和改革委员会令第9号）	2017年11月

续表

序号	发文单位	发文名称	发布（成文）时间
7	中华人民共和国国家发展和改革委员会	《国家发展改革委关于印发〈工程咨询单位资信评价标准〉的通知》（发改投资规〔2018〕623号）	2018年4月
8	中华人民共和国国家发展和改革委员会、中华人民共和国住房和城乡建设部	《国家发展改革委 住房城乡建设部关于推进全过程工程咨询服务发展的指导意见》（发改投资规〔2019〕515号）	2019年3月
9	中华人民共和国住房和城乡建设部	《住房城乡建设部关于进一步加强房屋建筑和市政基础设施工程招标投标监管的指导意见》（建市规〔2019〕11号）	2019年12月
协会/企业类标准、导则、指南			
10	中国电力企业联合会	《火力发电建设项目全过程工程咨询导则》（T/CEC 227—2019）	2019年4月
11	浙江省住房和城乡建设厅	《全过程工程咨询服务标准》（DB 33/T 1202—2020）	2020年6月
12	北京市建设监理协会	《全过程工程咨询合同示范文本（试行）》（京监协〔2020〕10号）	2020年10月
13	中国建筑业协会	《全过程工程咨询服务管理标准》（T/CCIAT 0024—2020）	2020年10月
14	中国工程咨询协会水利专业委员会	《水利水电工程全过程工程咨询服务导则》（T/CNAEC 8001—2021）	2021年7月
15	天津市勘察设计协会	《天津市全过程工程咨询服务导则》（T/TJKCSJ 001—2020）	2021年11月
16	中国工程建设标准化协会	《建设项目全过程工程咨询标准》（T/CECS1030—2022）	2022年3月
17	重庆市首席信息官协会	《政务信息化项目全过程咨询服务导则》（T/CQCIO 001—2022）	2022年6月
18	中国民用航空局	《民航局直属单位建设项目全过程工程咨询服务实施指南》（IB-CA-2022-01）	2022年8月
19	国家能源局	《电网项目全过程工程咨询服务导则》（DL/T 2583—2022）	2022年11月
省市层面政策、指引			
20	安徽省住房和城乡建设厅	《关于印发〈安徽省开展全过程工程咨询试点工作方案〉的通知》（建市〔2018〕138号）	2018年9月

续表

序号	发文单位	发文名称	发布（成文）时间
21	福建省住房和城乡建设厅	《关于印发〈福建省全过程工程咨询试点工作方案〉的通知》（闽建科〔2017〕36号）	2017年8月
22	甘肃省住房和城乡建设厅、甘肃省发展和改革委员会	《甘肃省住房和城乡建设厅 甘肃省发展和改革委员会关于在房屋建筑和市政基础设施工程领域推进全过程工程咨询服务发展的实施意见》（甘建建〔2021〕2号）	2021年1月
23	广东省住房和城乡建设厅	《广东省住房和城乡建设厅关于印发〈广东省全过程工程咨询试点工作实施方案〉的通知》（粤建市〔2017〕167号）	2017年8月
24	广西壮族自治区住房和城乡建设厅	《自治区住房城乡建设厅关于印发〈广西全过程工程咨询试点工作方案〉的通知》（桂建发〔2018〕2号）	2018年2月
25	广西壮族自治区住房和城乡建设厅	《自治区住房城乡建设厅关于印发广西壮族自治区工程建设全过程咨询服务导则（试行）的通知》（桂建管〔2019〕71号）	2019年12月
26	贵州省人民政府办公厅	《省人民政府办公厅转发省住房城乡建设厅关于加快建筑业转型升级高质量发展若干意见的通知》（黔府办函〔2019〕112号）	2019年10月
27	贵州省住房和城乡建设厅	《关于加快推进我省全过程工程咨询服务发展的实施意见》（黔建建发〔2020〕1号）	2020年6月
28	河北省住房和城乡建设厅	《河北省住房和城乡建设厅关于印发〈推动工程监理企业转型升级创新发展的指导意见〉的通知》（冀建质安〔2019〕7号）	2019年3月
29	河南省住房和城乡建设厅	《河南省住房和城乡建设厅关于印发河南省全过程工程咨询试点工作方案（试行）的通知》（豫建设标〔2018〕44号）	2018年7月
30	黑龙江省住房和城乡建设厅	《黑龙江省住房和城乡建设厅关于开展全过程工程咨询试点工作的通知》（黑建函〔2017〕376号）	2017年12月
31	黑龙江省住房和城乡建设厅	《黑龙江省住房和城乡建设厅关于在房屋建筑和市政工程领域推进全过程工程咨询服务发展的指导意见》（黑建建〔2019〕12号）	2019年12月

续表

序号	发文单位	发文名称	发布（成文）时间
32	黑龙江省住房和城乡建设厅	《黑龙江省住房和城乡建设厅关于在全省房屋建筑和市政基础设施领域工程项目实行工程总承包和全过程工程咨询服务的函》	2021 年 2 月
33	湖南省住房和城乡建设厅	《湖南省住房和城乡建设厅关于印发湖南省全过程工程咨询试点工作方案和第一批试点名单的通知》（湘建设函〔2017〕446 号）	2017 年 12 月
34	湖南省住房和城乡建设厅	《湖南省住房和城乡建设厅关于印发全过程工程咨询工作试行文本的通知》（湘建设〔2018〕17 号）	2018 年 2 月
35	湖南省住房和城乡建设厅	《湖南省住房和城乡建设厅关于推进全过程工程咨询发展的实施意见》（湘建设〔2020〕91 号）	2020 年 7 月
36	湖南省住房和城乡建设厅	《湖南省住房和城乡建设厅关于印发〈湖南省房屋建筑和市政基础设施项目全过程工程咨询招标投标管理暂行办法〉的通知》（湘建设〔2020〕206 号）	2021 年 1 月
37	吉林省住房和城乡建设厅	《吉林省住房和城乡建设厅关于印发〈关于推进全过程工程咨询服务发展的指导意见〉的通知》（吉建办〔2018〕28 号）	2018 年 7 月
38	吉林省住房和城乡建设厅、吉林省发展和改革委员会	《关于在房屋建筑和市政基础设施工程领域加快推行全过程工程咨询服务的通知》（吉建联发〔2020〕20 号）	2020 年 5 月
39	江苏省住房和城乡建设厅	《江苏省住房城乡建设厅关于印发〈江苏省开展全过程工程咨询试点工作方案〉的通知》（苏建科〔2017〕526 号）	2017 年 10 月
40	江苏省人民政府	《省政府关于促进建筑业改革发展的意见》（苏政发〔2017〕151 号）	2017 年 11 月
41	江苏省住房和城乡建设厅	《省住房城乡建设厅关于印发〈江苏省全过程工程咨询服务合同示范文本（试行）〉和〈江苏省全过程工程咨询服务导则（试行）〉的通知》（苏建科〔2018〕940 号）	2018 年 12 月
42	江西省住房和城乡建设厅	《关于加快推进我省全过程工程咨询服务发展的实施意见》（赣建建〔2021〕7 号）	2021 年 6 月

续表

序号	发文单位	发文名称	发布（成文）时间
43	内蒙古自治区人民政府办公厅	《内蒙古自治区人民政府办公厅关于促进建筑业持续健康发展的实施意见》（内政办发〔2017〕173号）	2017年11月
44	内蒙古自治区住房和城乡建设厅	《内蒙古自治区住房和城乡建设厅关于开展全过程工程咨询试点工作的通知》（内建工〔2018〕544号）	2018年10月
45	内蒙古自治区工程建设协会	《关于印发〈内蒙古自治区工程建设全过程咨询服务导则（试行）〉〈内蒙古自治区工程建设全过程咨询服务合同（试行）〉的通知》（内工建协〔2019〕9号）	2019年8月
46	宁夏回族自治区住房和城乡建设厅	《自治区住房和城乡建设厅关于公布全区建设项目全过程工程咨询第二批试点企业名单的通知》（宁建（建）发〔2018〕19号）	2017年4月
47	宁夏回族自治区住房和城乡建设厅	《自治区住房和城乡建设厅关于印发〈全过程工程咨询试点工作方案〉的通知》（宁建（建）发〔2018〕31号）	2018年4月
48	山东省人民政府办公厅	《山东省人民政府办公厅关于进一步促进建筑业改革发展的十六条意见》（鲁政办字〔2019〕53号）	2019年3月
49	山东省住房和城乡建设厅、山东省发展和改革委员会	《山东省住房和城乡建设厅 山东省发展和改革委员会关于在房屋建筑和市政工程领域加快推行全过程工程咨询服务的指导意见》（鲁建建管字〔2019〕19号）	2019年10月
50	山西省住房和城乡建设厅	《关于加快培育我省全过程工程咨询企业的通知（第73号）》（晋建市字〔2019〕73号）	2019年4月
51	陕西省住房和城乡建设厅	《关于开展全过程工程咨询试点的通知》（陕建发〔2018〕388号）	2018年10月
52	陕西省住房和城乡建设厅	《关于印发〈陕西省全过程工程咨询服务导则(试行)〉〈陕西省全过程工程咨询服务合同示范文本（试行）〉的通知》（陕建发〔2019〕1007号）	2019年1月
53	陕西省住房和城乡建设厅、陕西省发展和改革委员会	《关于在房屋建筑和市政基础设施工程领域加快推进全过程工程咨询服务发展的实施意见》（陕建发〔2020〕1118号）	2020年8月

续表

序号	发文单位	发文名称	发布（成文）时间
54	上海市人民政府办公厅	《上海市人民政府办公厅印发〈关于促进本市建筑业持续健康发展的实施意见〉的通知》（沪府办〔2017〕57号）	2017年9月
55	深圳市住房和建设局	《深圳市住房和建设局关于征求〈深圳市推进全过程工程咨询服务发展的实施意见〉（征求意见稿）及其配套文件意见的函》	2020年12月
56	四川省住房和城乡建设厅	《四川省住房和城乡建设厅关于印发〈四川省全过程工程咨询试点工作方案〉的通知》（川建发〔2017〕11号）	2017年7月
57	四川省建设工程质量安全与监理协会	《关于印发四川省全过程工程咨询服务招标文件示范文本和合同示范文本（试行）的通知》（川建质安监协〔2019〕40号）	2019年7月
58	浙江省住房和城乡建设厅	《关于印发〈浙江省全过程工程咨询试点工作方案〉的通知发布》（建建发〔2017〕208号）	2017年6月
59	浙江省发展和改革委员会、浙江省住房和城乡建设厅	《省发展改革委 省建设厅关于贯彻落实〈国家发展改革委 住房城乡建设部关于推进全过程工程咨询服务发展的指导意见〉的实施意见》（浙发改基综〔2019〕324号）	2019年7月
60	浙江省发展和改革委员会、浙江省住房和城乡建设厅	《省发展改革委 省建设厅关于印发〈浙江省推进全过程工程咨询试点工作方案〉的通知》（浙发改基综〔2019〕368号）	2019年8月
61	重庆市人民政府办公厅	《重庆市人民政府办公厅关于进一步促进建筑业改革与持续健康发展的实施意见》（渝府办发〔2018〕95号）	2018年7月
62	重庆市住房和城乡建设委员会	《重庆市住房和城乡建设委员会关于印发重庆市全过程工程咨询第一批试点企业名单的通知》	2018年10月

6 各地发布全过程工程咨询政策文件主要差异点有哪些？

答：推广并实施全过程工程咨询业务，以国家部委、行业协会发布的标准、规范、规定等为依据，同时投资方、咨询方需查阅项目所在地相关主管部门发布的实施方案、指导意见、示范文本等的具体约定，因各省区市发布管理办法存在细微差异，部分摘录如下。

（1）咨询范围是否包含勘察、设计咨询。

江苏、福建、湖南、广东、四川、山东、吉林、安徽、深圳等地咨询范围均包含勘察、设计咨询；河南、宁波、杭州等地咨询范围仅含设计咨询而未包含勘察咨询。

（2）咨询单位资质要求。

关于勘察、设计、监理、招标代理、造价咨询等资质，各试点省份对咨询服务单位的要求有所不同：江苏、浙江、贵州、宁夏、安徽、陕西等地要求具备一项资质即可；江西、甘肃、温州等地要求应当具有与工程规模及委托内容相适应的资质条件；四川要求具备两项及以上资质条件；河南要求具备两项及以上资质或单一资质且年营收在省辖市/省直管县排前三。

（3）咨询业务是否必须招标。

浙江要求社会投资项目可直接委托，其他项目类型依法招标；江苏规定中标项目管理可免招监理，建筑师负责制的项目，监理、招标代理和造价咨询免招。

（4）咨询单位负责人资质要求。

浙江、福建、湖南、广东、四川、宁夏、安徽等地规定具有一项注册资格即可；贵州、山东、吉林等地规定具有一项注册资格+工程类、经济类高级职称+类似工程经验；温州等地规定具有工程建设类注册执业资格且具有建设工程类高级及以上专业技术职称，且必须为本单位专职人员。

（5）咨询单位是否允许联合体投标。

江苏、福建、贵州、宁夏、山东、吉林、深圳、重庆等地均允许；四川、广西等地只允许两家组成联合体。

（6）咨询单位是否能承担同一项目其他业务。

浙江、广西明确不能与本项目的设计、施工和材料设备供应单位存在利益关系；江苏、福建、河南、安徽、内蒙古、陕西等地禁止与施工、材料设备供应单位存在利益关系；吉林禁止与施工供应单位存在利益关系，不能与同一项目的工程总承包单位、施工企业及建筑材料、构配件和设备供应企业之间有控股、参股、隶属或其他管理等利益关系。

（7）咨询单位是否可以分包。

江苏、福建、山东、深圳、陕西、河南等地规定可以分包，广东规定咨询单位承接后不具备资质的可以分包。

第二章 相关资质要求

7 从事全过程工程咨询业务的单位，企业资质有什么要求？

答：全过程工程咨询提供各类组合服务时，应当具有与工程规模及委托内容相适应的资质条件。

发改投资规〔2019〕515号文件指出：

（1）全过程咨询单位提供勘察、设计、监理或造价咨询服务时，应当具有与工程规模及委托内容相适应的资质条件；

（2）全过程咨询服务单位应当自行完成自有资质证书许可范围内的业务，可将自有资质证书许可范围外的咨询业务依法依规择优委托给具有相应资质或能力的单位；

（3）建设单位选择具有相应工程勘察、设计、监理或造价咨询资质的单位开展全过程咨询服务的，除法律法规另有规定外，可不再另行委托勘察、设计、监理或造价咨询单位。

8 从事各种单项咨询，企业资质有什么要求？

答：市场对工程咨询服务的需求多样，结合国家部委、地市行业各级资质管理办法及常见招标文件资质设置要求，各类咨询服务内容对应资质规范要求及依据文件如表2-1所示，其中部分咨询服务有地方专项要求的，从其规定。

表2-1　　　　　　　　咨询服务企业资质要求汇总表

阶段	咨询服务内容	资质规范要求	参考的资质依据文件
规划阶段	城乡规划编制咨询	城乡规划编制资质	《城乡规划编制单位资质管理规定》
决策阶段	项目建议书、可行性研究	全国投资项目在线审批监管平台完成咨询业务备案	《国务院关于取消一批行政许可事项的决定》（国发〔2017〕46号）；《取消"工程咨询单位资格认定"后加强事中事后监管措施》（国家发展改革委）

续表

阶段	咨询服务内容	资质规范要求	参考的资质依据文件
决策阶段	环境影响评价	取消对环评企业资质的审批监管，要求编制单位为依法经登记的企业法人或核工业、航空和航天行业的事业单位法人；由取得环境影响评价工程师资格的全职工作人员作为主要编制人员	《关于取消建设项目环境影响评价资质行政许可事项后续相关工作要求的公告（暂行）》
	绿色节能评估	节能评估文件可以由建设单位委托民用建筑节能评估机构编制，建设单位具备条件的，也可以自行编制，节能评估文件应设专页并由各专业编制人员签名（其中建筑和暖通等主要专业应当由相应国家注册建筑师或注册工程师签名）；节能评估机构须为独立法人或其他组织，具备合法有效的营业执照	《浙江省民用建筑项目节能评估和审查管理办法》
	安全评估	安全评价机构资质证书	《安全评价检测检验机构管理办法》（中华人民共和国应急管理部令第1号　2019年）
	社会稳定风险评价	进入第三方稳评机构库；或营业执照经营范围中明确有"社会稳定风险评估"事项的企事业单位	《贵阳市第三方社会稳定风险评估机构管理暂行办法》
	水土保持方案	水土保持方案编制资格证书	《水土保持方案编制资质管理办法（试行）》
	地质灾害危险性评估	地质灾害危险性评估资质	《地质灾害危险性评估单位资质管理办法》
	交通影响评估	交通专业相关的城市规划、工程设计、工程咨询乙级及以上资质	《北京市建设项目交通影响评价管理办法》
实施阶段	项目代建	市场化代建单位应当具备以下基本条件：①具有法人资格，具备独立履约能力；②具有相应的建设管理组织机构和项目管理能力；③具有与项目建设要求相适应的技术、造价、财务和管理等方面经验的专业人员，并具有从事同类项目建设管理的经验；④具有良好的资信水平，近三年内无不良信用记录；⑤法律法规和规章制度规定的其他条件	《广东省人民政府关于印发〈广东省政府投资省属非经营性项目建设管理办法〉的通知》（粤府〔2022〕12号）

续表

阶段	咨询服务内容	资质规范要求	参考的资质依据文件
实施阶段	项目管理	具有工程勘察、设计、施工、监理、造价咨询、招标代理等一项或多项资质	《建设部关于印发〈建设工程项目管理试行办法〉的通知》（建市〔2004〕200号）
	工程勘察	工程勘察综合资质，或工程勘察专业资质	《建设工程勘察设计资质管理规定》（中华人民共和国建设部令第160号）
	工程设计	工程设计综合资质；或行业设计资质；或行业的专业设计资质	《建设工程勘察设计资质管理规定》（中华人民共和国建设部令第160号）
	工程监理	工程监理综合资质或专业资质	《工程监理企业资质管理规定》（中华人民共和国建设部令第158号 2007年）
	招标代理	向工商注册所在地省级建筑市场监管一体化工作平台报送基本信息；在中国政府采购网或其工商注册所在地政府采购省级分网站（相关网址可在中国政府采购网上查询）进行网上登记	《住房城乡建设部办公厅关于取消工程建设项目招标代理机构资格认定加强事中事后监管的通知》《财政部关于做好政府采购代理机构资格认定行政许可取消后相关政策衔接工作的通知》
	造价咨询	"资格+信用"：在全国工程造价咨询管理系统完善并及时更新相关信息；运用信息化手段实行动态监管；强化个人执业资格管理	《住房和城乡建设部办公厅关于取消工程造价咨询企业资质审批 加强事中事后监管的通知》
	涉密信息系统集成	涉密信息系统集成资质证书	《涉密信息系统集成资质管理办法》
	施工图审查	建筑行政主管部门颁发的施工图设计审查机构资质证书	《房屋建筑和市政基础设施工程施工图设计文件审查管理办法》
	竣工图编制	编制主体一般是施工单位，特殊情况可由建设单位自行绘图或委托设计单位完成	《国家建委关于编制基本建设工程竣工图的几项暂行规定》

续表

阶段	咨询服务内容	资质规范要求	参考的资质依据文件
实施阶段	全过程跟踪审计	招标文件常规要求：会计师事务所执业证书；或者注册造价师个人执业资格	《中华人民共和国注册会计师法》《注册造价工程师管理办法》
	产品认证	中国合格评定国家认可委员会（CNAS）实验室认可证书	《强制性产品认证机构和实验室管理办法》
	BIM 咨询	招标文件常规要求：具有 BIM 等级考试认证证书及业绩人员组成的 BIM 团队	—
	工程质量检测	建设行政主管部门颁发的建设工程质量检测机构资质证书；部分要求同时满足市场监督部门认定颁发的 CMA 资质认定证书	《建设工程质量检测管理办法》；《检验检测机构资质认定管理办法》
	海绵城市效果评估	招标文件常规要求：城乡规划编制资质；或者市政行业（排水工程）专业资质；或者工程设计综合甲级资质；或者水土保持资质	—
决算阶段	竣工财务决算审计	招标文件常规要求：会计师事务所执业证书	《中华人民共和国注册会计师法》
	造价鉴定	"资格＋信用"：在全国工程造价咨询管理系统完善并及时更新相关信息；运用信息化手段实行动态监管；强化个人执业资格管理	《住房和城乡建设部办公厅关于取消工程造价咨询企业资质审批 加强事中事后监管的通知》《建设工程造价鉴定规范》（GB/T 51262—2017）

⑨ 从事工程总承包业务的单位，企业资质有什么要求？

答：对于具有勘察、设计或施工总承包资质的企业，在其资质等级许可的范围内可以从事工程总承包业务。

《国务院关于取消第一批行政审批项目的决定》（国发〔2002〕24号）取消了工程总承包资质核准的行政审批，2003年建设部印发了《关于培育发展工程总承包和工程项目管理企业的指导意见》（参见建市〔2003〕30号文件），鼓励具有工程勘察、设计或施工总承包资质的勘察、设计和施工企业，通过改造和重组，建立与工程总承包业务相适应的组织机构、项目管理体系，充实项目管理专业人员，提高融资能力，发展成为具有设计、采购、施工（施工管理）综合功能的工程公司，在其勘察、设计或施工总承包资质等级许可的工程项目范围内开展工程总承包业务。

根据《建设工程勘察设计资质管理规定》（建设部令第160号）的规定，取得工程勘察、设计资质证书的企业，可以从事资质许可范围内相应的建设工程总承包业务，可以从事工程项目管理和相关的技术与管理服务；《关于印发〈施工总承包企业特级资质标准〉的通知》（建市〔2007〕72号）规定，取得施工总承包特级资质的企业可承担本类别各级别工程施工总承包、设计及开展工程总承包和项目管理业务；取得房屋建筑、公路、铁路、市政公用、港口与航道、水利水电等专业中任意1项施工总承包特级资质和其中2项施工总承包一级资质，即可承接上述各专业工程的施工总承包、工程总承包和项目管理业务及开展相应设计主导专业人员齐备的施工图设计业务。

10 全过程工程咨询服务的项目负责人有什么资格要求？

答：《全过程工程咨询服务管理标准》3.3.7条规定，总咨询师应取得投资决策、工程建设类注册执业资格且具有工程类或工程经济类高级职称，并具有类似工程经验。

《发展改革委 住房城乡建设部关于推进全过程工程咨询服务发展的指导意见》（发改投资规〔2019〕515号）指出：

（1）投资决策综合性咨询应当充分发挥咨询工程师（投资）的作用，鼓励其作为综合性咨询项目负责人；

（2）工程建设全过程咨询项目负责人应当取得工程建设类注册执业资格（注册建筑师、注册结构工程师及其他勘察设计注册工程师、注册造价工程师、注册监理工程师、注册建造师等一个或多个执业资格）且具有工程类、工程经济类高级职称，并具有类似工程经验；

（3）对于工程建设全过程咨询服务中承担工程勘察、设计、监理或造价咨询业务的负责人，应具有法律法规规定的相应执业资格。

【案例】某咨询企业承担一个项目的全过程工程咨询服务任务，服务内容包括可行性研究＋工程勘察＋工程设计，该咨询企业委派王某担任项目总咨询师，王某具备中级职称及咨询工程师（投资）资格。

【分析】案例中委派王某担任项目总咨询师的做法不符合政策标准中对总咨询师任职资格的相关规定。

《全过程工程咨询服务管理标准》3.3.5条规定，总咨询师应取得工程咨询类、工程建设类注册执业资格且具有工程类或工程经济类高级职称；发改投资规〔2019〕515号文件鼓励咨询工程师（投资）担任投资决策综合性咨询负责人，工程建设全过程咨询项目负责人应当取得工程建设类注册执业资格且具有工程类、工程经济类高级职称。本案例服务内容涉及投资决策咨询与工程建设全过程咨询，对总咨询师的资质要求执行T/CCIAT 0024—2020及发改投资规〔2019〕515号文相关规定，即需达到工程建设类注册执业资格且获得高级职称的条件。王某不具备高级职称，且咨询工程师（投资）并非注册类执业资格，不符合相关规定。

11 工程造价咨询、审计业务对负责人有什么资格要求？

答： 承担工程造价咨询的项目负责人要求具备注册造价师资格，承担审计业务的负责人要求具备注册会计师资格，两者的执业范围差异对比如表2-2所示。

表2-2 注册造价师和注册会计师执业范围差异对比

资格名称	依据文件	执业范围
注册造价师	《住房和城乡建设部关于修改〈工程造价咨询企业管理办法〉〈注册造价工程师管理办法〉的决定》（中华人民共和国住房和城乡建设部令第50号）	第十五条 一级注册造价工程师执业范围包括建设项目全过程的工程造价管理与工程造价咨询等，具体工作内容：（一）项目建议书、可行性研究投资估算与审核，项目评价造价分析；（二）建设工程设计概算、施工预算编制和审核；（三）建设工程招标投标文件工程量和造价的编制与审核；（四）建设工程合同价款、结算价款、竣工决算价款的编制与管理；（五）建设工程审计、仲裁、诉讼、保险中的造价鉴定，工程造价纠纷调解；（六）建设工程计价依据、造价指标的编制与管理；（七）与工程造价管理有关的其他事项

续表

资格名称	依据文件	执业范围
注册会计师	《中华人民共和国注册会计师法》	第十四条 注册会计师承办下列审计业务：（一）审查企业会计报表，出具审计报告；（二）验证企业资本，出具验资报告；（三）办理企业合并、分立、清算事宜中的审计业务，出具有关报告；（四）法律、行政法规规定的其他审计业务。注册会计师依法执行审计业务出具的报告，具有证明效力。第十五条 注册会计师可以承办会计咨询、会计服务业务

12 工程监理企业综合资质是否可以承接水利、交通项目监理任务？

答：不可以。

（1）2021年11月，人力资源社会保障部公布《国家职业资格目录（2021年版）》，监理工程师的实施部门为住房城乡建设部、交通运输部、水利部、人力资源社会保障部。

监理行业准入职业资格分布含以下三类。

①住房城乡建设部——土建专业，含土建、市政、机电、通信、化工、铁路等。

②交通运输部——交通专业，含公路、桥隧、水运等。

③水利部——水利专业，含水利工程、水土保持、机电及金属结构设备制造、水利工程建设环境保护等。

（2）《工程监理企业资质管理规定》（建设部令第158号 2007年）第八条规定，综合资质可以承担所有专业工程类别建设工程项目的工程监理业务。文件附表2《专业工程类别和等级表》明确了十四个专业工程类别，包括：房屋建筑工程、冶炼工程、矿山工程、化工石油工程、水利水电工程、电力工程、农林工程、铁路工程、公路工程、港口与航道工程、航天航空工程、通信工程、市政公用工程、机电安装工程。但随着行政事项清单不断调整和完善，住房和城乡建设部原有的水利水电和公路监理资质已经取消，分别收归水利部和交通运输部，不同行业的监理业务只能由对应行业主管部门认可的有相关监理企业资质的监理单位承担监理任务。

而根据《水利工程建设监理单位资质管理办法》（2006年发布，2010年修正，2015年修正，2017年修正，2019年修正）第三条：从事水利工程建设监理业务的单位，应当按照本办法取得资质，并在资质等级许可的范围内承揽水利工程建设监理业务。

另参照《重庆市交通局关于进一步加强重庆市公路建设市场准入管理的通知》（渝交路〔2022〕18号），公路工程监理企业是指从事公路工程监理活动的企业，应具备交通主管部门颁发的公路工程监理企业资质，建设管理单位不得以其他部门颁发的任何资质来替代。

第三章　业务关联性

13 与传统模式相比全过程工程咨询服务的优势有哪些？

答：（1）降低投资成本。全过程工程咨询采用单次招标方式，由于咨询服务覆盖了工程建设的全过程，有利于整合各阶段工作内容，实现全过程投入把控，避免不必要的费用输出，这种方式更加省钱，降低了投资成本。

（2）缩短工程周期。①全过程工程咨询可缩短日常管理、人力资源的投入，避免错漏信息；②可优化项目流程，简化项目之间的关系，有利于解决设计、造价、招标、监理等单位之间存在的责任分离等问题，缩短工程周期，加快工程进度。

（3）提高工程服务质量。全过程工程咨询有利于促进设计、施工、监理等环节的无缝连接，规避传统单一服务模式下易出现的管理漏洞和缺陷，同时在整个服务过程中，不仅起到监督作用还能带动关联方的积极性，从而提高项目服务质量。

（4）有效规避风险。在全过程工程咨询的管理过程中，通过强化管理力度和把控每一环节，能有效预防生产安全事故的发生，降低建设方的责任风险。

随着全过程工程咨询服务的持续发展和培育，相应优势会进一步凸显、深化。

14 建设单位项目管理与全过程项目管理工作界面如何划分？

答：工作界面划分首先须遵守法律法规要求，建设单位负责项目策划、资金筹措、建设实施、生产运营、偿还债务和资产保值增值，其中以下权限不能授权、委托和转移：工程项目质量安全的首要责任，重大、重要投资事项的决策权，重要使用功能的确定和变更权、重要合同和协议的签订权；除上述以外，其他方面双方可根据招标文件和合同约定确定界面、权利、义务，内容可参考表3-1。

表3-1 建设单位项目管理与全过程项目管理工作界面对照表

阶段	工作分工界面	
	建设单位	项目管理单位
决策立项	①负责组织项目立项、可行性研究报告的编制、评审； ②负责审查总体计划、项目管理大纲； ③负责审查工程可研、设计管理规划和信息管理； ④负责确定项目管理模式、组织方式	①协助组织可行性研究报告的编制、评审工作； ②负责汇编工程建设项目管理制度或办法，并提出改进措施； ③负责编制项目的总体实施计划； ④负责专业策划工作，并提交策划方案
报建报批	①整体负责协调土地出让、移交、报建报批工作； ②维系协调内外部关系，提供必要的报建报批文档； ③协调、缴纳必要的报建报批费用	①全面梳理当地项目报建报批流程； ②准备具体的报建报批资料； ③具体办理各阶段的报建报批流程及手续
勘察设计	①负责组织工程勘察、设计概/预算管理工作； ②负责勘察设计各项工作的评审、审定工作； ③负责组织工程技术攻关和相关课题研究； ④负责各项批复工作	①落实具体的勘察设计管理工作要求，提出技术改进措施； ②协助业主组织开展评审工作，并提交会审意见书； ③协助业主完成各项批复流程及归档
招标采购	①负责采购需求的提交，协调组织采购例会； ②负责审定采购方案、关键采购条款、评分标准、合同文本等	①负责收集历史项目信息，协助业主编制采购方案； ②负责编制合同文本，优化主要设备材料品牌库； ③负责编制采购需求书，协助业主提请采购； ④协助业主组织采购文件会审，协调修改、变更及回复工作
合同管理	①审定合同管理办法，监督参建单位履行； ②审定合同关键条款，组织优化，协调部门间合同管理活动； ③负责合同谈判、签订、履行、变更以及索赔等合同管理工作	①收集历史信息形成知识库，编制合同管理办法或制度，编制专业合同文本； ②建立合同管理台账，审查工程进度款项支付文件及流程； ③协助业主定期优化合同关键条款，规避合同风险； ④协助业主合同谈判、签订、履行、变更以及索赔等

阶段	工作分工界面	
	建设单位	项目管理单位
工程施工	①负责审定投资、建设规模与标准、工期、质量等重大问题及其变更事项； ②明确项目评先创优目标，组织开展相关工作； ③负责变更设计管理工作； ④审定工程量、工程款项支付； ⑤审定工程建设计划、进度表，并监督落实； ⑥参与工程会议，协调、管理关键部门或单位主要问题等工作	①负责编制项目管理办法或制度，定期修订办法或措施； ②协助业主工期、质量、投资目标的实现，采取技术经济措施，提供决策依据，积极调整纠偏； ③负责组织检查参建单位的质量、安全保证体系责任落实情况，保障有效、受控； ④组织专项会议，调查、收集及研读规范文件，协助解决交叉、内外部关键问题； ⑤负责项目管理过程中知识库、信息管理； ⑥策划并落实评先创优工作
竣工验收	①负责组织工程竣工验收； ②负责落实验收的有关规定和程序； ③审定工程竣工验收报告，负责验收批复流程	①协助组织工程竣工验收，技术审查竣工验收报告； ②负责组织办理验收相关手续，完成竣工备案工作； ③核实合同完成内容，组织落实相关部门的整改要求； ④协助业主项目移交，提出运营管理优化建议
结算转固关闭	①负责项目结算、资产转固及关闭工作； ②负责对接、协调相关部门，确保项目按计划关闭； ③配合财务部门决算工作	①负责审查工程结算，提交审查意见书； ②负责核对资产转固资料，提供技术支撑，跟进落实转固关闭工作
文档管理	①负责业主单位工程文档整理、归档工作； ②负责、督促参建单位规范工程文档、归档管理工作；	①具体组织参建单位文档规范管理，可借助电子化平台工具； ②定期组织工程文档质量检查，督促落实整改，并提交分析报告； ③负责业主单位、城建部门归档工作
风险管理	①负责组织建设流程的规范性管理工作； ②负责协调相关部门的规范管理工作，督促参建单位进行问题整改，组织复查工作	①收集历史信息，编制规范管理总体方案； ②负责在建项目规范管理，涵盖项目立项至结算关闭整体过程； ③负责组织自查自纠工作，督促责任单位纠正完善； ④配合业主接受内审查工作，防范外部审计风险

15 全过程项目管理与工程监理有什么区别?

答: 全过程项目管理从全过程、全要素出发，突出计划、组织、指挥作用；工程监理从施工阶段出发，突出现场控制与协调，两者从定义、内容、权责、依据、资料等方面存在差异，具体细节差异点参考表3-2。

表3-2　　　　　　　　　　全过程项目管理与工程监理差异对照表

维度	全过程项目管理	工程监理
基本定义	运用系统的理论和方法，对建设工程项目进行的计划、组织、指挥、协调和控制等专业化活动	受建设单位委托，根据法律法规、工程建设标准、勘察设计文件及合同，在施工阶段对建设工程质量、造价、进度进行控制，对合同、信息进行管理，对工程建设相关方的关系进行协调，并履行建设工程安全生产管理法定职责的服务
工作内容	范围管理、流程制定、相关方管理、项目管理策划、采购与投标管理、合同管理、设计与技术管理、进度管理、质量管理、成本管理、安全生产管理、绿色建造与环境管理、资源管理、信息与知识管理、沟通管理、风险管理、收尾管理、管理绩效评价	质量、造价、进度、合同、信息、安全、协调
责任义务	项目管理方是业主代表或是业主的延伸，代表业主对项目实施过程中的系统活动与系统主体进行专业化、系统化、集成化的管理。可在一定程度上解决建设单位人员不足、专业管理经验欠缺等问题，协助建设单位履行报建报批/项目后评价等法定责任义务	承担质量、安全法定监理责任义务，以及合同约定的其他责任义务
工作依据	《项目管理指南》（GB/T 37507—2019）、《建设工程项目管理规范》（GB/T 50326—2017）、《建设工程文件归档管理规范》（GB/T 50328—2019）……	《建设工程监理规范》（GB/T 50319—2013）、《设备工程监理规范》（GB/T 26429—2022）、《公路工程施工监理规范》（JTG G10—2016）……
服务侧重	策划、报建、评估、优化、技术、合同、咨询	质量、安全、工作量等现场工作
服务采购	从可研到决算阶段的全过程项目管理咨询服务 采购时机：在项目概念提出后或项目可研批复后 资质要求：具有工程勘察、设计、施工、监理、造价咨询、招标代理等一项或多项资质	实施阶段、保修阶段的工程监理服务 采购时机：初步设计批复后 资质要求：监理类资质

维度	全过程项目管理	工程监理
归档资料	项目经理任命书 项目管理规划大纲、项目管理实施规划 合同文件、合同交底记录 管理制度（含工作程序、应急预案、监管部门制度等） 设计会审记录、设计交底记录、重大设计变更、批复文件 工程概预算/竣工结算/竣工决算文件/审计文件 项目管理月报 项目管理总结报告 投资/质量/工期/安全/环保的策划方案、计划/实施/调整/考核/总结 资金使用计划、工程款支付文件、结算审核及批复 会议纪要、来往函件 履约评价、奖项、荣誉等资料	总监理工程师任命书 监理大纲、监理规划、监理实施细则 施工组织设计、施工进度计划 开工复工报审表，开工令、暂停令、复工令 材料/设备/构配件报审表 旁站记录、见证取样、平行检验、抽检文件 质量缺陷、事故处理、安全事故报告 测量控制成果报验及复核文件、质量检查评估报告 分部分项工程质量验收、阶段验收、竣工验收文件 工程计划、实施、分析、完成报表 工程计量、支付审批、工程变更审查、索赔文件 监理通知单、回复单，工作联系单、会议纪要 监理日志、月报 监理工作总结、质量评估报告、专题报告
计费依据	《财政部关于印发〈基本建设项目建设成本管理规定〉的通知》（财建〔2016〕504号）	《国家发展改革委、建设部关于印发〈建设工程监理与相关服务收费管理规定〉的通知》（发改价格〔2007〕670号）

16 承接了监理业务是否可以承接造价咨询业务？法规对各业务的互斥约定是什么？

答：（1）承接了监理业务可以承接造价咨询业务。

（2）投资方在进行咨询业务委托时，可能采用大组合服务一次性委托、小组合服务先后委托、单一服务先后委托等方式，法规规范对各业务间互斥约定摘要参见表3-3。

表3-3   法规规范对各业务间互斥约定摘要

咨询服务	法规明确限制性要求
全过程工程咨询	《国家发展改革委 住房城乡建设部关于推进全过程工程咨询服务发展的指导意见》（发改投资规〔2019〕515号）规定，同一项目的全过程工程咨询单位与工程总承包、施工、材料设备供应单位之间不得有利害关系

续表

咨询服务	法规明确限制性要求
工程咨询（含规划咨询、项目咨询、评估咨询、全过程咨询）	2017 年发改委第 9 号令《工程咨询行业管理办法》第十六条规定，承担编制任务的工程咨询单位，不得承担同一事项的评估咨询任务。承担评估咨询任务的工程咨询单位，与同一事项的编制单位、项目业主单位之间不得存在控股、管理关系或者负责人为同一人的重大关联关系
可行性研究、初步设计	《房屋建筑和市政基础设施项目工程总承包管理办法》第十一条第二款规定，政府投资项目的项目建议书、可行性研究报告、初步设计文件编制单位及其评估单位，一般不得成为该项目的工程总承包单位。政府投资项目招标人公开已经完成的项目建议书、可行性研究报告、初步设计文件的，上述单位可以参与该工程总承包项目的投标，经依法评标、定标，成为工程总承包单位
招标代理	建设部令第 154 号《工程建设项目招标代理机构资格认定办法》第二十五条规定，工程招标代理机构在工程招标代理活动中不得有下列行为：一、与所代理招标工程的招投标人有隶属关系、合作经营关系以及其他利益关系；二、从事同一工程的招标代理和投标咨询活动
工程监理	国务院令第 279 号《建设工程质量管理条例》第三十五条规定，工程监理单位与被监理工程的施工承包单位以及建筑材料、建筑构配件和设备供应单位有隶属关系或者其他利害关系的，不得承担该项建设工程的监理业务
造价咨询	建设部令第 50 号《工程造价咨询企业管理办法》第二十五条规定，工程造价咨询企业不得同时接受招标人和投标人或两个以上投标人对同一工程项目的工程造价咨询业务
工程审计（第三方审计、全过程跟踪审计）	工程审计是审计部门依据相关规定，对项目建设过程经济活动的真实性、合法性、合规性、完整性和效益性进行监督、检查和评价，并针对存在问题及时提出审计意见和建议，促进建设部门、施工单位、监理单位等强化管理，有效地控制工程成本，保障建设资金的合理使用，提高建设项目投资效益的活动。为确保独立性、公正性，同一项目工程审计服务单位与工程量清单编制单位、监理单位不可为同一单位
涉密集成	国家保密局令 2020 年第 1 号《涉密信息系统集成资质管理办法》第十一条规定，涉密集成资质包括总体集成、系统咨询、软件开发、安防监控、屏蔽室建设、运行维护、数据恢复、工程监理，以及国家保密行政管理部门许可的其他涉密集成业务。取得总体集成业务种类许可的，除从事系统集成业务外，还可从事软件开发、安防监控和所承建系统的运行维护业务。资质单位应当在保密行政管理部门许可的业务种类范围内承接涉密集成业务。承接涉密系统咨询、工程监理业务的，不得承接所咨询、监理业务的其他涉密集成业务

17 工程监理和造价咨询同时委托给一家全过程工程咨询企业有什么优势？

答：（1）《建设工程造价咨询规范》（GB/T51095—2015）2.0.1条明确，工程造价咨询是指工程造价咨询企业接受委托方的委托，运用工程造价的专业技能，为建设项目决策、设计、发承包、实施、竣工等各个阶段工程计价和工程造价管理提供服务；《建设工程监理规范》（GB50319—2013）2.0.2条明确，建设工程监理是指工程监理单位受建设单位委托，依据法律法规、工程建设标准、勘察设计文件及合同，在施工阶段对建设工程质量、造价、进度进行控制，对合同、信息进行管理，对工程建设相关方的关系进行协调，并履行建设工程安全生产管理法定职责的服务活动。

（2）工程监理和造价咨询同时委托给一家全过程工程咨询企业，团队目标统一、内部高效协同，具备沟通效率更高、专业技术强、资料全面闭环、多维目标统一的优势。借助总咨询师的统筹管理，通过监理服务的目标控制、方案优化、实时签证、变更管理、风险预控等措施促进计价及造价管理更优更准更迅速，具体融合效应可参照图3-1。

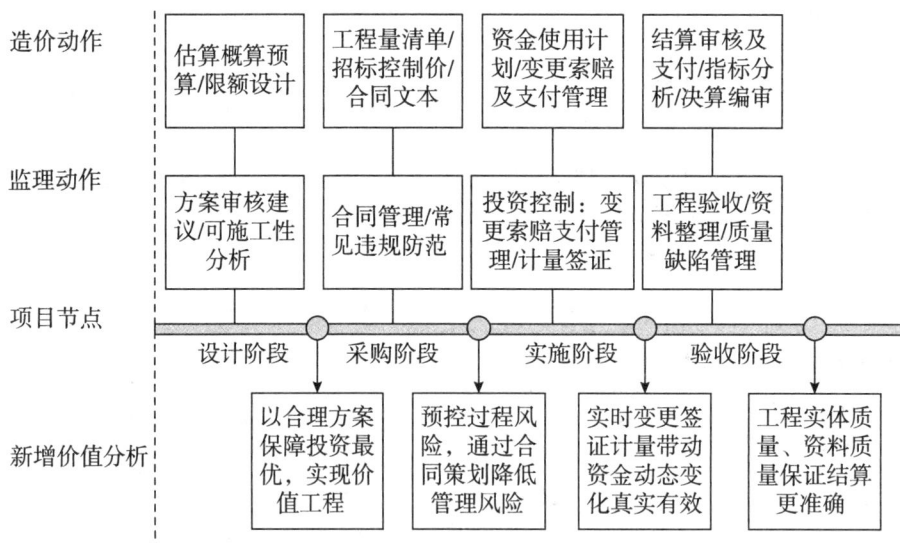

图3-1　工程监理与造价咨询融合效应

18 建设项目跟踪审计和全过程造价咨询有什么区别？

答：建设项目跟踪审计与全过程造价咨询是两种活动，不同点包括但不限于以下内容（见表3-4）。

表3-4 建设项目跟踪审计和全过程造价咨询差异对照

对比维度	建设项目跟踪审计	全过程造价咨询
基本定义	建设项目跟踪审计，是指独立的审计机构和审计人员（含配合审计部门协审的社会中介机构和专业人员）运用审计技术，依据国家的有关法律、法规和制度规范，对建设项目从投资立项到竣工交付使用各阶段经济管理活动的真实性、合法性及效益进行审查、监督、分析和评价的过程	工程造价咨询企业接受委托，依据国家有关法律、法规和建设行政主管部门的有关规定，运用现代项目管理的方法，以工程造价管理为核心、合同管理为手段，对建设项目各个阶段、各个环节进行计价，协助建设单位进行建设投资的合理筹措与投入，控制投资风险，实现造价控制目标的智力服务活动
工作依据	国家、行业主管部门或各省市有关审计的法律、法规和制度；中国内部审计协会发布的审计准则、标准等。如《政府投资项目审计规定》	《建设工程造价咨询规范》（GB/T 51095—2015）；《建设项目全过程造价咨询规程》（CECA/GC 4—2017）等
工作定位	监督服务，通过内部监督减少外部审计风险	咨询服务，通过智力咨询控制投资风险，实现造价控制目标
服务深度	不只是造价投资的管理，还包括质量、工期以及风险管理，一方面督促严格落实项目管理，另一方面发现薄弱环节，提出改进意见和建议，保障工期、质量、投资目标实现	全过程和全方位的造价控制
关注重点	是否违规建设；是否存在超批复建设；是否存在围串标或应招未招或操纵评标等；进度是否失控；工程质量、安全是否存在重大隐患	按照合同要求，对涉及的投资估算、设计概算、施工图预算、合同价、竣工结算，以限额设计为原则实施全过程和全方位的造价控制
阶段内容	管理审计,包括:内控制度、报批报建手续、投资管控、勘察设计、采购管理、施工阶段造价管理、结算管理、现场管理（质量、安全、进度）、档案管理	决策、设计、发承包、实施与竣工五个阶段，可承担的工作包括：估算的编审；经济评价的编审；概算的编审与调整；预算的编审；方案比选、限额设计、优化设计的造价咨询；合同管理；清单与招标控制价的编审；计量支付；询价核价；变更索赔处理；方案优化建议及造价编制比选；结算编审；决算编审、后评价；造价信息咨询；其他

19 某项目可行性研究报告编制单位可以参与该项目工程实施全过程工程咨询服务投标吗?

答: 可行性研究报告经公开发布的,可研编制单位可以参与工程实施全过程工程咨询服务投标。

《房屋建筑和市政基础设施项目工程总承包管理办法》第十一条第二款规定,政府投资项目的项目建议书、可行性研究报告、初步设计文件编制单位及其评估单位,一般不得成为该项目的工程总承包单位。政府投资项目招标人公开已经完成的项目建议书、可行性研究报告、初步设计文件的,上述单位可以参与该工程总承包项目的投标,经依法评标、定标,成为工程总承包单位。

参照上述管理办法,从招投标公平性、无歧视等要求,可行性研究报告经公开发布,可研编制单位可以参与工程实施全过程工程咨询服务投标工作。

第四章　取费依据

20 全过程工程咨询服务酬金如何计费，取费依据有哪些？

答： 发改投资规〔2019〕515号文件对全过程工程咨询服务酬金相关约定如下。

（1）全过程工程咨询服务酬金可在项目投资中列支，也可根据所包含的具体服务事项，通过项目投资中列支的投资咨询、招标代理、勘察、设计、监理、造价、项目管理等费用进行支付。全过程工程咨询服务酬金在项目投资中列支的，所对应的单项咨询服务费用不再列支。

（2）全过程工程咨询服务酬金可按各专项服务酬金叠加后再增加相应统筹管理费用计取，也可按人工成本加酬金方式计取。

统筹管理费用类似于总承包管理费的性质，由全过程咨询总包单位向各专业咨询分包单位收取。因此，若全过程工程咨询服务机构只由一家单位组成，则一般不考虑统筹管理费；若全过程工程咨询服务机构由多家单位组成联合体，则联合体牵头单位可考虑统筹管理费，系数按0.1%~0.3%考虑。

（3）鼓励投资者或建设单位根据咨询服务节约的投资额对咨询单位予以奖励。

（4）各类咨询服务计费依据文件参见表4-1。

表4-1　　　　　　　　各类咨询服务计费依据文件一览表

阶段	咨询服务内容	计费依据
规划阶段	城乡规划编制咨询	中国城市规划协会《城市规划设计计费指导意见》（2017年修订版）或参考地方标准，如《广东省城市规划收费标准的建议》（2003）
	城市设计	参照《关于发布城市规划设计计费指导意见的通知》（2010中规协秘字第022号）
	修建性详细规划设计（总图设计）	参照《国家计委、建设部关于发布〈工程勘察设计收费管理规定〉的通知》（计价格〔2002〕10号）

阶段	咨询服务内容	计费依据
决策阶段	项目建议书、可行性研究报告编制及评估	《国家计委关于印发〈建设项目前期工作咨询收费暂行规定〉的通知》（计价格〔1999〕1283号）或参考地方标准，如湖北省地方标准（鄂价房服字〔2001〕107号）
	资金申请报告编制	参照《国家计委关于印发〈建设项目前期工作咨询收费暂行规定〉的通知》（计价格〔1999〕1283号）
	环境影响评价	《建设项目环境影响评价收费标准》（计价格〔2002〕125号）；《国家发展改革委关于降低部分建设项目收费标准规范收费行为等有关问题的通知》（发改价格〔2011〕534号）
	绿色节能评估	参考地方费用标准，如《上海市固定资产投资项目节能评审费用和政府投资项目节能评估文件编制费用支付标准的通知》（沪发改环资〔2012〕043号）
	安全评估	参考地方收费标准，如《省物价局 省安全生产监督管理局关于安全评价服务收费有关问题的通知》（鄂价工服〔2016〕56号）
	社会稳定风险评价	参考地方收费标准，如《上海市重点建设项目社会稳定风险评估咨询服务收费暂行标准》（沪发改投〔2012〕130号）
	水土保持方案	《关于开发建设项目水土保持咨询服务费用计列的指导意见》（水保监〔2005〕22号）
	防洪评价	参考地方收费标准，如《湖南省物价局 湖南省水利厅关于公布水利系统服务性收费项目和标准的通知》（湘价服〔2013〕134号）
	地质灾害危险性评估	《关于征求对地质灾害危险性评估收费管理办法意见的函》（参见发改办价〔2006〕745号文件）；或参考地方收费标准，如《广东省地质灾害危险性评估取费指导价格》（2017年修订版）
	地震安全性评价	《地震安全性评价收费管理办法》（发改价格〔2010〕2320号）
	交通影响评估	参考地方收费标准，如《湖南省发展和改革委员会关于督促落实降低部分经营服务性收费标准的通知》（湘发改价服〔2016〕711号）
	PPP项目咨询服务费	参考地方收费标准，如《关于印发PPP项目咨询服务收费参考（试行）的通知》（粤咨协〔2016〕28号）、《关于印发四川省PPP项目咨询服务收费标准的通知》（川政资研发〔2018〕2号）
	工程财务决算审计	参考地方收费标准，如《浙江省物价局关于进一步完善工程造价咨询服务收费的通知》（浙价服〔2009〕84号）

续表

阶段	咨询服务内容	计费依据
决算阶段	后评价咨询	《国家发展改革委关于印发〈中央政府投资项目后评价管理办法和中央政府投资项目后评价报告编制大纲（试行）〉的通知》（发改投资〔2014〕2129号）、《国家计委关于印发〈建设项目前期工作咨询收费暂行规定〉的通知》（计价格〔1999〕1283号）
	造价鉴定	中国建设工程造价管理协会中价协〔2013〕35号文件或各省发布的收费标准，如粤价函〔2011〕742号文件
软件集成	软件开发、软件集成	参考《软件开发费用评估功能点估算法》
实施阶段	项目代建	《财政部关于印发〈基本建设项目建设成本管理规定〉的通知》（财建〔2016〕504号）；或地方标准如《广东省人民政府关于印发〈广东省政府投资省属非经营性项目代建管理办法（试行）〉的通知》（粤府〔2016〕36号）、深圳市南山区发展改革局发布《南山区政府投资项目代建制管理办法》
	项目管理	《财政部关于印发〈基本建设项目建设成本管理规定〉的通知》（财建〔2016〕504号）；或行业标准如《水利水电工程全过程工程咨询服务导则》（T/CNAEC 8001—2021）附录B表B.1；或地方标准如深圳市南山区发展改革局发布《南山区政府投资项目代建制管理办法》
	工程勘察	参考《国家计委、建设部关于发布〈工程勘察设计收费管理规定〉的通知》（计价格〔2002〕10号）；也可参考《市政工程投资估算编制办法》（建标〔2007〕164号）
	工程设计	参考《国家计委、建设部关于发布〈工程勘察设计收费管理规定〉的通知》（计价格〔2002〕10号）
	绿色建筑设计	参照《绿色建筑工程消耗量定额》（TY01–01（02）—2017）
	工程监理	参考《国家发改委、建设部关于印发〈建设工程监理与相关服务收费管理规定〉的通知》（发改价格〔2007〕670号）
	招标代理	参考《国家计委关于印发〈招标代理服务收费管理暂行办法〉的通知》（计价格〔2002〕1980号）；《国家发展改革委关于降低部分建设项目收费标准规范收费行为等有关问题的通知》（发改价格〔2011〕534号）
	造价咨询	中国建设工程造价管理协会"中价协〔2013〕35号"文件；或参考地方标准如"粤价函〔2011〕742号"文件

续表

阶段	咨询服务内容	计费依据
实施阶段	涉密信息系统	中电企协监字〔2014〕1号、发改价格〔2007〕670号、计价格〔1999〕1283号
	施工图审查	《国家发展改革委关于降低部分建设项目收费标准规范收费行为等有关问题的通知》（发改价格〔2011〕534号）
	竣工图编制	一般不另行计取费用；对难度大、技术要求高、绘制作业量比较大，总体施工及绘图细节难度大等复杂项目会收取，标准可参考设计费的8%；或参考地方标准如《北京市城乡建设委员会关于编制基本建设工程竣工图取费标准的批复》
	工程造价纠纷鉴定	中国建设工程造价管理协会中价协〔2013〕35号文件，或各省发布的收费标准，如粤价函〔2011〕742号文件
	法律咨询	法律咨询服务取费可参考地方收费标准，如《湖北省物价局、湖北省司法厅关于印发〈湖北省律师服务收费管理实施办法（暂行）〉的通知》（鄂价房服〔2006〕258号）
	财务咨询	会计师事务所服务可参考地方收费标准，如湖北省地方标准《湖北省物价局省财政厅关于印发〈湖北省会计师事务所服务收费管理实施办法〉的通知》（鄂价规〔2010〕265号）
	产品认证	通过市场询价结合客户需求确定费用标准
	绿色建筑咨询	参考地方收费标准，如广东省建筑节能协会关于发布《绿色建筑工程咨询、设计及施工图审查收费标准（试行）的通知》（粤建节协〔2013〕09号）
	BIM咨询	参考地方收费标准，如《广东省住房和城乡建设厅关于印发〈广东省建筑信息模型（BIM）技术应用费用计价参考依据〉的通知》（粤建科〔2018〕136号）
	工程质量检测	参考省市标准市场定价为主，如江苏省物价局、江苏省建设厅《关于核定〈江苏省建设工程质量检测和建筑材料试验收费标准〉的通知》（苏价服〔2001〕113号）
	海绵城市效果评估	根据市场行情双方协商

续表

阶段	咨询服务内容	计费依据
运营阶段	绩效评价	可参考地方收费标准，如《湖北省财政厅关于印发〈湖北省关于第三方机构参与预算绩效管理工作暂行办法〉的通知》（鄂财绩规〔2023〕3号）
	资产评估	参考《国家发展改革委、财政部关于发布〈资产评估收费管理办法〉的通知》（发改价格〔2009〕2914号）、《关于贯彻实施〈资产评估收费管理办法〉尽快做好资产评估收费管理工作的通知》（中评协〔2009〕199号）；或参考地方标准，如《湖北省物价局湖北省财政厅关于印发〈湖北省资产评估服务收费管理实施办法〉的通知》（鄂价工服规〔2011〕24号）
	后评价	参考《国家发展改革委关于印发中央政府投资项目后评价管理办法和中央政府投资项目后评价报告编制大纲（试行）的通知》（发改投资〔2014〕2129号），根据该文件，后评价咨询服务取费标准按照《国家计委关于印发〈建设项目前期工作咨询收费暂行规定〉的通知》（计价格〔1999〕1283号）关于编制可行性研究报告的有关规定执行

21 项目管理费有无其他取费依据？与建设单位管理费是什么关系？

答： 项目管理取费的情形及依据如下。

（1）政府和部分国有投资项目，严格按照《基本建设项目建设成本管理规定》（参见财建〔2016〕504号）文件第八条规定："实行代建制管理的项目，一般不得同时列支代建管理费和项目建设管理费，确需同时发生的，两项费用之和不得高于本规定的项目建设管理费限额""建设地点分散、点多面广以及使用新技术、新工艺等的项目，代建管理费确需超过本规定确定的开支标准的，行政单位和使用财政资金建设的事业单位中央项目，应当事前报项目主管部门审核批准，并报财政部备案"。项目建设管理费总额控制数费率详见表4-2。

表4-2　　　　　　　　　　项目建设管理费总额控制数费率　　　　　　　　（单位：万元）

工程总概算	费率（%）	算例	
		工程总概算	项目建设管理费
1000及以下	2	1000	1000×2%=20
1001~5000	1.5	5000	20+（5000-1000）×1.5%=80

续表

工程总概算	费率（%）	算例	
		工程总概算	项目建设管理费
5001~10000	1.2	10000	80+（10000-5000）×1.2%=140
10001~50000	1	50000	140+（50000-10000）×1%=540
50001~100000	0.8	100000	540+（100000-50000）×0.8%=940
100001及以上	0.4	200000	940+（200000-100000）×0.4%=1340

财建〔2016〕504号文件中"项目建设管理费"与"建设单位管理费"含义相同，其取费标准针对的是建设单位自管模式，并非针对聘请社会中介机构、咨询公司模式，费用中未考虑被委托咨询机构的税金和合理利润问题，因此对于部分国有股份制银行和大型金融机构等采取介于政府和部分国有投资项目与非国有投资项目取费方式之间的方式，可以"504号文"为基础，视项目具体情况向上浮动一定幅度，鼓励设置优质优价和考核奖励等激励条款，解决项目管理取费偏低的问题。

（2）除财建〔2016〕504号文件外，广东地区发布的《建设项目全过程工程咨询服务指引（投资人版）（征求意见稿）》明确了项目管理费的取费，如表4-3所示。

表4-3　　　　　　　　　　广东地区项目管理费取费

工程总概算（万元）	费率（%）	算例	
		全过程工程项目管理费	
10000及以下	3	10000	10000×3%=300
10001~50000	2	50000	300+（50000-10000）×2%=1100
50001~100000	1.6	100000	1100+（100000-50000）×1.6%=1900
100001及以上	1	200000	1900+（200000-100000）×1%=2900

（3）深圳市南山区发展改革局发布的《南山区政府投资项目代建制管理办法》明确代建费标准，项目管理可参照执行，但有地区局限性，如表4-4所示。

表4-4　　　　　深圳市南山区政府投资代建项目代建管理费总额控制数费率

工程总概算（万元）	费率（％）	算例	
		工程总概算	代建管理费
50000 及以下	3	50000	50000×3%=1500
50001~100000	2.5	100000	1500+（100000-50000）×2.5%=2750
1000001~200000	2	200000	2750+（200000-100000）×2%=4750
200001 及以上	1.5	300000	4750+（300000-200000）×1.5%=6250
其他特殊项目	一事一议	如费率超出本表范围，由委托单位提出并报区政府审定	

具体项目可查阅工程投资所在地全过程咨询实施标准及计费依据文件。

22 成本加酬金合同方式的适用范围是什么？其中人工成本的计取依据是什么？

答：（1）成本加酬金合同适用范围如下。

①新型或复杂项目，如工程技术、结构方案、施工内容、经济指标不能预先确定的项目；

②时间特别紧的项目，如灾后重建、紧急抢修工程；

③国际上许多项目管理合同、咨询服务合同也多采用成本加酬金方式。

（2）各类咨询费人工成本计取依据及标准。

①环境影响咨询服务人员，参照《国家计委、国家环境保护总局关于规范环境影响咨询收费有关问题的通知》（计价格〔2002〕125号）附件三，如表4-5所示。

表4-5　　　　按咨询服务人员工日计算建设项目环境影响咨询收费标准

咨询人员职级	人工日收费标准（元／人工日）
高级咨询专家	1000~1200
高级专业技术人员	800~1000
一般专业技术人员	600~800

②建筑设计服务人员，参照《关于建筑设计服务成本要素信息统计分析情况的通报》（中设协字〔2016〕89号），人工时收费参考表4-6。

表4-6 建筑设计服务人员人工时收费标准

技术人员等级	直接人工成本(元/人工日)	人工日法综合成本系数
教授（研究员）级高级工程（建筑）师	2679	2.75
高级工程（建筑）师	2083	2.45
工程（建筑）师	1765	2.15
初级技术人员	1176	2.00

③建设工程监理与相关服务收费，参照《建设工程监理与相关服务收费管理规定》（参见发改价格〔2007〕670号文件）附表四，如表4-7所示。

表4-7 建设工程监理与相关服务人员人工日费用标准

建设工程监理与相关服务人员职级	工日费用标准（元）
一、高级专家	1000~1200
二、高级专业技术职称的监理与相关服务人员	800~1000
三、中级专业技术职称的监理与相关服务人员	600~800
四、初级及以下专业技术职称监理与相关服务人员	300~600

注：本表适用于提供短期服务的人工费用标准。

第五章　投资决策综合性咨询

23 项目前期立项决策阶段主要风险环节及预防措施是什么？

答：（1）项目前期工作可分为三个阶段，分别为立项用地规划许可阶段、工程建设许可阶段、施工许可阶段。其中立项用地规划许可阶段里程碑节点是可行性研究报告审批（政府投资）或企业投资项目备案（企业投资）、建设用地规划许可证核发；工程建设许可阶段里程碑节点为建设工程规划许可证核发、初步设计及概算审批；施工许可阶段里程碑节点为建筑工程施工许可证核发。

（2）三阶段常见主要风险及应对措施参见表5-1。

表5-1　　　　　　　　　　　　项目前期立项决策常见风险及应对措施

阶段	事项	风险描述	建议解决方案
立项用地规划许可阶段	项目建议书审批	项目选址周边基础设施、居民点等敏感区域较多，相关利益群体可能存在较多意见；涉城镇密集区的项目，房屋征拆评估对社会稳定风险评估及工程造价影响较大	①提前开展工程方案研究，尽可能提前绕避 ②项目单位与地方主管部门做好解释和宣传工作
		项目资金未落实，项目建议书技术审查不通过，影响项目前期工作进度	加强项目投资融资模式研究，落实项目建设资金
	用地预审与选址意见书核发	建设方案不稳定，影响审批进度	业主单位和第三方公司采取积极措施，明确项目建设方案
		涉及永久基本农田	业主单位和设计单位尽快明确项目线位，保证对应专题工作顺利开展
		审批耗时较长	业主单位积极跟进自然资源局审批进程
		涉及项目动工造成的违法用地	尽早落实违法用地查询，涉及违法用地的，及时整改查处
	社会稳定风险评价	项目选址周边基础设施、居民点等敏感区域较多，相关利益群体可能存在较多意见	尽早落实项目方案，项目业主单位与地方主管部门做好解释和宣传工作，做好相应保护措施

续表

阶段	事项	风险描述	建议解决方案
立项用地规划许可阶段	地质灾害危险性评估	涉及地质灾害易发区，影响审批进度	尽早落实项目方案，做好选址避让工作
	历史文化风貌保护	涉及历史风貌保护、历史文物，影响审批进度	尽早落实项目方案，项目业主单位与地方主管部门做好解释和宣传工作，做好相应保护措施
	风景名胜区内建设活动审批	涉及风景名胜区，影响审批进度	尽早落实项目方案，做好选址避让工作
	可行性研究报告审批	建设方案不稳定、专题结论不明确，影响审批进度	业主单位和设计单位尽快明确项目建设方案，尽量核减不合理用地，保证对应专题工作顺利开展
		需提交审批项目流程多、耗时长	业主单位尽早开展各专题，提前取得对应行业主管部门对方案的初步结论
		可研方案编制深度不足导致反复修编，耗时较长	提高可研方案编制专业性和可行性，避免反复修编
		资金筹措方案不落实，影响审批进度	尽早落实资金筹措方案，核减不合理投资和不合法筹资渠道
	临时用地复垦方案审批	临时用地复垦承诺期限固定，项目推进过程中存在违约风险	严格按照承诺时间开展临时用地复垦
	用地批复	用林审查时间长	业主单位积极跟进
		审批耗时较长	业主单位积极跟进自然资源局审批进程
		规划设计方案不稳定或涉及土地整备问题	用地报批工作前置，做好规划审核、地类审查、权属审查工作；尽早确定项目建筑方案，避免因建筑方案的规划指标调整延长规划许可证的取得时间
		涉及项目动工造成的违法用地	尽早落实违法用地查询，涉及违法用地的，及时整改查处
工程建设许可阶段	水利工程管理和保护范围内新建、扩建、工程建设项目方案审批	项目的环境风险可控性及风险防范措施不充分	尽早落实项目方案，充分调查环境要求，做好风险防范措施

续表

阶段	事项	风险描述	建议解决方案
工程建设许可阶段	位于轨道交通控制保护区内建设工程征求意见	涉及轨道交通控制保护区，影响审批进度	尽早与主管部门落实项目方案，做好选址避让工作
	设计方案审查	材料不齐全，内容不规范，规划指标不满足	严格按照用地规划条件进行方案设计
	建设工程规划许可证核发	材料不齐全，内容不规范，规划指标不满足	严格按照用地规划条件进行方案设计
	初步设计及概算审批	材料不齐全，内容不规范，缺少必要的政府部门的批准文件	按相关要求将申请初步设计审查材料准备齐全
		设计不符合规范规定的强制性要求	严格按照相关设计规范标准进行初步设计
	环境影响评价审批	涉及自然保护区、水源保护区、生态保护红线等敏感区域	尽早落实项目方案，提前开展相关专题研究
		存在依法不予审批的情形	尽早落实项目方案，提前开展相关专题研究
	洪水影响评价审批	洪水评价方案变化	尽早落实项目方案，做好选址避让工作
	水土保持方案审批	涉及保护区、水库、河流等敏感区域，影响审批进度	尽早落实项目方案，提前开展相关专题研究
	地震安全性评价审定	设计方案合理避让安全性较低的选址，施工技术能否满足地震烈度要求	严格按照相关设计规范标准进行规划选址和初步设计
	树木迁移砍伐审批	树木砍伐或迁移量大	提前启动专题研究，积极采取措施
施工许可阶段	施工图审查	建设方案不稳定	项目业主单位和第三方公司采取积极措施，明确项目建设方案
	建筑工程施工许可证核发	施工图设计审批时间长，影响施工许可证核发	尽早稳定项目方案

续表

阶段	事项	风险描述	建议解决方案
其他	征地拆迁	可能引发社会稳定风险	按照征拆流程办理，做好社会稳定性风险评估与应对措施
		涉及农用地转为建设用地的申请问题	提前做好申请
		相关居民安置和保障问题	根据省、市有关规定同步落实留用地安置和社会保障安置
		征收土地补偿费用及相关奖励费用问题	加强沟通协调

24 哪些项目需要进行环境影响评价？

答：（1）《中华人民共和国环境影响评价法》第二十五条规定，建设项目的环境影响评价文件未依法经审批部门审查或者审查后未予批准的，建设单位不得开工建设。

（2）《建设项目环境影响评价分类管理名录（2021年版）》（生态环境部令第16号）第二条规定，建设单位应当按照本名录的规定，分别组织编制建设项目环境影响报告书、环境影响报告表或者填报环境影响登记表。第五条规定，本名录未作规定的建设项目，不纳入建设项目环境影响评价管理；省级生态环境主管部门对本名录未作规定的建设项目，认为确有必要纳入建设项目环境影响评价管理的，可以根据建设项目的污染因子、生态影响因子特征及其所处环境的敏感性质和敏感程度等，提出环境影响评价分类管理的建议，报生态环境部认定后实施。

（3）地方生态环境管理部门制定地区环境影响管理目录的，如《深圳市建设项目环境影响评价审批和备案管理名录（2021年版）》（参见深环规〔2020〕3号文件），具体项目遵照所在地管理名录执行。

（4）《建设项目环境影响评价分类管理名录（2021年版）》文件原文可从中华人民共和国生态环境部官网查询下载，涉及五十五大类、173类项目，举例如表5-2所示。

表5-2　　　　　　　建设项目环境影响评价分类管理名录（2021年版）摘选

项目类别＼环评类别		报告书	报告表	登记表	本栏目环境敏感区含义
……					
97	房地产开发、商业综合体、宾馆、酒店、办公用房、标准厂房等	—	涉及环境敏感区的	—	第三条（一）中的全部区域；第三条（二）中的除（一）外的生态保护红线管控范围，永久基本农田、基本草原、森林公园、地质公园、重要湿地、天然林，重点保护野生动物栖息地，重点保护野生植物生产繁殖地；第三条（三）中的文物保护单位，针对标准厂房增加第三条（三）中的以居住、医疗卫生、文化教育、科研、行政办公等为主要功能的区域
……					
110	学校、福利院、养老院（建筑面积5000平方米及以上）	—	新建涉及环境敏感区的；有化学、生物实验室的学校	—	第三条（一）中的全部区域；第三条（二）中的除（一）外的生态保护红线管控范围，永久基本农田、基本草原、森林公园、地质公园、重要湿地、天然林，重点保护野生动物栖息地，重点保护野生植物生产繁殖地

25　哪类项目可以不单独进行节能审查？

答：（1）《固定资产投资项目节能审查办法》（国家发展改革委2023年第2号令）第三条规定，政府投资项目，建设单位在报送项目可行性研究报告前，须取得节能审查机关出具的节能审查意见；企业投资项目，建设单位须在开工建设前取得节能审查机关出具的节能审查意见。未按本办法规定进行节能审查，或节能审查未通过的项目，建设单位不得开工建设。第九条规定，年综合能源消费量不满1000吨标准煤且年电力消费量不满500万千瓦时的固定资产投资项目，涉及国家秘密的固定资产投资项目以及用能工艺简单、节能潜力小的行业（具体行业目录由国家发展改革委制定公布并适时更新）的固定资产投资项目，可以不单独编制节能报告。项目应按照相关节能标准、规范建设，项目可行性研究报告或项目申请报告应对项目能源利用、节能措施和能效水平等进行分析，节能审查机关对项目不再单独进行节能审查，不再出具节能审查意见。

（2）《国家发展改革委关于印发〈不单独进行节能审查的行业目录〉的通知》（发

改环资规〔2017〕1975号），明确不单独进行节能审查的行业目录包括：风电站、光伏电站（光热）、生物质能、地热能、核电站、水电站、抽水蓄能电站、电网工程、输油管网、输气管网、水利、铁路（含独立铁路桥梁、隧道）、公路、城市道路、内河航运、信息（通信）网络（不含数据中心）、电子政务、卫星地面系统。

（3）省级管理节能工作的部门会依据实际情况制定区域节能审查具体实施办法，如《广东省固定资产投资项目节能审查实施办法》（参见粤发改资环〔2018〕268号文件），具体项目遵照所在地办法实施。

26 哪类项目需进行社会稳定风险评估？

答：（1）《关于印发〈国家发展改革委重大固定资产投资项目社会稳定风险评估暂行办法〉的通知》（发改投资〔2012〕2492号）第二条、第三条规定，国家发展改革委审批、核准或者核报国务院审批、核准的在中华人民共和国境内建设实施的固定资产投资项目，项目单位在组织开展项目前期工作时，应当对社会稳定风险进行调查分析，作为项目可行性研究报告、项目申请报告的重要内容并设独立篇章。第五条规定，由项目所在地人民政府或其他有关部门指定的评估主体组织对项目单位作出的社会稳定风险分析开展评估论证，提出社会稳定风险评估报告。

（2）《关于印发〈国家发展改革委重大固定资产投资项目社会稳定风险评估暂行办法〉的通知》（发改投资〔2012〕2492号）第十一条规定，各级地方发展改革部门可参照本办法，建立健全本地区重大项目社会稳定风险评估机制。如《重庆市发展和改革委员会关于印发〈重大固定资产投资项目社会稳定风险评估暂行办法〉的通知》（渝发改投〔2012〕1467号）第二条规定，由市发展改革委审批（核准）或者核报市政府审批（核准）、符合下列条件之一的重大固定资产投资项目社会稳定风险评估，适用此办法。

①占用耕地面积超过35公顷。

②国有土地上房屋征收涉及被征收人、公有房屋承租人100户以上或移民安置人口超过500人。

③按照《建设项目环境影响评价分类管理名录》的规定应当单独编制环境影响报告书。

④在项目审批前发生过大规模集访、群访等群体性事件。

⑤其他可能引发社会稳定风险的。

27 项目可行性研究报告的内容大纲要求是什么？

答：（1）《国家发展改革委关于印发投资项目可行性研究报告编写大纲及说明的通知》（发改投资规〔2023〕304号），自2023年5月1日起施行，文件含《关于投资项目可行性研究报告编写大纲的说明（2023年版）》《政府投资项目可行性研究报告编写通用大纲（2023年版）》和《企业投资项目可行性研究报告编写参考大纲（2023年版）》。上述文件是开展投资项目可行性研究的工作指南。

（2）根据"发改投资规〔2023〕304号"文件精神，政府投资、企业投资项目可行性研究报告大纲内容对比如表5-3所示。

表5-3　　　　政府投资、企业投资项目可行性研究报告大纲内容对比

政府投资项目	企业投资项目
一、概述 1. 项目概况 2. 项目单位概况 3. 编制依据 4. 主要结论和建议	一、概述 1. 项目概况 2. 企业概况 3. 编制依据 4. 主要结论和建议
二、项目建设背景和必要性 1. 项目建设背景 2. 规划政策符合性 3. 项目建设必要性	二、项目建设背景、需求分析及产出方案 1. 规划政策符合性 2. 企业发展战略需求分析
三、项目需求分析与产出方案 1. 需求分析 2. 建设内容和规模 3. 项目产出方案	3. 项目市场需求分析 4. 项目建设内容、规模和产出方案 5. 项目商业模式
四、项目选址与要素保障 1. 项目选址或选线 2. 项目建设条件 3. 要素保障分析	三、项目选址与要素保障 1. 项目选址或选线 2. 项目建设条件 3. 要素保障分析
五、项目建设方案 1. 技术方案 2. 设备方案 3. 工程方案 4. 用地用海征收补偿（安置）方案 5. 数字化方案 6. 建设管理方案	四、项目建设方案 1. 技术方案 2. 设备方案 3. 工程方案 4. 资源开发方案 5. 用地用海征收补偿（安置）方案 6. 数字化方案 7. 建设管理方案

续表

政府投资项目	企业投资项目
六、项目运营方案 1.运营模式选择 2.运营组织方案 3.安全保障方案 4.绩效管理方案	五、项目运营方案 1.生产经营方案 2.安全保障方案 3.运营管理方案
七、项目投融资与财务方案 1.投资估算 2.盈利能力分析 3.融资方案 4.债务清偿能力分析 5.财务可持续性分析	六、项目投融资与财务方案 1.投资估算 2.盈利能力分析 3.融资方案 4.债务清偿能力分析 5.财务可持续性分析
八、项目影响效果分析 1.经济影响分析 2.社会影响分析 3.生态环境影响分析 4.资源和能源利用效果分析 5.碳达峰中和分析	七、项目影响效果分析 1.经济影响分析 2.社会影响分析 3.生态环境影响分析 4.资源和能源利用效果分析 5.碳达峰碳中和分析
九、项目风险管控方案 1.风险识别与评价 2.风险管控方案 3.风险应急预案	八、项目风险管控方案 1.风险识别与评价 2.风险管控方案 3.风险应急预案
十、研究结论及建议 1.主要研究结论 2.问题及建议	九、研究结论及建议 1.主要研究结论 2.问题与建议
十一、附表、附图和附件	十、附表、附图和附件

28 地方政府专项债项目前期需准备什么资料？

答：（1）《财政部关于印发〈地方政府专项债券发行管理暂行办法〉的通知》（财库〔2015〕83号）第二条规定，地方政府专项债券（以下简称专项债券）是指省、自治区、直辖市政府（含经省级政府批准自办债券发行的计划单列市政府）为有一定收益的公益性项目发行的、约定一定期限内以公益性项目对应的政府性基金或专项收入还本付息的政府债券。

（2）专项债项目前期需准备以下资料。

①一案两书：实施方案、财务评价报告、法律意见书。

②可行性研究报告：对项目实施的可行性进行论证。

③财政评审报告：项目投资估算经财政投资评审中心或专业评审机构评审，并取得财政局相关批复或已编制正式项目投资概算报告。

④规划许可：自然资源和规划部门出具的项目规划或用地规划。

⑤立项文件：发改部门出具的准予立项资料，如项目建议书的批复等。

⑥可行性研究报告批复：发改部门出具的关于项目可行性研究报告准予的批复文件。

⑦用地手续：自然资源和规划部门出具的用地预审与选址意见书、用地规划许可证、划拨决定书、国有土地使用证等，具体根据项目用地性质办理。

⑧环评文件：环保部门出具的项目关于环境影响的登记表或报告批复。

⑨收入测算说明：对项目收入进行合理预测，一是项目预期收入与建设内容密切匹配；二是收入预测类型合理，收入具有可实现性；三是收入预测取值有国家标准、行业标准、地区标准，或有市场询价材料作支撑，或有以往年度同性质项目运营收入作支撑；四是项目收入测算有计算构成，有收入测算明细。

⑩项目资金筹集情况说明：保障项目财政资金明确，到位时间、条件能够落实。

⑪具备建设工程规划许可证、建设工程施工许可证及招投标手续可提升项目成熟度。

各地方政府在相关工作中可能存在侧重不同的些微差异，相应准备资料可查阅地方政府专项债项目管理规定。

29 地方政府专项债发债全过程流程是什么？

答： 地方政府专项债发债流程结合项目所在地省、自治区、直辖市的管理规定会有不同，大致流程梳理如表5-4所示，具体项目操作过程结合当地规定实施。

表5-4 地方政府专项债发债流程

阶段		责任单位	工作事项
储备申报	项目储备	政府及有关部门	提前谋划并储备符合专项债券发行使用条件的项目
		项目主管部门或实施单位	负责项目申报
		项目实施单位	编制《项目建议书》《可行性研究报告》
		发改部门	办理项目审批手续
		同级规划、土地、环保等部门	出具相关批复文件
	申报入库	项目实施单位	向同级发改、财政申请纳入"国家重大建设项目库"、地方政府性债务管理系统
		省发改委会同省财政	对专项债券项目进行初审,初审通过项目分别提报国家发展改革委、财政部项目库
	审核反馈	国家发展改革委会同财政部	对各省、自治区、直辖市政府上报项目进行审核,审核通过后反馈各地
资金拨付	及时拨付	省财政厅	挂网—投标—缴款—确权—拨款
	加快支出	项目单位	在依法合规的前提下,加快债券资金支出进度,尽快形成实物工作量
还本付息	列入预算管理	项目单位	专项债券还本付息及费用支出根据当年到期专项债券规模、对应专项收入等因素合理预计,列入年度政府性基金预算统筹安排
	按期缴纳国库	项目单位	建立还本付息台账,债券还本付息前,项目单位按规定时限足额将偿债资金归缴至同级财政部门。其中,10年期及以上每半年付息一次,10年期以下每年付息一次
	存续期信息公开	地方各级财政部门	组织开展本级及本地区专项债券存续期信息公开工作,督促和指导使用专项债券资金的部门不迟于每年6月底公开以下信息:截至上年末专项债券资金使用情况,对应项目建设进度、运营情况,专项债券项目收益及对应形成的资产情况等

30 哪些项目需要编制水土保持方案?

答:根据《中华人民共和国水土保持法》第二十五条规定,在山区、丘陵区、风沙区以及水土保持规划确定的容易发生水土流失的其他区域开办可能造成水土流失的生产建设项目，生产建设单位应当编制水土保持方案，报县级以上人民政府水行政主管部门审批，并按照经批准的水土保持方案，采取水土流失预防和治理措施。

第二十六条规定，依法应当编制水土保持方案的生产建设项目，生产建设单位未编制水土保持方案或者水土保持方案未经水行政主管部门批准的，生产建设项目不得开工建设。

2023年3月1日施行的《生产建设项目水土保持方案管理办法》第五条进一步明确：可能造成水土流失的生产建设项目，是指在生产建设过程中进行地表扰动、土石方挖填，并依法需要办理审批、核准、备案手续的项目。

31 项目的报建报批涉及哪些工作事项？

答：在工程管理过程中，项目行政审批贯穿决策—竣工—运维各阶段，是非常重要的环节，全过程工程咨询单位应协助投资人开展项目行政报批工作，主要包括：项目选址意见书、建设用地规划许可证、建设工程规划许可证、建设工程施工许可证等，对行政审批事项进行整理，包括但不限于以下内容（见表5-5）。

表5-5　　　　　　　　　　项目报建报批事项清单

工作阶段	序号	工作内容及成果	核准/审批/备案机构
决策阶段	1	项目建议书	投资主管部门
	2	项目选址意见书	城市规划行政主管部门
	3	环境影响评价报告	环境保护行政主管部门
	4	节能评估报告	管理节能工作的部门
	5	社会稳定风险性评估报告	投资主管部门
	6	可行性研究报告	投资主管部门
	7	企业投资项目备案	建设行政主管部门
	8	建设用地规划许可证	城市规划行政主管部门

续表

工作阶段	序号	工作内容及成果	核准/审批/备案机构
设计阶段	9	控制性详细规划修改方案	城市规划行政主管部门
	10	初步设计	建设行政主管部门
	11	工程概算	投资主管部门/财政部门
	12	施工图设计	建设行政主管部门
	13	建设工程规划许可证	城市规划行政主管部门
	14	政府投资工程建设项目招标方案	投资主管部门
实施阶段	15	建筑工程施工许可证	建设行政主管部门
	16	建设工程施工合同	建设行政主管部门
	17	建设工程质量监督文件	建设行政主管部门
	18	建设工程安全监督文件	建设行政主管部门
竣工阶段	19	规划条件核实	城市规划行政主管部门
	20	建设工程竣工验收报告（消防、人防、城建档案、水电气通信等）	建设行政主管部门
运营阶段	21	项目后评价报告	投资主管部门
	22	项目绩效评价报告	财政部门

各地级以上市根据工程建设项目类型、投资类别、规模大小等，细化制定不同类型的审批流程，具体项目结合当地规定办理审批事项。

32 政府投资和企业投资项目在工程前期报建报批工作流程上有什么不同？

答：（1）政府投资项目实行审批制，企业投资项目实行核准或备案制，两者在工程前期报建报批工作流程上存在差异，可参见图5-1。

（2）各省市报建报批流程有相应管理办法及操作指引，可登录当地政务服务中心或网站查阅咨询。

政府投资项目　　　　　　　　　企业投资项目

```
编制项目建议书 ──┐          投资机会研究 ◄────┐
     │          │              │              │
  未批准        │            通过│              │
     │          │              ▼              │
报批项目建议书   │      通过招标、拍卖、挂牌等  │    签署土地出
     │批准       │      方式获得土地使用权 ───► │    让合同，缴
     ▼          │未通过         │              │    纳土地出让
通过划拨、出让等方式│            │              │    金，领取国
获得土地使用权    │             │              │    有土地使用
     │          │             │              │    权证
     ▼          │             │              │      │
  未通过 ──────进行项目可行性研究─────────────┘      ▼
     │          │                              办理拆迁许
  通过│          │未批准        通过│            可证并委托
     ▼          │             │               拆迁公司进
  未通过        │             │               行拆迁
进行项目评估     │             │                  │
     │通过       │             ▼                  │
     ▼          │         申请核准或登记备案       │
  未通过         │             │                  │
项目终止 ◄── 报批可行性研究报告  │通过              │
              │批准           │                  │
              ▼             ▼                  ▼
            实施项目
```

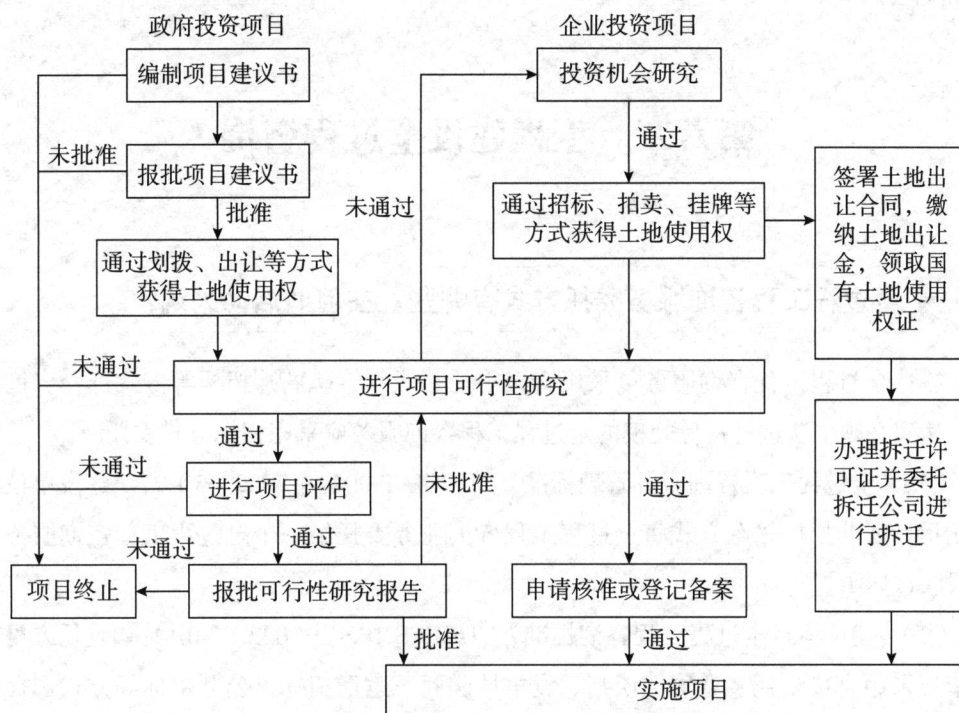

图5-1　政府投资与企业投资项目报建报批工作流程差异

第六章　工程建设全过程咨询

33 全过程工程咨询服务委托方式有哪些？在何时启动采购？

答：全过程工程咨询服务可采用直接委托、谈判、磋商、招标等方式选择咨询单位，达到必须依法进行招标规模的全过程工程咨询服务应采用招标方式委托。

（1）《全过程工程咨询服务管理标准》（T/CCIAT 0024—2020）3.1.2："建设单位可采用招标或非招标采购方式将全过程工程咨询业务委托给一个全过程工程咨询服务单位或联合体承担"。

（2）《建设项目全过程工程咨询标准》（T/CECS 1030—2022）3.0.14："委托方可依法依规采用直接委托、竞争性谈判、竞争性磋商、邀请招标、公开招标等方式选择咨询人，并应与咨询人签订全过程咨询合同"。

（3）《水利水电工程全过程工程咨询服务导则》（T/CNAEC 8001—2021）7.2.1："全过程工程咨询服务可采用直接委托或招标方式确定咨询单位，达到必须依法进行招标规模的全过程工程咨询服务应采用招标方式委托"。

（4）参考《房屋建筑和市政基础设施项目工程总承包管理办法》，工程总承包的发包时机：①企业投资项目在核准或备案后；②政府投资项目原则上应当在初步设计审批完成后；③简化报批文件和审批程序的政府投资项目，应在完成投资决策审批后。

（5）采购全过程咨询与采购EPC模式有相通之处，采购时机须结合项目建设规模、功能复杂程度、资金来源及审批方式选择确定。

①整体规模较小、功能简单的项目可在项目概念提出时一次性采购全过程咨询服务。

②整体规模较大、功能复杂的项目，宜在项目概念提出时单独采购投资决策综合性咨询；在项目可研批复后采购工程建设全过程咨询服务；根据使用者需求在项目竣工验收交付后采购运营阶段咨询服务。

34 委托工程咨询服务，常见的发包方式有哪几种？

答： 投资方委托工程咨询服务，常见的发包方式有以下四种（见表6-1）。

表6-1　　　　　　　　　　　委托工程咨询服务常见的发包方式

方式	全过程咨询单位	工程咨询单位的组织架构
一家全能型	独立承接全部咨询服务且同时具备相应资质	委托方 → 委托 → 全过程工程咨询单位
另行分包型	承接全部咨询服务，但自身不具备全部资质，经发包人同意将不具备相应资质的服务另行分包给其他具有资质的单位	委托方 → 委托 → 全过程工程咨询单位 → 另行分包 → 勘察设计、招标采购、工程监理、造价咨询、其他咨询
联合经营型	各咨询单位形成联合体共同承接全部咨询服务，分别负责相应的专业咨询服务	委托方 → 委托 → 牵头咨询单位 + 其他咨询单位
平行发包型	各咨询单位分别与委托方签订咨询合同，提供相应服务	委托方 → 委托 → 全过程工程咨询单位、其他专项咨询单位

35 全过程工程咨询工作大纲、专业咨询实施方案的内容有哪些?

答:(1)根据中国建筑业协会《全过程工程咨询服务管理标准》4.1.2条,全过程工程咨询服务管理策划应包括以下内容:编制全过程工程咨询服务工作大纲,用以指导全过程工程咨询工作的开展;编制专业咨询实施方案,用以指导特定的专业咨询工作。

(2)根据4.2.2条,全过程工程咨询服务工作大纲包括以下内容。

①项目概况。

②服务范围和内容。

③管理目标。

④组织模式与管理措施。

⑤项目决策阶段的咨询服务。

⑥勘察设计阶段的咨询服务。

⑦招标采购阶段的咨询服务。

⑧工程施工阶段的咨询服务。

⑨竣工验收阶段的咨询服务。

⑩项目运营阶段的咨询服务。

⑪全过程项目咨询服务的数字化管理。

全过程工程咨询服务工作大纲由全过程工程咨询服务单位技术负责人审批,并进行交底形成交底记录。

(3)根据4.3.2条,专业咨询实施方案应包括下列内容。

①工作范围。

②工作内容。

③工作目标。

④编制依据。

⑤工作流程。

⑥组织方案。

⑦重点、难点及薄弱环节分析。

⑧服务措施。

专业咨询服务相关工作开始前,由专业咨询工程师负责编制实施方案,经总咨询师批准后实施。专业咨询实施方案应在服务团队内部进行交底并形成交底记录。

36 全过程工程咨询的工作流程是什么?

工作流程和参与主体如下。

答:(1)建设项目决策阶段参与主体主要包括投资人、运营人、全过程工程咨询单位、政府相关行政审批部门等,其工作流程可参见图6-1。

(2)设计阶段重点工作之一是对设计方案、概预算进行审核,其中施工预算审核工作流程参见图6-2。

(3)采购阶段涉及招标人、总咨询师、造价师、招标代理、投标人等干系人,其工作流程参见图6-3。

(4)实施阶段围绕进度、质量、投资、安全、环保等目标进行管理,以质量控制为例,工作流程参见图6-4。

(5)验收阶段以竣工验收及质保期工作流程为例,工作流程图如图6-5所示。

(6)维护阶段以项目后评价为例,相关方工作流程图参见图6-6。

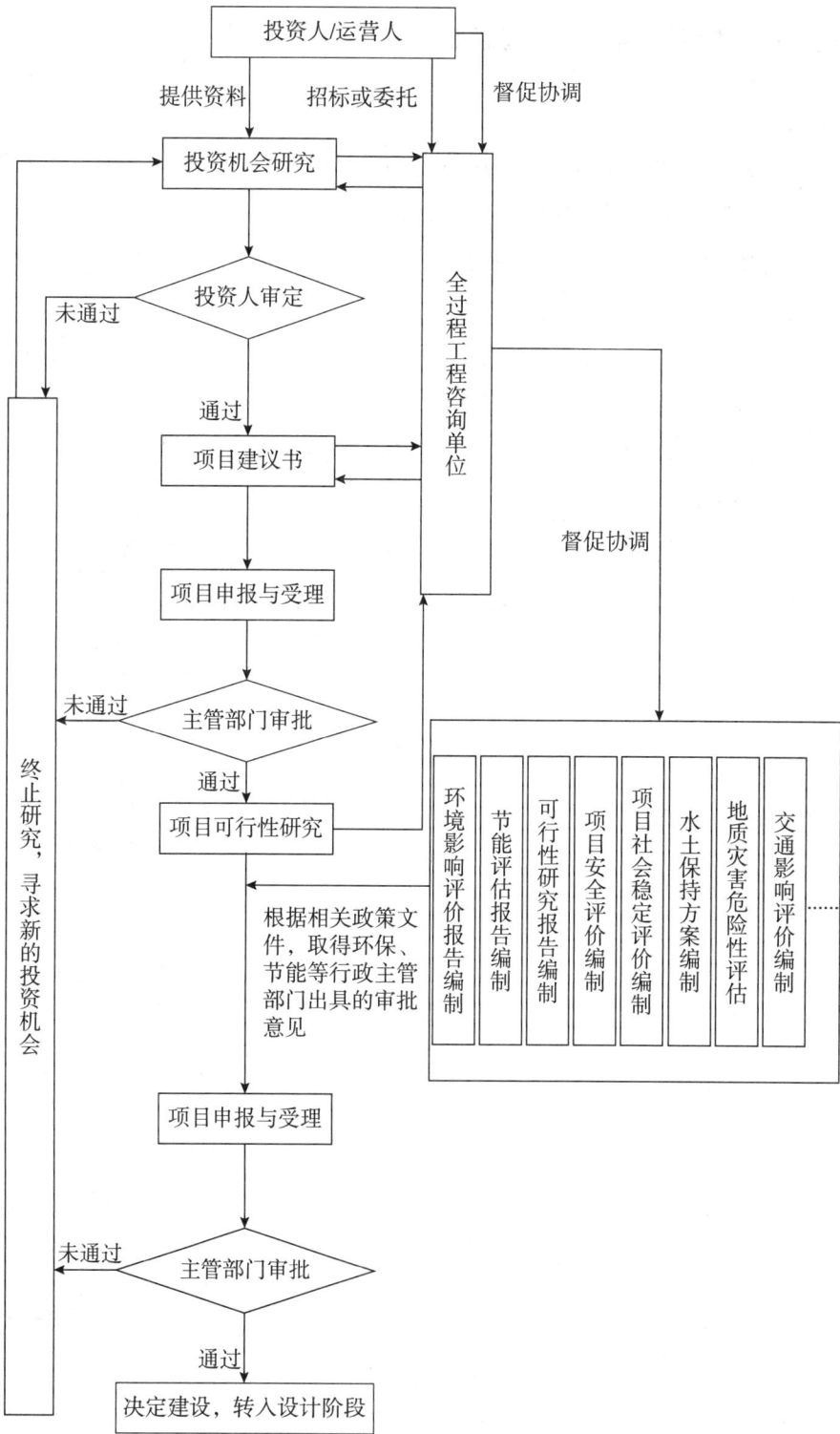

图6-1 决策阶段工作流程

投资人	总咨询师	专业咨询工程师（造价）	专业咨询工程师（设计）

施工图设计

审核施工图设计 ← 编制施工图预算

审核施工图预算 ← 技术经济分析

是否合理 — 否

是

审核施工图预算与设计概算逐项对比

有无偏差 — 无

有

分析投资偏差原因

施工图设计是否改进 — 是 → 提出改进意见 → 改进施工图设计

否

否

重新编制施工图预算

施工图设计认可

审核改进后的施工图预算

是

是否合理 — 否

是

改进的施工图设计认可

准备项目招标

列出分部分项工程量清单

列出材料、设备清单

形成招标控制价

招标准备

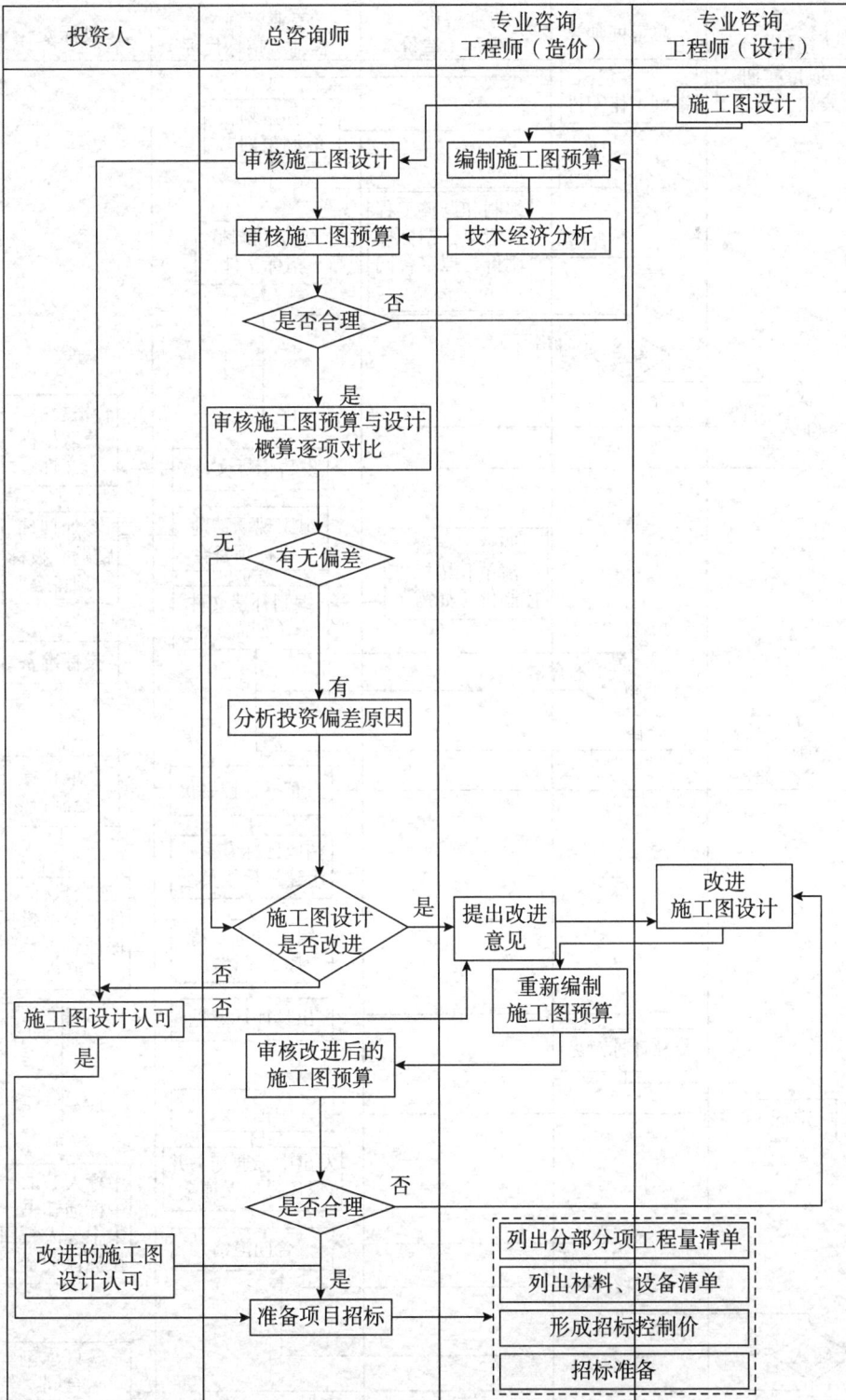

图6-2　设计阶段工作流程

投资人 （招标人）	总咨询师	专业咨询 工程师（造价）	专业咨询 工程师（招标代理）	投标人
项目前期 资料及要求	发承包 咨询工作安排		招标策划， 编制策划书	

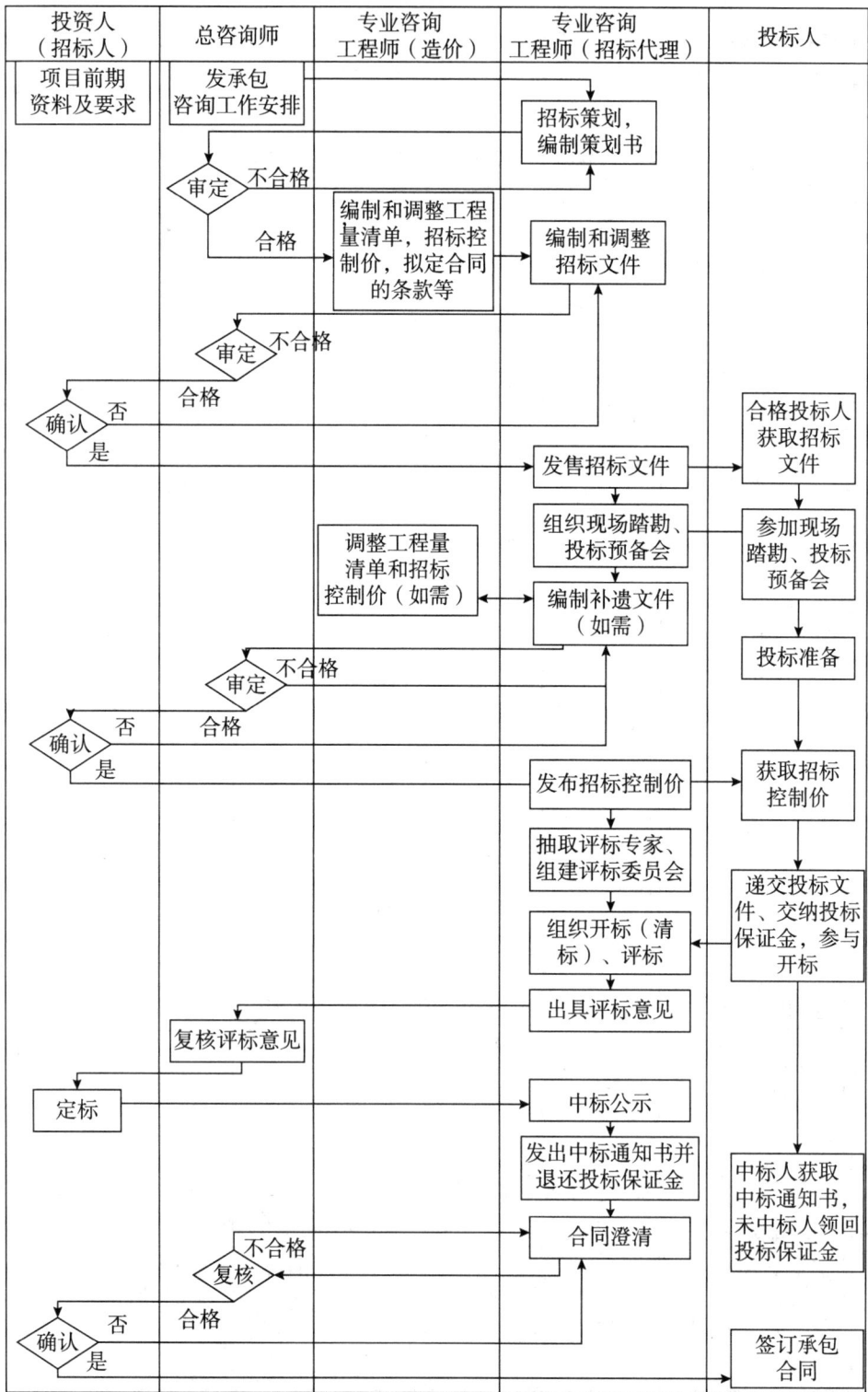

图6-3 采购阶段工作流程

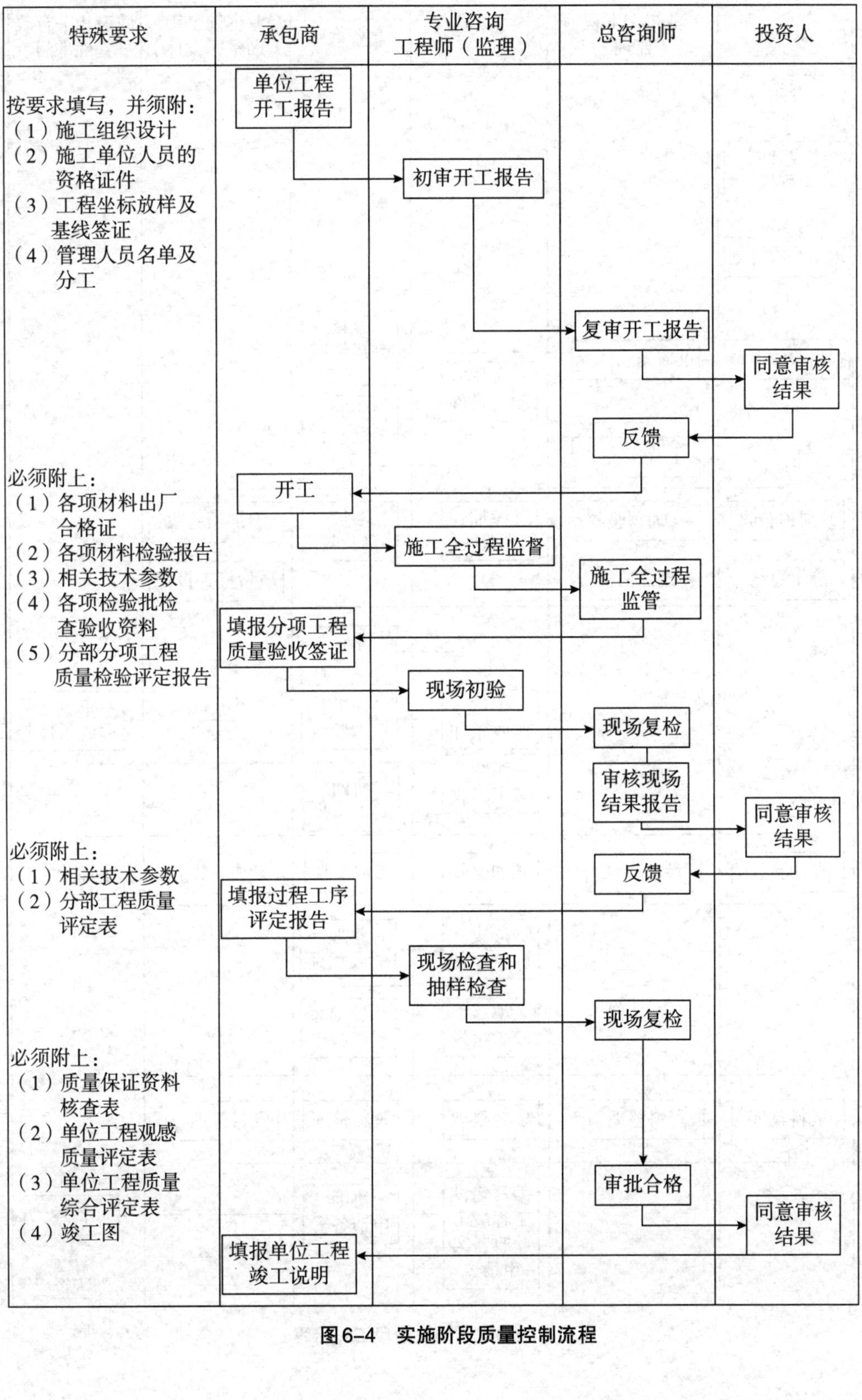

特殊要求	承包商	专业咨询 工程师（监理）	总咨询师	投资人
按要求填写，并须附： （1）施工组织设计 （2）施工单位人员的 　　资格证件 （3）工程坐标放样及 　　基线签证 （4）管理人员名单及 　　分工	单位工程 开工报告	初审开工报告	复审开工报告	同意审核 结果
			反馈	
必须附上： （1）各项材料出厂 　　合格证 （2）各项材料检验报告 （3）相关技术参数 （4）各项检验批检 　　查验收资料 （5）分部分项工程 　　质量检验评定报告	开工 填报分项工程 质量验收签证	施工全过程监督 现场初验	施工全过程 监管 现场复检 审核现场 结果报告	同意审核 结果
必须附上： （1）相关技术参数 （2）分部工程质量 　　评定表	填报过程工序 评定报告	现场检查和 抽样检查	反馈 现场复检	
必须附上： （1）质量保证资料 　　核查表 （2）单位工程观感 　　质量评定表 （3）单位工程质量 　　综合评定表 （4）竣工图	填报单位工程 竣工说明		审批合格	同意审核 结果

图6-4 实施阶段质量控制流程

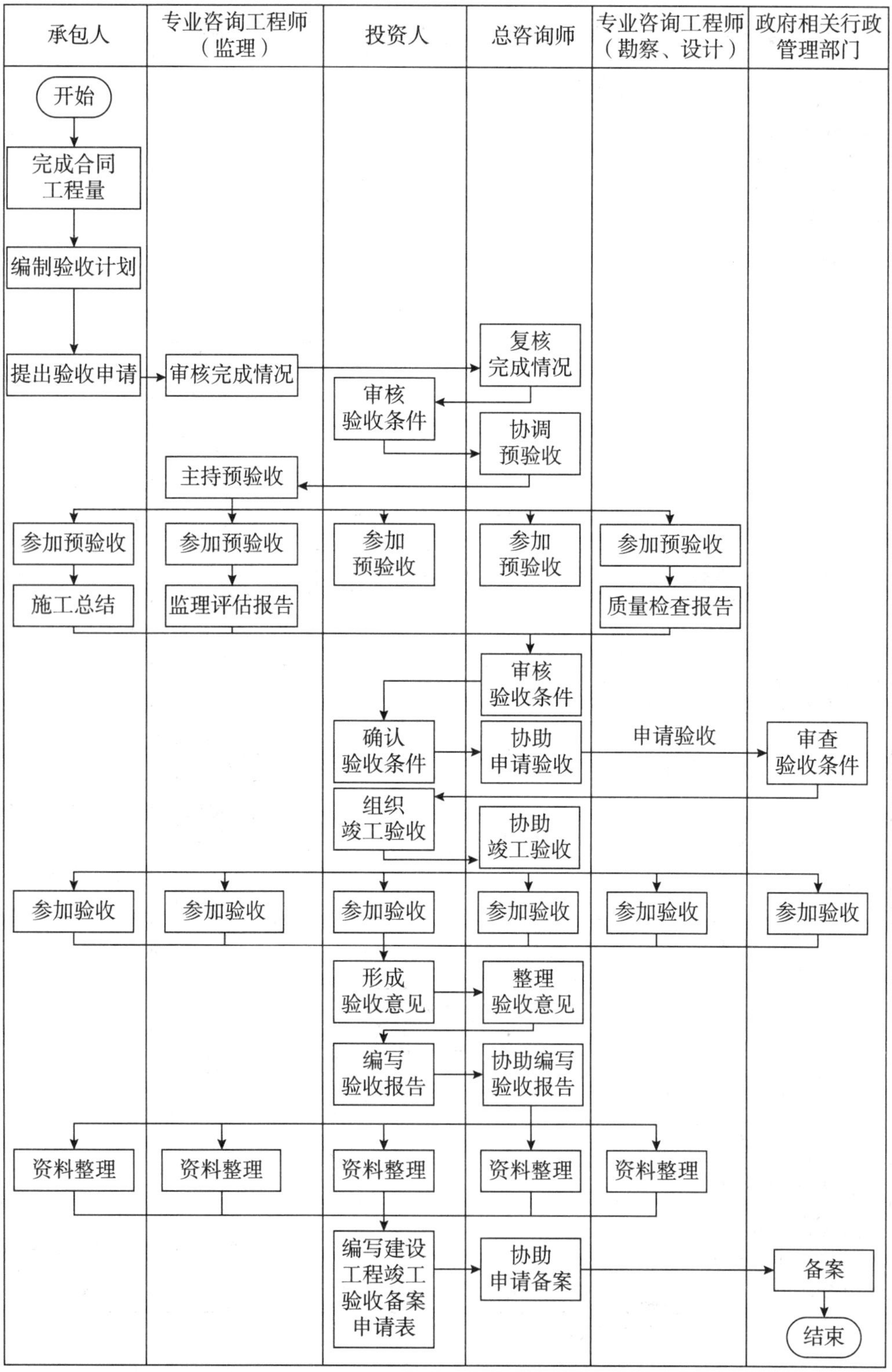

承包人	专业咨询工程师（监理）	投资人	总咨询师	专业咨询工程师（勘察、设计）	政府相关行政管理部门
开始					
完成合同工程量					
编制验收计划					
			复核完成情况		
提出验收申请	审核完成情况	审核验收条件	协调预验收		
	主持预验收				
参加预验收	参加预验收	参加预验收	参加预验收	参加预验收	
施工总结	监理评估报告			质量检查报告	
			审核验收条件		
		确认验收条件	协助申请验收	申请验收	审查验收条件
		组织竣工验收	协助竣工验收		
参加验收	参加验收	参加验收	参加验收	参加验收	参加验收
		形成验收意见	整理验收意见		
		编写验收报告	协助编写验收报告		
资料整理	资料整理	资料整理	资料整理	资料整理	
		编写建设工程竣工验收备案申请表	协助申请备案		备案
					结束

图6-5 验收阶段工作流程

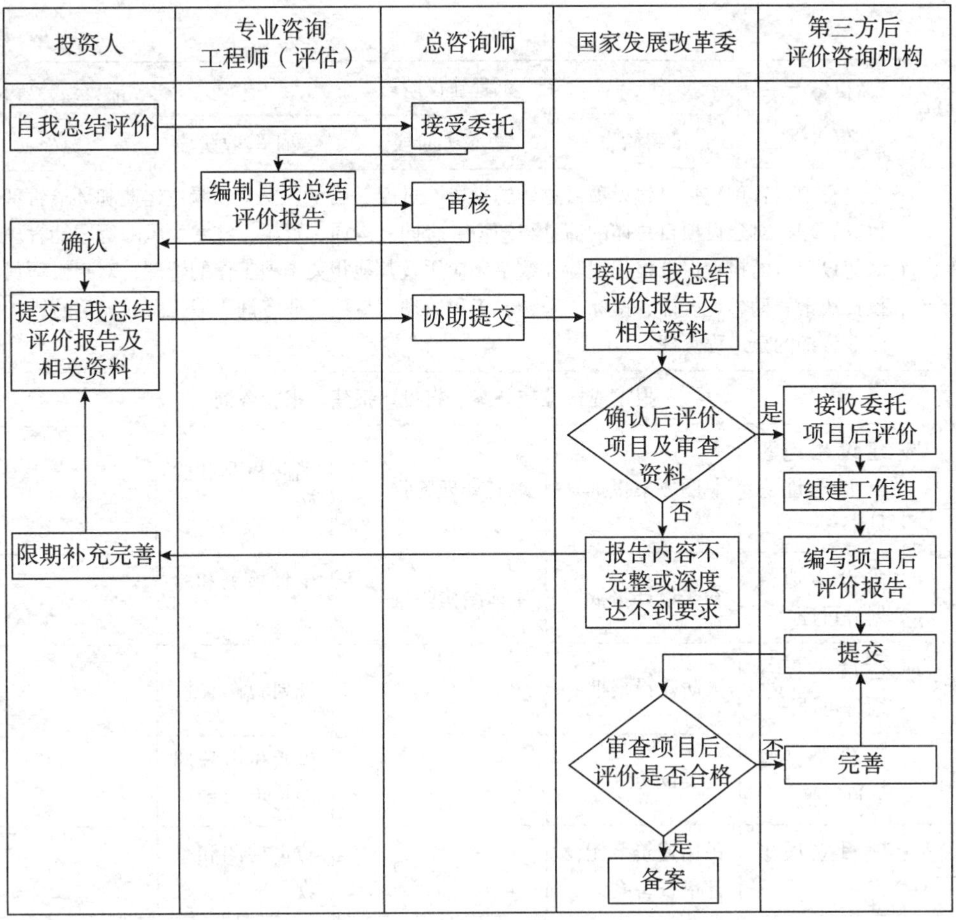

图6-6 项目后评价阶段工作流程

37 全过程工程咨询的服务内容有哪些?

答: 中国工程建设标准化协会《建设项目全过程工程咨询标准》附录A《全过程咨询服务内容清单》明确了投资决策阶段、工程建设阶段、运营维护阶段全过程咨询的服务内容,可参照执行。如表6-2所示。

表6-2　　　　　　　　　　　**全过程咨询服务内容清单**

序号	项目投资决策阶段	工程建设阶段			项目运营维护阶段
		准备阶段	施工阶段	竣工验收阶段	
1			全过程项目管理		

序号	项目投资决策阶段	工程建设阶段			项目运营维护阶段
		准备阶段	施工阶段	竣工验收阶段	
1.1	全过程项目管理包括对建设项目总体的投资、进度、质量、安全、绿色建造和环境管理等目标管理；对建设项目总体的信息与知识、合同、沟通、资源、技术、风险等职能管理；对建设项目的报审报批报建报验、数字化应用及其他相关子项工作的管理；对建设项目的投资决策、勘察、设计、招标、采购、工程监理、专项专业咨询、竣工验收、运营维护等专业咨询的全过程管理				
2	报审或核准或备案、报批、报建、报验咨询				
2.1	建设用地预审和选址意见书	总图方案报批	地基处理验收	消防检测和验收	
2.2	建设用地规划许可证	初步设计报批	主体结构验收	电梯检测和验收	
2.3	建设工程规划许可证	人防建设报批		规划验收	
2.4	乡村建设规划许可证	抗震设防送审		供水供电检测和验收	
2.5	项目立项事宜	民用建筑节能设计审查备案		防雷检测和验收	
2.6	水、电、燃气、通信等功能性需求申请	施工图审查备案		天然气验收和开通	
2.7	投资决策各项文件的报批手续办理	合同备案		室内环境验收	
2.8		质监及安监备案		人防验收	
2.9		白蚁防治管理		节能验收	
2.10		施工许可证申报		环境保护水土保持验收	
2.11		环境影响评价审批		工程档案验收	
2.12		污水排入排水管网许可		劳动安全与工业卫生验收	

续表

序号	项目投资决策阶段	工程建设阶段			项目运营维护阶段
		准备阶段	施工阶段	竣工验收阶段	
2.13		报建费缴纳		竣工验收备案	
2.14		施工用水申请及审批		项目竣工决算审批	
2.15		施工用电申请及审批			
2.16		超限高层建筑过程抗震设防审批			
2.17		用地手续办理			
2.18	其他咨询事项	其他咨询事项	其他咨询事项	其他咨询事项	其他咨询事项
3			项目投资决策咨询		
3.1	规划咨询				
3.2	投资策划咨询				
3.3	项目建议书				
3.4	可行性研究	参与工程勘察设计任务书及成果审核等			参与项目后评价和项目绩效评价等
3.5	项目申请报告				
3.6	资金申请报告				
3.7	环境影响评价				
3.8	节能评估				
3.9	安全风险评价				
3.10	社会稳定风险评价				

续表

序号	项目投资决策阶段	工程建设阶段			项目运营维护阶段
		准备阶段	施工阶段	竣工验收阶段	
3.11	水土保持评价				
3.12	地质灾害评估				
3.13	交通影响评价				
3.14	压覆重要矿产资源评估				
3.15	建设条件咨询等				
3.16	建筑信息模型（BIM）技术应用				
3.17	其他咨询事项	其他咨询事项	其他咨询事项	其他咨询事项	其他咨询事项
4	工程勘察设计咨询				
4.1	可行性勘察	初步勘察、详细勘察、工程测量等	施工勘察、参与地基处理方案论证	参与竣工验收	参与延续更新设计咨询
4.2	对总体规划设计或概念性方案设计提出审核意见	方案设计	参与地基与基础分部工程验收	参与审核或编制竣工图	
4.3	对技术方案提供技术咨询	初步设计	参与子单位工程验收	建筑信息模型（BIM）技术应用	
4.4	对技术方案提出审核意见	施工图设计	设计交底和图纸会审		
4.5	对可行性研究的可设计性进行分析	专项设计（如海绵城市设计、绿色建筑设计、装配式设计等）	参与现场重大和关键工序施工方案的合理化建议		

续表

序号	项目投资决策阶段	工程建设阶段			项目运营维护阶段
		准备阶段	施工阶段	竣工验收阶段	
4.6		建筑信息模型（BIM）技术应用	现场施工的配合工作		
4.7		配合施工及设备材料招标工作	协助设备材料封样及选型		
4.8			临建设计、深化设计及变更设计的管理、审核等		
4.9			参与项目过程验收工作		
4.10	其他咨询事项	其他咨询事项	其他咨询事项	其他咨询事项	其他咨询事项
5	工程监理咨询				
5.1	对工程方案提供技术咨询	对设计成果提供技术咨询	质量、进度和投资控制	工程验收策划与组织	缺陷责任期管理
5.2	对工程方案提出审核意见	对设计成果提出审核意见	履行职业健康安全与环境法定职责	工程竣工预验收	
5.3	对可行性研究的可施工性进行分析	对工程勘察设计的可施工性进行分析	信息与合同管理	工程质量报告	
5.4		对工程设计的可采购性进行分析	分部分项工程、隐蔽工程验收	协助固定资产移交	
5.5			建筑信息模型（BIM）技术应用	协助工程系统调试和施工整改	
5.6	其他咨询事项	其他咨询事项	其他咨询事项	其他咨询事项	其他咨询事项
6	工程招标采购咨询				
6.1	对各阶段招标采购内容的可采购性进行分析；招标采购策划；招标文件编制、备案；招标公告的发布；资格审查；组织招标文件答疑和澄清；组织开标、清标、评标工作；编制评标报告报业主确认，发送中标通知书等；建筑信息模型（BIM）技术应用				

续表

序号	项目投资决策阶段	工程建设阶段			项目运营维护阶段
		准备阶段	施工阶段	竣工验收阶段	
6.2	合同评审；协助签订合同；组织合同交底；合同履约过程管理				合同后评价
7	工程投资造价咨询				
7.1	投资估算审核	初步设计概算审核	施工阶段造价风险分析及建议	工程竣工结算编制或审核	运营维护费用支付编制或审核
7.2	项目经济评价审核	总体设计方案经济分析或审核	计算或审核工程预付款和进度款	项目竣工决算编制或审核	延续更新方案经济比选或审核
7.3	规划方案经济比选或审核	单项设计方案经济分析或审核	变更、签证及索赔管理	配合完成政府审计	
7.4	投资融资方案建议	限额设计造价咨询或审核	材料、设备的询价，提供核价建议	工程技术经济指标后期分析	
7.5		设计优化造价咨询或审核	参与施工现场造价管理		
7.6		预算编制或审核	项目动态造价分析		
7.7		工程量清单的编制或审核	工程技术经济指标分析		
7.8		最高投标限价的编制或审核	审核或汇总分阶段工程结算		
7.9		清标	建筑信息模型（BIM）技术应用		
7.10		项目资金使用计划编制或审核			
7.11		施工合同的相关造价条款的拟定或审核			
7.12	其他咨询事项	其他咨询事项	其他咨询事项	其他咨询事项	其他咨询事项

续表

序号	项目投资决策阶段	工程建设阶段			项目运营维护阶段
		准备阶段	施工阶段	竣工验收阶段	
8	专项专业咨询				
8.1	包括建设项目的政策、法律、产业、融资、特许经营、财务、绿色建筑、工程保险、建筑信息模型（BIM）技术集成应用咨询、项目后评价、项目绩效评价等专业咨询				
9	工程竣工验收咨询				
9.1		对工程勘察设计的可验收性进行分析	对施工及设备材料的可验收性进行分析	组织工程预验、消防检测、电梯检测、规划、供水供电、人防、节能环保、工程档案等专项验收，组织竣工验收	
9.2				组织竣工档案和工程实体移交、实施工程保修	
9.3				建筑信息模型（BIM）技术应用	
9.4	其他咨询事项	其他咨询事项	其他咨询事项	其他咨询事项	其他咨询事项
10	项目运营维护咨询				
10.1	对可行性研究的可采购性和可安装性进行分析	对工程设计的可采购性和可安装性进行分析	参与调试和工程试运行	总体运营维护策划	总体运营维护策划
10.2	对可行性研究的可运维性进行分析	对工程设计的可运维性进行分析	对工程施工的可运维性进行分析	物业接管进驻	招商策划
10.3	对可行性研究的运行成本进行分析	对工程设计的运行成本进行分析	对工程施工的运行成本进行分析	办理房产登记	销售策划

续表

序号	项目投资决策阶段	工程建设阶段			项目运营维护阶段
		准备阶段	施工阶段	竣工验收阶段	
10.4				办理开业证书	设施管理
10.5				组织试营业	资产管理
10.6				运营管理人员培训	项目延续更新咨询
10.7					运营管理人员培训
10.8					运营维护管理
10.9					建筑信息模型（BIM）二次开发利用
10.10	其他咨询事项	其他咨询事项	其他咨询事项	其他咨询事项	其他咨询事项

38 全过程工程咨询招标文件和合同示范文本有哪些可供参考？

答：（1）国家部委、行业协会、省市主管部门先后发布了全过程工程咨询招标文件和合同示范文本，部分总结如表6-3所示。

表6-3　　　　　全过程工程咨询招标文件和合同示范文本摘录

序号	发布机构	发布时间	文件名称
1	住房和城乡建设部建筑市场监管司	2020年8月	《全过程工程咨询服务合同示范文本（征求意见稿）》
2	中国招标投标协会	2021年1月	《建设项目全过程工程咨询服务招标文件示范文本》
3	黑龙江省住房和城乡建设厅	2019年12月	《黑龙江省住房和城乡建设厅关于在房屋和市政工程领域推进全过程工程咨询服务发展的指导意见》附件中含《黑龙江省全过程工程咨询服务招标文件（试行）》
4	贵州省住房和城乡建设厅	2020年9月	《贵州省建设工程全过程工程咨询招标文件示范文本》

续表

序号	发布机构	发布时间	文件名称
5	福建省住房和城乡建设厅	2022 年 3 月	《福建省房屋建筑和市政基础设施项目标准全过程工程咨询招标文件》（2022 年版征求意见稿）
6	湖南省住房和城乡建设厅	2020 年 12 月	《湖南省房屋建筑和市政基础设施项目全过程工程咨询招标投标管理暂行办法》
7	内蒙古自治区工程建设协会	2019 年 8 月	《内蒙古自治区工程建设全过程咨询服务合同（试行）》
8	湖北省住房和城乡建设厅	2022 年 12 月	《湖北省房屋建筑和市政工程全过程工程咨询服务合同示范文本（试行）》

（2）因篇幅有限，此处仅提供中国招标投标协会《建设项目全过程工程咨询服务招标文件示范文本》（T/CTBA 008—2021）的目录，文件全文可查阅相关书籍或从官网下载。

目录

第一章　招标公告（适用于公开招标）

1 招标条件

2 项目概况与招标范围

3 投标人资格要求

4 招标文件的获取

5 投标文件的递交

6 发布公告的媒介

7 联系方式

8 监督部门

第一章　投标邀请书（适用于邀请招标）

1 招标条件

2 项目概况与招标范围

3 投标人资格要求

4 招标文件的获取

5 投标文件的递交

6 确认

7 联系方式

8 监督部门

附件：确认通知

第二章　投标人须知

投标人须知前附表

1 总则

2 招标文件

3 投标文件

4 投标

5 开标

6 评标

7 合同授予

8 纪律和监督

9 需要补充的其他内容

附件1：开标记录表

附件2：问题澄清通知

附件3：问题的澄清

附件4：中标通知书

附件5：中标结果通知书

附件6：确认通知

第三章　评标办法

评标办法前附表

1 评标方法

2 评审标准

3 评标程序

第四章　合同条款及格式

第一节　合同协议书

第二节　通用合同条款

第三节　专用合同条款

第四节　合同附件格式

第五章　委托人要求

第一节　通用性要求

第二节　特殊性要求

第六章　投标文件格式

目录

一、投标函

二、法定代表人身份证明（适用于无授权代理人的情况）

三、授权委托书（适用于有授权代理人的情况）

四、联合体协议书（如有）

五、投标担保

六、投标报价清单

七、资格证明资料

八、咨询服务方案

九、其他资料

第七章　项目相关资料

附录Ⅰ　适用政府采购的招标投标条款

附录Ⅱ　采用电子招标投标条款示例

39　采用联合体模式有可参考的联合体协议书模板吗?

答: 中国招标投标协会编著的《建设项目全过程工程咨询服务招标文件示范文本》第六章"投标文件格式"提供了联合体协议书,内容如下。

联合体协议书

_____（所有成员单位名称）自愿组成_____（联合体名称）联合体,共同参加_____（建设项目名称）全过程工程咨询服务招标的投标。现就联合体投标事宜订立如下协议。

1._____（成员单位名称）为联合体牵头人,该单位的_____（身份证号:_____）为中标后的项目负责人。

2.联合体各成员授权牵头人代表联合体参加投标活动,签署文件,提交和接收相关的资料、信息及指示,进行合同谈判活动,负责合同实施阶段的组织和协调工作,以及处理与本次咨询服务招标项目有关的一切事宜。

3.联合体牵头人在本次咨询服务（投标）中签署的一切文件和处理的一切事宜，联合体各成员均予以承认。联合体各成员将严格按照招标文件、投标文件和合同的要求全面履行合同义务，并向招标人承担连带责任。

4.联合体各成员单位内部的职责分工如下：_____

5.联合体各成员在此共同承诺：若联合体中标，则按合同约定，成立以项目负责人为核心的咨询服务团队，全面履行合同约定，提供高质量的咨询服务。

6.本协议书自所有成员单位法定代表人或其授权代理人签字且单位盖章之日起生效，合同履行完毕后自动失效。

7.本协议书一式_____份，联合体成员和招标人各执一份。

联合体牵头人名称：_____（盖单位章）

法定代表人或其授权代理人：_____（签字）

联合体成员名称：_____（盖单位章）

法定代表人或其授权代理人：_____（签字）

联合体成员名称：_____（盖单位章）

法定代表人或其授权代理人：_____（签字）

_____年_____月_____日

注：本协议书由法定代表人签字的，应附法定代表人身份证明；由授权代理人签字的，应附授权委托书。

40 联合体中标的，合同款统一向牵头方支付还是向各成员方支付？

答：《招标投标法》中明确，联合体中标的，联合体各方应当共同与招标人签订合同，就中标项目向招标人承担连带责任。在联合体中标后，关于建设单位如何支付工程款，现有法律法规并未作明确约定。根据出发点不同，实际工作中建设单位向联合体付款主要有两种模式：一是由建设单位按联合体成员的分工分别向各成员单位直接支付；二是建设单位向联合体的牵头方统一支付，牵头方收到付款后再向其他成员支付。选用何种支付方式主要考虑项目管理的要求，简要对比分析如下。

（1）建设单位向联合体各成员分别支付，法律关系清晰，联合体成员相互间不存在转付或截留资金的问题，可降低联合体成员之间扯皮的可能性，但相应增加了建设单位的管理工作量，对建设单位的管理要求较高。

（2）建设单位统一向联合体牵头方支付，牵头方按其他成员的分工再支付对应的价款，此方式可以避免多头管理。

41 全过程工程咨询常见的人员组织架构是什么？

答：全过程工程咨询的组织架构根据咨询合同委托的服务组合项灵活设置，为便于统筹管理，常见的工程建设全过程咨询直线式组织架构如图6-7所示。

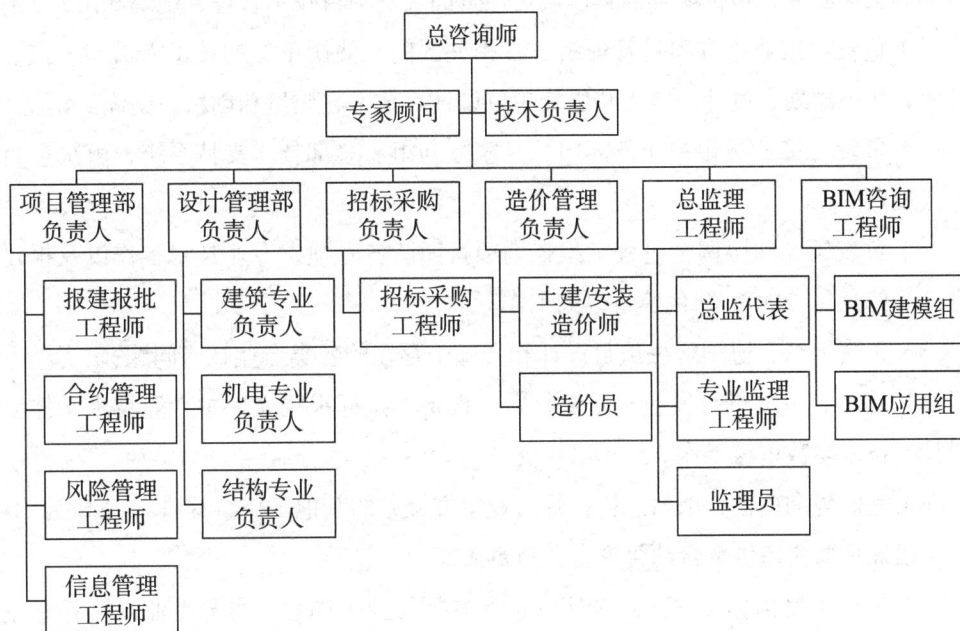

图6-7 全过程咨询直线式组织架构

42 全过程工程咨询服务项目主要管理人员岗位职责是什么？

答：以下为各级项目主要管理人员岗位职责，可供参考。

1.总咨询师

（1）代表咨询单位全面履行与业主方签订的项目全过程工程咨询合同。

（2）对内主持全过程工程咨询项目团队各项工作，对外负责对接业主方项目管理组，汇报、沟通项目情况，接受并执行项目管理组指令。

（3）负责按照招投标和合同文件约定建立、制订和编制全过程工程咨询项目团队人员组织架构、工作分工和岗位职责以及各项工作制度、内外部工作及审批流程。

（4）负责组织编制项目全过程工程咨询服务策划方案，以及实施方案、合约规划、投资总控计划、进度总控计划等主要成果文件。

（5）按照全过程工程咨询项目团队人员岗位职责分工和配套工作制度、审批流程的具体规定，对内、对外履行审批签字权。

（6）完成公司和业主交办的其他工作事项。

2. 项目技术负责人

（1）按照招投标和合同文件约定及要求以及全过程工程咨询项目团队岗位职责分工和配套工作制度、审批流程的具体规定，全面负责项目技术管理、统筹和协调工作。

（2）负责对接业主方项目管理组、各相关部门、使用单位的技术人员和工作，管理和协调相关规划、设计，施工和供货单位设计、技术、质量和创新、创优工作。

（3）负责对接公司相关业务部门、专家顾问组、总部技术支持系统，解决项目技术重点难点问题。

（4）负责领导和协调全过程工程咨询项目团队各专项、专业技术工作以及报建手续办理、信息化(BIM)、绿色建筑咨询工作。

（5）负责组织、协调解决项目设计和实施中存在的各类专业技术问题;负责组织勘察设计、施工、甲方平行发包、甲供材料、设备等招标采购文件中专业技术文件编制和设计、技术参数审核工作。

（6）完成咨询单位、项目总咨询师、业主方交办的其他工作事宜。

3. 招标采购和造价及合约管理专业负责人

（1）根据项目招标文件约定和实际情况并征得业主同意，可分专业设置各专业负责人，也可合并设置。

（2）在项目总咨询师直接领导下工作，按照全过程工程咨询项目团队人员岗位职责分工和配套工作制度、审批流程的具体规定，按照一体化服务理念和各项咨询分工不分家的原则，履行招标采购、造价、合约管理专业负责人的权责。

（3）负责项目投资造价业务或其管理工作，组织确定投资控制目标，制定投资管理制度、措施和工作程序，做好决策、设计、招标、施工、结算各阶段的投资造价控制。

（4）负责项目招标采购或其管理工作，根据项目特点对招标采购工作内容进行分解，组织制订招标采购计划，确定招标方式、招标时间、标段划分等内容，编制招标文件和拟定设备材料的技术要求及参考品牌等。

（5）负责项目合约管理工作，负责与本项目相关的设计、咨询、施工、供货及相关专业合同的起草、谈判、协助签订；对合同履约、变更、索赔、合同后评价进行管理；对合同风险进行分析并制定应对措施。

（6）完成项目总咨询师和业主方交办的其他工作事宜。

4.设计管理部负责人

（1）按照招投标和合同文件约定及要求以及全过程工程咨询项目团队岗位职责分工和配套工作制度、审批流程的具体规定，全面负责项目设计管理、统筹和协调工作。

（2）对设计管理进行策划，编制设计管理细则。

（3）审查项目前期文件，对招标文件中有关设计要求的内容提出审查意见。

（4）负责设计管理工作，协助业主编制设计任务书，组织初步设计审查，及时收集整理初步设计审查意见，督促设计单位完成有关设计调整。

（5）负责组织审查设计文件，提出审查意见，组织施工图纸交底与会审。

（6）督促施工单位做好深化设计工作，并对其深化设计成果进行审核，提出审核意见。

（7）组织专家对项目重大设计方案和技术难题进行专题研讨和专家论证。

（8）负责实施过程中涉及变更和工程洽商的管理。

（9）办理项目总咨询师、业主方、技术负责人交办的其他工作事宜。

5.项目管理部负责人

（1）在项目总咨询师统一指挥、项目技术负责人直接领导下工作，按照全过程工程咨询项目团队人员岗位职责分工和配套工作制度、审批流程的具体规定，行使、履行项目管理负责人的权责。

（2）配合总咨询师协调统筹工程勘察、设计、监理、造价、招标采购及其他各项专项咨询业务之间的相互配合和管理工作。

（3）负责主持编制项目全过程工程咨询实施方案、进度里程碑计划、进度总控制计划、合约规划等。

（4）负责主持编制全过程工程咨询服务项目管理月报、周报。

（5）负责主持召开项目专题会议和专家论证会，组织编制并审核会议纪要。

（6）负责在项目总监理工程师审批后，代表业主审核项目施工组织设计、专项施工方案、施工进度总控计划等。

（7）完成项目总咨询师、项目技术负责人和业主方交办的其他工作事宜。

6.综合管理部负责人

（1）在项目总咨询师直接领导下工作，按照全过程工程咨询项目团队人员岗位职责分工和配套工作制度、审批流程的具体规定，按照一体化服务理念和各项咨询分工不分家的原则，行使、履行综合管理部负责人的权责。

（2）编制综合管理实施细则，起草项目人力资源和办公用品、设备及工器具配备计划，报总咨询师核准。

（3）负责全过程工程咨询项目团队对外形象和宣传报道，以及 CI、管理制度、人员统一着装等组织工作。

（4）负责全过程工程咨询项目团队行政管理、后勤保障、餐饮膳食、机动车辆等交通工具管理，负责往来人员接送安置、管理人员住房租赁、低值易耗品采购，向公司申领办公设备（含检测仪器设备）并进行保管，建立领用台账，办理相关设备的报损手续。

（5）负责全过程工程咨询项目团队人员考勤、请销假、财务报销等管理，并配合公司人力资源部、财务部、行政管理部等部门工作。

（6）完成项目总咨询师和业主方交办的其他工作事宜。

7.项目总监理工程师

（1）在项目总咨询师领导下工作，按照国家和项目所在地省市工程监理规范、规程相关规定，以及全过程工程咨询项目团队人员岗位职责分工和配套工作制度、审批流程的具体规定，履行总监理工程师的权责。

（2）按照全过程工程咨询一体化服务理念和各项咨询业务分工不分家的原则，负责项目监理部的日常管理工作，并配合其他专项专业咨询业务工作。

（3）确定项目监理部人员分工，检查和监督监理人员工作；根据工程项目的进展情况配合全过程工程咨询项目团队进行人员调配，对不称职人员进行调换。

（4）主持编写项目监理规划和审批监理实施细则；主持编写并签发监理月报、监理工作阶段报告、专题报告和监理工作总结，主持编写工程质量评估报告；组织整理工程项目的监理资料。

（5）主持监理工作会议，签发项目监理部重要文件和指令。

（6）审查批准承包单位的开工报告、施工组织设计和进度计划；审核签认分部工程和单位工程的质量验收记录；审查承包单位竣工申请，组织监理人员进行竣工预验收，参加工程项目竣工验收，签署《竣工移交证书》。

（7）主持审查和处理工程变更；审批承包单位的重要申请和签署工程费用支付证书；参与工程质量事故的调查。

（8）调解建设单位与承包单位的合同争议，处理索赔，审批工程延期。

（9）对监理部的安全监理职责负领导责任；组织监理部对施工总包方项目经理部的职业安全、环境保护、消防保卫管理进行检查，发现隐患和安全生产违法行为立即采取措施，进行整改直至停工整顿。

（10）根据国家和项目所在地省市政府建设行政主管部门及工程监理规范、规程对项目总监理工程师的其他规定和要求履行职责。

（11）完成项目总咨询师、项目技术负责人和业主方交办的其他工作事宜。

43 全过程工程咨询策划管理包含什么工作内容？

答： 全过程工程咨询策划内容包括组织策划、管理策划、技术策划、投资策划、招标采购策划、合同策划、进度策划、质量策划、信息策划和风险策划。

（1）组织策划包括项目管理的组织结构、任务分工、管理职能分析和工程流程策划等。

（2）管理策划包括项目决策、实施和运营的管理方案。

（3）技术策划包括对项目技术方案和关键、重难点技术进行的分析和论证，并明确技术标准和规范的应用，必要时还应组织对相应标准、规范进行调整或编制。

（4）投资策划根据项目实际编制，包括融资或贷款方案、建设期年度资金计划、建设期月度资金计划和运维期资金计划等。

（5）招标采购策划包括项目特点分析、招标管理、合同划分、采购预算、采购计划和采购方式等。

（6）合同策划包括合同结构设计、合同要素构成（界面、范围、价款、违约责任）、合同审批和合同变更等。

（7）进度策划包括里程碑计划、总进度计划、年进度计划及关键节点和纠偏方案等。

（8）质量策划包括质量控制关键点、难点及方案、质量管理责任人，并编制质量控制文件。

（9）信息策划包括信息平台、收发管理、档案内容、编码体系、归档与安全和移交方案等。

（10）风险策划包括投资风险、技术风险、管理风险和环境风险等，并对风险进行识别、评估、应对和监控。

44 工程开竣工日期如何确定？

答： 建设工程施工合同实际开工日期的确定，一般以开工令载明的开工时间为依据；因发包人原因导致开工令发出时开工条件尚不具备的，以开工条件具备的时间确定开工日期；因承包方原因导致实际开工日期推迟的，以开工令载明的时间为开工日期；承包人在开工令发出前已经实际进场施工的，以实际开工时间为开工日期；既无开工令也无其他相关证据能证明实际开工日期的，以施工合同约定的开工时间为开工日期。

发包人、承包人、设计和监理单位四方在工程竣工验收单上签字确认的时间，可以视为《最高人民法院关于审理建设工程施工合同纠纷案件适用法律问题的解释》第十四条第（一）项规定的竣工日期，但当事人有相反证据足以推翻的除外。

45 为实现设计与施工的衔接，可采用哪些措施？

答： 可采用组织、管理、技术、经济等方面的措施来实现设计与施工的衔接。

（1）组织措施。采用设计与施工一体化的组织模式，如DB模式、EPC模式等，通过开展设计方案交底工作、增加设计与施工交流的频次和深度、落实设计人员施工驻场机制等实现设计与施工的衔接。

（2）管理措施。重视设计的可施工性审查，重点对工程项目的施工图、施工组织方案、项目总进度计划等进行审查，评价设计与施工的协调一致性。在设计阶段可借助监理人员、引入外部经验丰富的施工资源等方式，借助专家资源对设计方案进行可施工性评审。

（3）技术措施。重视新技术、新工艺、新方法、新设备的应用，将设计施工集成在技术应用体系内，化解设计与施工脱离的问题。例如，使用BIM技术进行设计图的管线碰撞检查，对施工安排与施工过程进行模拟仿真，减少施工中可能出现的冲突。

（4）经济措施。将可施工性审查列入设计费用，在设计合同中强调设计单位对施工阶段工作的支撑要求，或在设计合同中设立激励条款，如当设计变更控制在一定范围内可给予设计单位相应奖励。

46 全过程工程咨询可采用哪些工具方法？

答： 采用合适的工具方法对体现全过程工程咨询的服务效果和价值具有重要作用，咨询服务团队要善于运用。以下工具方法可供参考（见表6-4）。

表6-4　　　　　　　　　　全过程工程咨询服务工具方法一览

工作内容	推荐工具方法	工作内容	推荐工具方法
组织	甘特图 WBS 分解 ABC 分类法 工程变更管理台账	进度	可施工性分析 施工进度前锋线 流水施工组织方法 双代号网络图
范围	限额设计 全生命周期造价管理 工程网络计划技术方法	安全	可施工性分析 尽职调查法 安全红线违规行为台账
质量	质量功能展开（QFD) PDCA 鱼骨图	环保	可持续性设计
		功能	价值管理 QFD ABC 分类法
成本	全生命周期造价管理 价值管理 挣值管理	持续 发展力	可持续性设计 可经营性分析 全生命周期造价管理

上述工具方法可广泛、灵活适用，不受工作内容、项目阶段局限。

47 全过程工程咨询的工作成果文件及形式有哪些？

答：《建设项目全过程工程咨询标准》（T/CECS 1030—2022）附录B明确全过程咨询相关方工作成果文件及形式如下。

（1）基本要求：全过程工程咨询招投标文件、全过程工程咨询合同、总咨询师任命书、全过程咨询规划大纲、全过程项目管理实施计划和专业咨询实施细则、全过程咨询组织架构图/岗位职责说明书/人员配置表、全过程咨询目标责任书、相关方之间团队组织架构/人员配置表、相关方之间工作流程图和责任分工表、建设项目工作分解表和全过程咨询工作分解表、全过程咨询工作流程图、全过程咨询管理规章制度/责任制度/履约评价制度、全过程咨询实施周报/月报/年报/应急和变更处理报告等、项目执行状态评估报告及纠偏建议与意见、全过程咨询总结报告、全过程咨询履约评价报告、一体化数据管理平台。

（2）项目投资决策咨询及管理：项目投资决策管理实施计划、周报/月报/年报和执行状态评估报告及纠偏建议与意见、专业咨询实施细则、各项专项咨询成果文件、建筑信息模型（BIM）文件、第三方评审评估报告、报审材料。

（3）工程勘察设计咨询及管理：工程勘察设计管理实施计划、工程勘察设计周报/月报/年报和执行状态评估报告及纠偏建议与意见、工程勘察设计实施细则、各项勘察设计成果文件、工程勘察设计建筑信息模型（BIM）文件、工程勘察设计第三方评审评估报告、报建报批材料、招标采购技术文件及技术规格书/变更设计/资料归档及调试运营方案审核报告。

（4）工程监理咨询和施工管理：工程管理实施计划、工程施工监理周报/月报/年报和执行状态评估报告及纠偏建议与意见、工程监理规划/实施细则/各项监理成果文件、工程施工建筑信息模型（BIM）文件、深化设计、报建报批报验材料、保修期质量问题责任评估报告。

（5）工程招标采购咨询及管理：工程招标采购管理实施计划、工程招标采购周报/月报、工程招标采购数据库/合同等、工程招标采购咨询实施细则/招标文件/示范合同、工程招标采购建筑信息模型（BIM）文件、招标文件/工程量清单及招标控制价审核报告、报建报批资料。

（6）工程投资造价咨询及管理：工程投资造价管理实施计划、计量与支付台账和造价动态管理分析报表/工程投资造价全过程管理报表和投资造价预警报告、工程投资造价实施细则、各项投资造价成果及成果审核报告、建筑信息模型（BIM）文件、各项投资造价成果或成果审核或复核报告、报建报批资料。

（7）工程专项专业咨询及管理：专项专业咨询管理实施计划、各项专业咨询成果、各项专业咨询评审报告。

（8）工程竣工验收咨询及管理：工程竣工验收管理实施计划、竣工验收备案表、开业试生产专项记录表、固定资产移交证书、固定资产保修完结证书等。

（9）项目运营维护咨询及管理：项目运营维护管理实施计划、周报/月报/年报和运营维护状态评估报告及纠偏建议与意见、项目运营维护实施细则/设施保管方案/资产增值方案等、建筑信息模型（BIM）二次应用开发、各项项目运营维护成果审核报告。

实际项目运作中，结合具体全过程工程咨询合同委托的服务内容及具体要求，组织开展成果文件编制、审批及移交工作。

48 工程建设项目管理服务的基本工作流程有哪些？

答：工程建设项目管理服务涉及多个阶段，基本工作程序包括以下内容。

（1）项目策划决策阶段：项目建议书→可行性研究→项目评估→初步设计概算批复。

（2）工程设计阶段：方案设计→初步设计→技术设计→施工图设计→深化设计、专项设计。

（3）招标采购阶段：工程招标/货物采购/服务采购。

（4）工程施工及验收收尾阶段：施工准备→建安施工→竣工验收、备案→结算、决算、固定资产移交。

（5）保修阶段与运营管理阶段：运营培训→运行维护→项目后评价。

不同专业领域的项目建设流程存在差异，大致流程如图6-8所示。

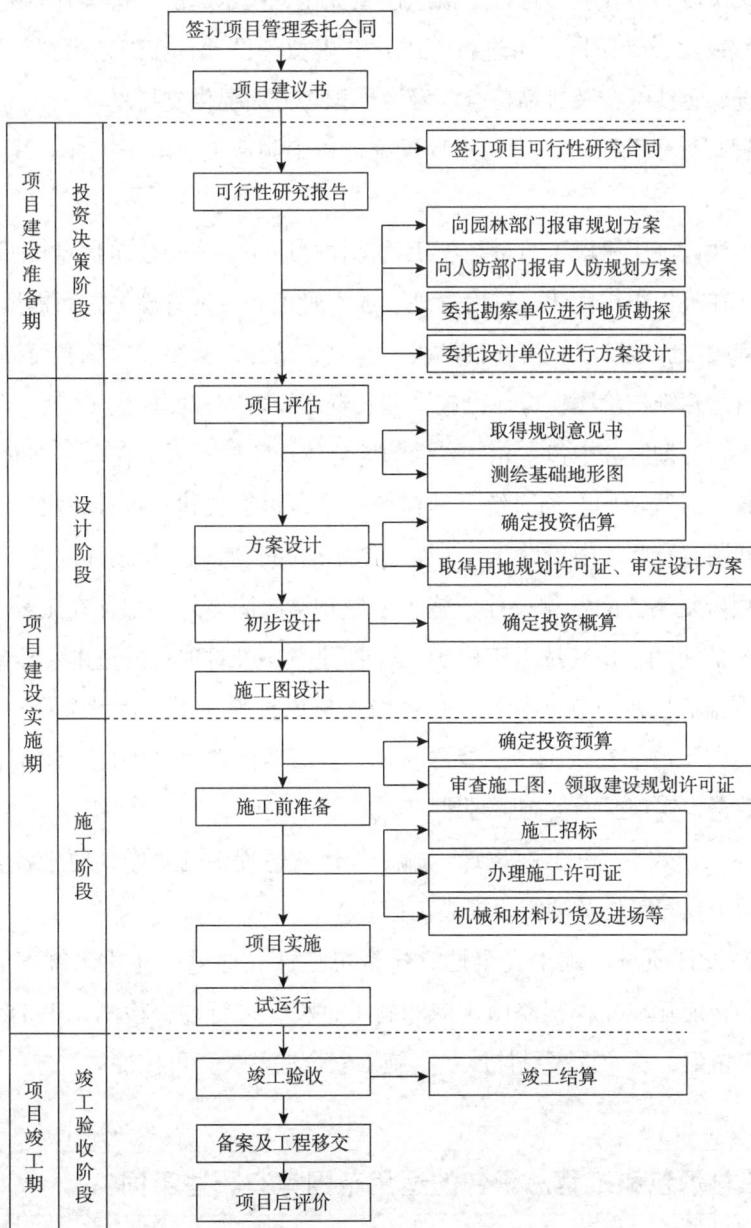

图6-8 工程建设项目管理工作流程

49 建筑信息模型（BIM）可在全过程工程咨询中如何应用？具备什么优势？

答：建筑信息模型（BIM）技术集成可应用在投资决策、工程建设和项目运营维护等全过程，也可在项目局部应用，具体可体现在以下方面。

投资决策阶段，可在项目选址、概念模型优化、技术经济比选等方面提供支持。

（1）工程勘察设计阶段，可进行三维化"虚拟"设计，在工艺模拟、地质情况分析、方案比选、管线综合及碰撞检查、漫游模拟等方面提供支持。

（2）工程招标采购阶段，可在工程量统计、编制造价、电子招标、线上评标等方面提供支持。

（3）工程建设施工阶段，可进行施工动态模拟应用，搭建建筑信息模型（BIM）协同管理平台，在施工组织优化、进度管理、成本管理和质量管理等方面提供支持。

（4）工程竣工验收阶段，可在辅助竣工验收、结算、移交、决算方面提供支持。

（5）项目运营维护阶段，可在设施管理、资产管理等方面提供支持。

全过程工程咨询服务中包含BIM咨询的优势体现（但不限）在以下方面。

（1）建设全过程协同。通过统一建模统一平台可解决建筑设计、材料采购、施工相互独立的问题，有利于项目设计、采购、施工的融合连贯、持续性推进。

（2）模型可复用。除常见设计、施工领域BIM应用之外，强化在工程管理、维护运营领域BIM的应用。BIM技术应用于工程管理中，可对项目的进度、资源分配、成本管理、数据信息实现可视化管理，使各级人员更直观地了解建设全貌和细节；BIM应用于维护运营中能够实现资产、能源管理，实时监测并控制园区、建筑、设备运行状态及能耗数据，实现全面动态管理维护。

（3）提高工作效率。BIM在设计、施工、运营过程中的协作，便于各参建方共享复用信息，减少重复工作及冲突，提高工作效率。

（4）提高设计质量、施工安全性、投资可控性。通过一体化多维度建模，采用BIM自动化和智能化操作模拟路由走向和施工过程，进行冲突检测、识别潜在安全风险、落实变更留痕，从而提高设计质量、施工安全性及投资可控性。

50 施工总承包和工程总承包的适用范围等有哪些不同？

答：施工总承包和工程总承包两种模式对比分析如表6-5所示。

表6-5 施工总承包和工程总承包对比分析

对比	施工总承包	工程总承包
适用范围	一般工程建设项目均适用	设计与施工的专业性比较强且联系比较紧密，更多取决于发包人对工程的指标要求进行总体控制的项目，如石油化工、数据中心等
承包范围	仅包括施工	可以包括勘察、设计、采购、施工、试运行、竣工后试验直至交钥匙等全部工作
发包人要求	以施工图为重要依据	发包人提出的功能、专业、使用等总体方面的要求
设计地位	按程序履行职责	积极优化，主导工程
工期管理	发包人协调管理内容多，容易造成工期纠纷	承包商自行解决与工期有关的技术和资源问题
对承包商要求	总体相对较低	对技术和资源能力要求高
承包商效益	相对较低	相对较高
发包人管理	多	少
风险	发包人承担风险较大	承包商风险较大，获利空间相对较大
优劣势	突出发包人的核心管理作用，要求其具备完善系统的管理能力；施工总承包照图施工，设计文件的"可施工性"差将导致变更频繁、合同履行复杂，进而索赔频发增加投资成本	更好地降低项目成本、缩短建设周期、保证工程质量；合同关系简单，组织协调工作量小，责任明确；采购前置，发包人前期不太了解有关技术参数和指标，仅能提供比较符合的使用功能需求

51 依法必须招标的具体范围和规模标准是什么？

答：（1）《中华人民共和国招标投标法》对必须招标的项目进行定性划分。

第三条规定，在中华人民共和国境内进行下列工程建设项目包括项目的勘察、设计、施工、监理以及与工程建设有关的重要设备、材料等的采购，必须进行招标。

①大型基础设施、公用事业等关系社会公共利益、公众安全的项目。

②全部或者部分使用国有资金投资或者国家融资的项目。

③使用国际组织或者外国政府贷款、援助资金的项目。

前款所列项目的具体范围和规模标准，由国务院发展计划部门会同国务院有关部门制定，报国务院批准。

第四条规定，任何单位和个人不得将依法必须进行招标的项目化整为零或者以其他任何方式规避招标。

（2）《必须招标的工程项目规定》（国家发展改革委2018第16号令）对依法必须招标项目的采购金额标准进行明确规定。

第二条规定，全部或者部分使用国有资金投资或者国家融资的项目包括以下几点。

①使用预算资金200万元人民币以上，并且该资金占投资额10%以上的项目。

②使用国有企业事业单位资金，并且该资金占控股或者主导地位的项目。

第三条规定，使用国际组织或者外国政府贷款、援助资金的项目包括以下几点。

①使用世界银行、亚洲开发银行等国际组织贷款、援助资金的项目。

②使用外国政府及其机构贷款、援助资金的项目。

第五条规定，本规定第二条至第四条规定范围内的项目，其勘察、设计、施工、监理以及工程建设有关的重要设备、材料等的采购达到下列标准之一的，必须招标。

①施工单项合同估算价在400万元人民币以上。

②重要设备、材料等货物的采购，单项合同估算价在200万元人民币以上。

③勘察、设计、监理等服务的采购，单项合同估算价在100万元人民币以上。

同一项目中可以合并进行的勘察、设计、施工、监理以及与工程建设有关的重要设备、材料等的采购，合同估算价合计达到前款规定标准的，必须招标。

52 五方主体对建设工程的安全责任是什么？

答： 五方主体是指建设单位、勘察单位、设计单位、监理单位、施工单位。

1. 建设单位

《建设工程安全生产管理条例》第二章明确建设单位的安全责任。相关规定主要包括以下内容。

（1）建设单位应当向施工单位提供施工场地及毗邻区域内供水、排水、供电、供气、供热、通信、广播电视等地下管线资料，气象和水文观测资料，相邻建筑物和构筑物、地下工程的有关资料，并保证资料的真实、准确、完整。

（2）建设单位不得对勘察、设计、施工、工程监理等单位提出不符合建设工程安全生产法律、法规和强制性标准规定的要求，不得压缩合同约定的工期。

（3）建设单位在编制工程概算时，应当确定建设工程安全作业环境及安全施工措施所需费用。

（4）建设单位不得明示或者暗示施工单位购买、租赁、使用不符合安全施工要求的安全防护用具、机械设备、施工机具及配件、消防设施和器材。

（5）建设单位在申请领取施工许可证时，应当提供建设工程有关安全施工措施的资料。

（6）建设单位应当将拆除工程发包给具有相应资质等级的施工单位。实施爆破作业的，应当遵守国家有关民用爆炸物品管理的规定。

2.勘察单位

《建设工程勘察设计管理条例》和《建设工程安全生产管理条例》对勘察单位主要安全责任要求如下。

（1）勘察单位在开展勘察设计活动中，首先应当在其资质许可的范围内进行勘察活动，并应当按照法律、法规和工程建设强制性标准进行勘察，提供的勘察文件应当真实、准确，满足建设工程安全生产的需要。

（2）勘察单位在勘察作业时，应当严格执行操作规程，采取措施保证各类管线、设施和周围建筑物、构筑物的安全。

3.设计单位

根据《建设工程安全生产管理条例》，设计单位的安全责任要求如下。

（1）设计单位应当在其资质许可的范围内进行勘察活动，应当按照法律、法规和工程建设强制性标准进行设计，防止因设计不合理导致安全生产事故的发生。

（2）设计单位应当考虑施工安全操作和防护的需要，对涉及施工安全的重点部位和环节在设计文件中注明，并对防范生产安全事故提出指导意见。

（3）采用新结构、新材料、新工艺的建设工程和特殊结构的建设工程，设计单位应当在设计中提出保障施工作业人员安全和预防安全事故的措施建议。

（4）设计单位和注册建筑师等注册执业人员应对其设计负责。

4.监理单位

根据《建设工程安全生产管理条例》，监理单位的安全责任要求如下。

（1）工程监理单位应当审查施工组织设计中的安全技术措施或者专项施工方案是否符合工程建设强制性标准。

（2）工程监理单位在实施监理过程中，发现存在安全事故隐患的，应当要求施工单位整改；情况严重的，应当要求施工单位暂时停止施工，并及时报告建设单位；施工单位拒不整改或者不停止施工的，工程监理单位应当及时向有关主管部门报告。

（3）工程监理单位和监理工程师应当按照法律、法规和工程建设强制性标准实施监理，并对建设工程安全生产承担监理责任。

5.施工单位

根据《建设工程安全生产管理条例》，施工单位的安全生产责任要求如下。

（1）施工单位从事建设工程的新建、扩建、改建和拆除等活动，应当具备国家规定的注册资本、专业技术人员、技术装备和安全生产等条件，依法取得相应等级的资质证书，并在其资质等级许可的范围内承揽工程。

（2）施工单位主要负责人依法对本单位的安全生产工作全面负责。施工单位应当建立健全安全生产责任制度和安全生产教育培训制度，制定安全生产规章制度和操作规程，保证本单位安全生产条件所需资金的投入，对所承担的建设工程进行定期和专项安全检查，并做好安全检查记录。

（3）施工单位的项目负责人应当由取得相应执业资格的人员担任，对建设工程项目的安全施工负责，落实安全生产责任制度、安全生产规章制度和操作规程，确保安全生产费用的有效使用，并根据工程的特点组织制定安全施工措施，消除安全事故隐患，及时、如实报告生产安全事故。

（4）施工单位对列入建设工程概算的安全作业环境及安全施工措施所需费用，应当用于施工安全防护用具及设施的采购和更新、安全施工措施的落实、安全生产条件的改善，不得挪作他用。

（5）施工单位应当设立安全生产管理机构，配备专职安全生产管理人员。专职安全生产管理人员负责对安全生产进行现场监督检查。发现安全事故隐患，应当及时向项目负责人和安全生产管理机构报告；对违章指挥、违章操作的，应当立即制止。

（6）建设工程实行施工总承包的，由总承包单位对施工现场的安全生产负总责。总承包单位应当自行完成建设工程主体结构的施工。总承包单位依法将建设工程分包给其他单位的，分包合同中应当明确各自的安全生产方面的权利、义务。总承包单位和分包单位对分包工程的安全生产承担连带责任。

（7）垂直运输机械作业人员、安装拆卸工、爆破作业人员、起重信号工、登高架设作业人员等特种作业人员，必须按照国家有关规定经过专门的安全作业培训，并取得特种作业操作资格证书后，方可上岗作业。

（8）施工单位应当在施工组织设计中编制安全技术措施和施工现场临时用电方案，对下列达到一定规模的危险性较大的分部分项工程编制专项施工方案，并附具安全验算结果，经施工单位技术负责人、总监理工程师签字后实施，由专职安全生产管理人员进行现场监督。对涉及深基坑、地下暗挖工程、高大模板工程的专项施工方案，施工单位还应当组织专家进行论证、审查。

（9）建设工程施工前，施工单位负责项目管理的技术人员应当对有关安全施工的技术要求向施工作业班组、作业人员作出详细说明，并由双方签字确认。

（10）施工单位应当在施工现场入口处、施工起重机械、临时用电设施、脚手架、出入通道口、楼梯口、电梯井口、孔洞口、桥梁口、隧道口、基坑边沿、爆破物及有害危险气体和液体存放处等危险部位，设置明显的安全警示标志。安全警示标志必须符合国家标准。

（11）施工单位应当根据不同施工阶段和周围环境及季节、气候的变化，在施工现场采取相应的安全施工措施。施工现场暂时停止施工的，施工单位应当做好现场防护，所需费用由责任方承担，或者按照合同约定执行。

（12）施工单位应当将施工现场的办公、生活区与作业区分开设置，并保持安全距离；办公、生活区的选址应当符合安全性要求。职工的膳食、饮水、休息场所等应当符合卫生标准。施工单位不得在尚未竣工的建筑物内设置员工集体宿舍。施工现场临时搭建的建筑物应当符合安全使用要求。施工现场使用的装配式活动房屋应当具有产品合格证。

（13）施工单位对因建设工程施工可能造成损害的毗邻建筑物、构筑物和地下管线等，应当采取专项防护措施。施工单位应当遵守有关环境保护法律、法规的规定，在施工现场采取措施，防止或者减少粉尘、废气、废水、固体废物、噪声、振动和施工照明对人和环境的危害和污染。在城市市区内的建设工程，施工单位应当对施工现场实行封闭围挡。

（14）施工单位应当在施工现场建立消防安全责任制度，确定消防安全责任人，制定用火、用电、使用易燃易爆材料等各项消防安全管理制度和操作规程，设置消防通道、消防水源，配备消防设施和灭火器材，并在施工现场入口处设置明显标志。

（15）施工单位应当向作业人员提供安全防护用具和安全防护服装，并书面告知危险岗位的操作规程和违章操作的危害。

（16）作业人员应当遵守安全施工的强制性标准、规章制度和操作规程，正确使用安全防护用具、机械设备等。

（17）施工单位采购、租赁的安全防护用具、机械设备、施工机具及配件，应当具有生产（制造）许可证、产品合格证，并在进入施工现场前进行查验。

（18）施工单位在使用施工起重机械和整体提升脚手架、模板等自升式架设设施前，应当组织有关单位进行验收，也可以委托具有相应资质的检验检测机构进行验收；使用承租的机械设备和施工机具及配件的，由施工总承包单位、分包单位、出租单位和安装单位共同进行验收，验收合格的方可使用。《特种设备安全监察条例》规定的施工起重机械，在验收前应当经有相应资质的检验检测机构监督检验合格。施工单位应当自施工起重机械和整体提升脚手架、模板等自升式架设设施验收合格之日起30日内，向建设行政主管部门或者其他有关部门登记。登记标志应当置于或者附着于该设备的显著位置。

（19）施工单位的主要负责人、项目负责人、专职安全生产管理人员应当经建设行政主管部门或者其他有关部门考核合格后方可任职。施工单位应当对管理人员和作业人员每年至少进行一次安全生产教育培训，其教育培训情况记入个人工作档案。安全生产教育培训考核不合格的人员，不得上岗。

（20）作业人员进入新的岗位或者新的施工现场前，应当接受安全生产教育培训。未经教育培训或者教育培训考核不合格的人员，不得上岗作业。施工单位在采用新技术、新工艺、新设备、新材料时，应当对作业人员进行相应的安全生产教育培训。

（21）施工单位应当为施工现场从事危险作业的人员办理意外伤害保险。

53 全过程工程咨询服务过程中常见的法律风险及防范措施是什么？

答： 全过程工程咨询服务经过几年的试点运行，常见的法律风险包括但不限于投资决策咨询风险、联合体风险、资质风险、酬金计取风险等。

（1）投资决策咨询风险。

《国家发展改革委 住房城乡建设部〈关于推进全过程工程咨询服务发展〉的指导意见》（发改投资规〔2019〕515号，下称"515号文"）指出："落实项目单位投资决策自主权和主体责任，鼓励项目单位加强可行性研究，对国家法律法规和产业政策、行政审批中要求的专项评价评估等一并纳入可行性研究统筹论证，提高决策科学化，促进投资高质量发展。""鼓励项目单位采用投资决策综合性咨询，减少分散专项评价评估，避免可行性研究论证碎片化。"由此可以看出，全过程工程咨询是项目单位落实投资决策综合性咨询要求、提高决策科学化、促进投资高质量发展的重要手段。因此，在初期的投资决策阶段，可行性研究是全过程工程咨询的核心所在。

根据《房屋建筑和市政基础设施建设项目全过程工程咨询服务技术标准（征求意见稿)》的内容，可行性研究包括了项目建议书、可行性研究报告、项目申请报告、资金申请报告、环境影响评价、建设项目选址论证、节能评估、社会风险评估等。由此可见，全过程工程咨询企业承担着较重的投资决策的咨询责任，若投资决策失败，基于与项目单位之间的委托合同关系，存在被项目单位追责的风险。

【案例】"福建省福州市中级人民法院（2020）闽01民初2367号"案——连江县坑园镇卫生院与北京万澈环境科学与工程技术有限责任公司技术咨询合同纠纷一审民事判决书。

坑园镇卫生院与万澈公司于2016年1月29日签订了《建设项目环境影响评价技术咨询合同》。根据双方签订的《建设项目环境影响评价技术咨询合同》第三条约定，环境工程公司的主要责任是编制环境影响评价报告。虽然合同第一条规定，镇卫生院需提供对该项目进行环境影响评价所需的可行性研究报告、医疗机构核准登记许可证、危废处理协议等资料，但该条同时规定，"环评所需资料清单"由环境工程公司向镇卫生院列出并作为本合同附件1，即镇卫生院提供相应资料的前提是环境工程公司须列出所需资料清单。鉴于环境工程公司长时间未按照合同约定履行义务，致使合同目的不能实现，故镇卫生院要求解除《建设项目环境影响评价技术咨询合同》，法院予以支持。

【分析】建议做好投资决策，推荐使用合同范本。

2020年8月，住建部发布了《关于征求〈全过程工程咨询服务合同示范文本（征求意见稿）〉意见的函》。虽然《全过程工程咨询服务合同示范文本（征求意见稿）》尚未正式颁布并生效，但是它包含了合同协议书、通用合同条件及专用合同条件三部分，合同协议书是双方承诺履行合同而签署的协议书；通用合同条件既考虑了现行法律法规的要求，也考虑了目前各类工程咨询服务中的通常做法，具有较强的普遍性和通用性；专用合同条件是结合具体建设项目实际，通过双方的谈判、协商对相应的原则性约定进行细化、补充、修改的条款。因此，就内容而言，《全过程工程咨询服务合同示范文本(征求意见稿)》具有完整性，在实践中使用它可以避免全过程工程咨询企业与项目单位因合同约定不明而产生的风险。

（2）联合体风险。

根据"515号文"的规定，全过程工程咨询服务应当由一家具有综合能力的企业实施，也可由多家具有招标代理、勘察、设计、监理、造价、项目管理等不同能力的企业联合实施。由多家企业联合实施的，应当明确牵头单位及各成员单位的权利、义务和责任。除此以外，《国务院办公厅关于促进建筑业持续健康发展的意见》《工程勘察设计行业发展"十三五"规划》和《住房城乡建设部关于促进工程监理行业转型升级创新发展的意见》等多个文件皆提出，为了推进我国全过程工程咨询服务，可以由多家具有投资咨询、勘察、设计、监理、招标代理、造价等能力的企业组成联合体联合实施。既然由多家企业共同组成联合体为项目单位提供全过程工程咨询服务，根据《招标投标法》第三十一条第三款规定，"联合体各方应当签订共同投标协议，明确约定各方拟承担的工作和责任，并将共同投标协议连同投标文件一并提交招标人。联合体中标的，联合体各方应当共同与招标人签订合同，就中标项目向招标人承担连带责任"，此时全过程工程咨询联合体中的各企业需共同承担连带责任风险。

【案例】广西壮族自治区桂林市中级人民法院"（2021）桂03民终2506号"案——上海罡说设计咨询事务所、桂林棕榈文化旅游投资有限公司等建设工程设计合同纠纷民事二审民事判决书。

桂林市中级人民法院认为，原告设计咨询事务所与被告文化旅游投资公司及第三人签订《建筑设计合同（三方补充协议）》，同时约定《规划建筑设计合同》为主合同，第三人须在《建筑设计合同（三方补充协议）》工作范围内遵守原告根据主合同应承担的责任和义务，由原告和第三人承担某休闲养生度假区（一期）1-1地块待启区工程初步设计及施工图设计，如违反《建筑设计合同（三方补充协议）》，原告及第三人共同向被告承担连带责任。法院还认为，原告与第三人签订《合作任务划分协议》约定工作分工，三方之间形成的是建设工程设计合同关系，实际上，原告与第三人系合作关系，并对被告承担交付设计成果的连带义务。

【分析】明确联合体责任，防范其他联合体成员风险。

由于我国大部分咨询企业尚未具备提供全过程工程咨询服务的能力，目前仍处于需要由多家具有招标代理、勘察、设计、监理、造价、项目管理等不同能力的企业组成联合体来提供全过程工程咨询服务的阶段。因此，在联合体对外提供连带责任的情况下，如何防范其他联合体成员风险，明确联合体责任分配是重中之重。

为应对此风险，在承接全过程工程咨询服务时，首先，联合体牵头单位应谨慎选择联合体成员，对其资质、企业信誉、业务能力等情况进行综合分析与评选。其次，在签订联合体协议时，联合体牵头单位应注重联合体协议文本的内容，重点关注违约责任的分配。最后，在出现可能承担连带责任的情形时，联合体牵头单位可以通过要求对方提供保函或担保来保证内部的追偿权。

（3）资质风险。

根据"515号文"的规定，全过程工程咨询企业提供咨询服务时，应当具有与工程规模及委托内容相适应的资质条件。此外，鉴于全过程工程咨询服务的跨阶段和多类型咨询服务的特点，全过程工程咨询企业需要在建设工程项目的各阶段提供多种类型的服务，包括但不限于投资、勘察、设计、监理、施工、运营维护、税务、法律、合约管理、招标投标等工作。由于一家企业或联合体很难同时具备全部资质，以及相关的经验和能力，故"515号文"允许全过程工程咨询企业在保证整个工程完整性的前提下，可以按照合同约定或经建设单位同意，将自有资质证书许可范围外的咨询业务委托给具有相应资质或能力的分包企业，全过程工程咨询企业应对被分包企业的委托业务负总责。由此可知，提供全过程工程咨询服务时，全过程工程咨询企业及其分包企业都应当具备与工程规模及委托内容相适应的资质条件，否则合同存在被认定为无效的风险。

值得注意的是，根据《招标投标法》第三十一条第二款的规定，联合体各方均应当具备承担招标项目的相应能力；国家有关规定或者招标文件对投标人资格条件有规定的，联合体各方均应当具备规定的相应资格条件。由同一专业的单位组成的联合体，按照资质等级较低的单位确定资质等级。因此，在多家单位组成联合体提供全过程工程咨询服务时，需要关注联合体所需资质类别，并在联合体协议中明确其联合体成员承担的工作类别，以免同时具备相同的资质类别但等级不同而按资质等级较低的单位确定资质，进而避免因资质认定错误导致合同无效的风险。

【案例】某项目需要全过程工程咨询企业完成设计和施工监理的工作，设计及监理均须甲级资质。咨询方A公司有设计甲级和监理乙级资质，咨询方B公司有监理甲级资质，A公司和B公司组成联合体，明确说明A公司承担设计工作、B公司承担监理工作。此时就不能因为A公司监理是乙级而认定联合体监理资质是低等级的乙级，从而认为联合体资质不符。但若没有明确说明分工，则很有可能因此被认定资质不符。

【分析】严审企业资质，审慎承接业务。

若全过程工程咨询企业承接了与自身资质不相符的业务，或与其他企业组成联合体承接了与资质不相符的业务，或将资质外的业务委托给资质不相符的企业，都会面临合同无效的风险，并承担相应的责任。因此，全过程工程咨询企业应在立足自身资质的基础上，审慎承接业务，在对外委托咨询业务或与其他企业组成联合体承接业务时，应严格审查目标企业的资质条件，确保既符合法律法规和相关指导意见的要求，也满足合同的相关约定，以规避因资质引起的风险。

（4）酬金计取风险。

根据"515号文"的规定，全过程工程咨询服务酬金可在项目投资中列支，也可根据所包含的具体服务事项，通过项目投资中列支的投资咨询、招标代理、勘察、设计、监理、造价、项目管理等费用进行支付。全过程工程咨询服务酬金在项目投资中列支的，所对应的单项咨询服务费用不再列支。建设单位应当根据工程项目的规模和复杂程度，以及咨询服务的范围、内容和期限等，与全过程工程咨询企业确定服务酬金。全过程工程咨询服务酬金可按各专项服务酬金叠加后再增加相应统筹管理费用计取，也可按人工成本加酬金方式计取。

从该规定可以看出，全过程工程咨询的酬金计取方式是可以选择的，全过程工程咨询企业与项目单位可以协商确定全过程工程咨询服务的酬金计取方式。但是在实践中，存在因全过程工程咨询合同的酬金计取方式约定不明而引起双方对酬金金额产生争议的风险。

【案例】广东省韶关市中级人民法院"（2015）韶中法民一终字第1399号"案——韶关市建韶工程造价咨询有限公司与韶关市信亿置业有限公司合同纠纷案。

韶关市中级人民法院认为，造价公司与置业公司签订的《建设工程全过程咨询合同》约定造价公司向置业公司提供咨询服务，置业公司按《广东省收费许可证》（粤费F116029号）收费标准向造价公司支付咨询服务酬金。在造价公司向置业公司提交了第一阶段的项目申请报告后，置业公司必须履行该合同约定的义务，按收费标准向造价公司支付相应的咨询服务酬金。至于置业公司另外委托其他项目管理公司提供咨询服务及该项目管理公司如何收费，属于置业公司与该项目管理公司之间的约定，与造价公司无关，故置业公司提出造价公司应参照其他项目管理公司的收费标准收费违反其与造价公司签订的咨询合同的约定，缺乏合同依据，法院未予以支持。

【分析】明确酬金计取方式，在合同文件中详细约定。

如前所述，全过程工程咨询服务酬金的计取模式是可以选择的，因此全过程工程咨询企业应首先在项目实施的准备前期，根据项目的具体情况、项目特征，因地制宜地选择最为适合的酬金计取模式。

实践中，较为常见的纠纷往往来自全过程工程咨询企业与项目单位未在全过程工程咨询合同中明确约定具体的酬金计取方式。全过程工程咨询企业在确认了具体酬金计取方式后，应详细地载入双方所签订的合同文件中，以便在一定程度上避免法院以酬金计取方式约定不明而不予支持相关诉求的情形。

54 全过程工程咨询在监理服务过程中常见的法律风险及防范措施有哪些？

答： 工程监理作为工程领域强制性要求的服务项，监理单位对项目质量安全承担监理责任。工程监理服务过程中常见的法律风险包括但不限于与资质等级及业务分包相关的法律风险、与监理指令相关的法律风险、与质量及安全生产控制相关的法律风险等。

（1）与资质等级及业务分包相关的法律风险。

根据《建筑法》第十三条规定："从事建筑活动的建筑施工企业、勘察单位、设计单位和工程监理单位，按照其拥有的注册资本、专业技术人员、技术装备和已完成的建筑工程业绩等资质条件，划分为不同的资质等级，经资质审查合格，取得相应等级的资质证书后，方可在其资质等级许可的范围内从事建筑活动。"第三十四条规定："工程监理单位应当在其资质等级许可的监理范围内，承担工程监理业务。工程监理单位应当根据建设单位的委托，客观、公正地执行监理任务。工程监理单位与被监理工程的承包单位以及建筑材料、建筑构配件和设备供应单位不得有隶属关系或者其他利害关系。工程监理单位不得转让工程监理业务。"

由此可见，监理单位从事建设工程监理活动必须在其资质许可范围内，且不得转让监理业务。在全过程工程咨询服务的开展过程中，若全过程工程咨询单位本身或是其分包管理下的监理咨询单位存在不具有监理资质，或是承接的业务已然超越其资质范围，再或是将监理业务对外进行转让等情形，将导致监理分包合同无效，届时全过程工程咨询单位不但需承担侵权赔偿等民事责任，甚至根据《建筑法》第六十九条第2款、《建设工程质量管理条例》第六十条及第六十二条第2款之规定，还会受到包括罚款、责令改正、没收违法所得、责令停业整顿、降低资质等级、吊销资质证书等在内的行政处罚。

除此之外，若全过程工程咨询单位在提供工程监理咨询服务过程中，失去监理资质且未及时恢复，或是监理资质到期但未及时续期，都将导致监理咨询合同被依约解除，全过程工程咨询单位应向委托方承担相应的损失赔偿责任。

【案例】福建省高级人民法院"（2019）闽民申906号"案——福建省泉州建研工

程建设监理有限公司、江建国合同纠纷再审审查与审判监督民事裁定书。

建研监理公司就涉案工程与委托方签订监理合同，之后与江某等人签订协议，由江某等人就涉案工程开展监理工作，建研监理公司收到委托方支付的监理费后按协议比例支付给江某等人。

【分析】监理业务不得转让，监理分包合同无效。

法院裁判认为，本案的《建设工程委托监理合同》虽系由建研公司与城建公司签订，但从建研公司与江某等人签订的《通港路协议》约定的权利义务内容看，建研公司实际是以内部承包经营的名义将讼争工程监理工作转包给江某、曾某、李某、王某、张某5人负责。由于该种承包模式实质上将工程建设过程中监理公司应尽的监理责任转给没有资质的个人，违反了法律的强制性规定，且损害社会公共利益，因此，讼争《通港路协议》应依法认定为无效。

（2）与监理指令相关的法律风险。

根据《建筑法》第三十五条规定："工程监理单位不按照委托监理合同的约定履行监理义务，对应当监督检查的项目不检查或者不按照规定检查，给建设单位造成损失的，应当承担相应的赔偿责任。工程监理单位与承包单位串通，为承包单位谋取非法利益，给建设单位造成损失的，应当与承包单位承担连带赔偿责任。"

全过程工程咨询单位在工程监理阶段，不论是由其自行提供监理咨询服务，还是由其对另行分包的监理咨询单位的监理服务总负责，全过程工程咨询单位都有义务确保监理工作的专业性、独立性与科学性。尤其是涉及监理指令，如果全过程工程咨询单位存在未及时签发或错误签发监理指令的行为，都将严重影响施工进度及施工质量，甚至造成重大安全事故。届时全过程工程咨询单位不但需对建设单位承担因其未能全面履行监理咨询义务的违约赔偿责任，一旦触犯行政监管相关规定，全过程工程咨询单位还需承担相应的行政责任。

【案例】湖南省岳阳市中级人民法院"（2016）湘06行审30号"案——岳阳市安全生产监督管理局与湖南省湘咨工程项目管理有限公司非诉执行审查裁定书。

2015年9月8日，湖南湘咨公司在监理岳阳经济技术开发区星河国际三期二标段1#商铺二层进行混凝土浇筑施工过程中，发生一起起重伤害事故，造成一人死亡，直接经济损失106.04万元。在该起事故发生过程中，该公司在长沙建设公司星河国际项目部一不执行监理指令、二不进行整改并继续违规施工的情况下，没有下达停工令，也没有及时将情况报告建设单位或有关主管部门，对该起事故的发生负有责任。

【分析】未及时下达监理指令，造成安全事故的，承担相应的行政责任。

岳阳市安全生产监督管理局认为湖南湘咨公司的行为已违反《建设工程安全生产管理条例》第十四条第二款的规定，依据《安全生产法》第一百零九条第（一）项的规定，于2016年3月14日以"岳安监管罚〔2016〕002号"行政处罚决定书对湖南湘咨公司罚款200000元。

（3）与质量及安全生产控制相关的法律风险。

根据《建设工程质量管理条例》第三条规定："建设单位、勘察单位、设计单位、施工单位、工程监理单位依法对建设工程质量负责。"第三十六条规定："工程监理单位应当依照法律、法规以及有关技术标准、设计文件和建设工程承包合同，代表建设单位对施工质量实施监理，并对施工质量承担监理责任。"根据《建设工程安全生产管理条例》第四条："建设单位、勘察单位、设计单位、施工单位、工程监理单位及其他与建设工程安全生产有关的单位，必须遵守安全生产法律、法规的规定，保证建设工程安全生产，依法承担建设工程安全生产责任。"

【案例】四川省珙县人民法院"(2020)川1526刑初93号"案——杜元根、奉建华、肖健重大责任事故罪一审刑事判决书。

2019年2月24日，珙县玛斯兰德国际(酒店)社区项目10号楼塔吊在顶升作业中发生垮塌，造成正在施工作业的工人贺某、陈某、权某3人高空坠落死亡的安全事故。经调查，该事故性质为责任事故，事故等级为较大事故，事故的直接原因系塔吊顶升作业人员(死者)在塔机顶升过程中违规操作，造成起重臂失衡垮塌。其中，肖某身为监理公司派驻到该工程项目的项目总监，未严格按照法律法规履行监理职责，对该项目未批先建、项目经理挂靠、项目执行经理无证上岗、施工单位采取冒用"杨玲"名签字造假等突出问题视而不见，对未具有塔吊顶升方案的顶升行为予以放纵，对本次事故的发生负有主要监理责任。

【分析】未履行监理职责，发生重大安全事故的，构成重大责任事故罪。

法院裁判认为，肖某等在生产、作业中，违反有关安全管理规定的行为与玛斯兰德10号楼塔吊垮塌死亡3人的事故发生具有法律上的因果关系，其行为均构成重大责任事故罪，故对肖某判处有期徒刑一年，缓刑两年。

监督施工单位施工、保证工程质量以及安全生产是监理服务的核心内容。全过程工程咨询单位在开展工程监理咨询服务时，应当设立监理项目机构，选派具备相应资格的总监理工程师和监理工程师进驻施工现场，按照工程监理规范的要求，采取旁站、巡视和平行检验等形式，对建设工程实施监理。若全过程工程咨询单位在监理咨询服务过程中存在以下行为：应检查而未检查，应旁站而未旁站，未组织对隐蔽工程及重点部位进行验收，将不合格的建设工程、建筑材料、建筑构配件和设备按照合格签字，安全教育流于形式，发现安全生产隐患未能有效解决或是未能及时向相关部门报告等，全过程工程咨询单位既需承担相应的民事违约以及侵权赔偿责任，还将面临包括罚款、降低资质等级、吊销资质证书、没收违法所得等在内的行政处罚，一旦发生重大质量或是安全生产事故涉嫌犯罪的，还将被苛以严厉的刑罚处罚。

55 工程量清单存在漏项，相应风险由发包人还是承包人承担？

答：根据招标文件及合同条款约定来承担工程量清单漏项风险，具体情况如下。

（1）《建设工程工程量清单计价规范》（GB 50500—2013）第4.1.2条中明确规定："招标工程量清单必须作为招标文件的组成部分，其准确性和完整性由招标人负责。"同时第8.1.1条规定："工程量必须按照相关工程现行国家计量规范规定的工程量计算规则计算。"第8.2.1条规定："工程量必须以承包人完成合同工程应予计量的工程量确定。"上述条文均采用了强制性条文的方式予以规范，即工程量清单的漏项应当由招标人负责，且工程结算计量时应用法定计量原则，原则上按实计量。

出现在招标文件中的招标工程量清单由招标人负责编制，理应由招标人负责，且清单计价规范中明确规定招标人应当委托具有资格的人员和机构编制，同时按照清单规范规定的程序和内容编制。但是投标人并非对于招标工程量清单漏项产生的后果没有义务，承包人作为有经验和工程资质的专业机构，理应对存在的漏项在投标过程中告知招标人，以便于招标人纠正弥补。

（2）部分项目在招标文件或订立施工合同时有专项约定，由投标人或承包人自行复核工程量清单中的工程数量，如有漏项或错项，其相应的价格视为已经含在其他的单价或合计中。该约定是否可以认定属于违反《建设工程工程量清单计价规范》中的强制性条文而导致合同无效呢？对此有两类专家观点，一类观点认为违反《建设工程工程量清单计价规范》中的强制性条文，应当构成合同无效条款；另一类观点认为，法律行为效力认定将强制性规范划分为管理性强制性规范和效力性强制性规范，工程量清单漏项事件的规范条文属于管理性强制性规定。实践中合同双方当事人可以进行具体约定，按照合同自由原则，应属有效合同条款。

笔者认为，若招标文件或施工合同中以约定方式要求投标人或承包人承担工程量清单漏项或错项的风险，而投标人或承包人发现存在漏项并提出建议，招标人或发包人坚持不改的，说明招标人或发包人存在过错，由招标人或发包人承担漏项工程量风险，否则一般认定为工程量清单出现漏项是作为有经验的投标人或承包人能够合理预见，属于投标人或承包人的风险，由其自身承担。

56 工程暂估价如何定价并对合同价款进行调整？

答：（1）根据《建设工程工程量清单计价规范》术语，暂估价的定义为，招标人在工程量清单中提供的用于支付必然发生但暂时不能确定价格的材料、工程设备的单价以及专业工程的金额。

（2）《建设工程工程量清单计价规范》9.9条规定如下。

①发包人在招标工程量清单中给定暂估价的材料、工程设备属于依法必须招标的，应由发承包双方以招标的方式选择供应商，确定价格，并应以此为依据取代暂估价，调整合同价款。

②发包人在招标工程量清单中给定暂估价的材料、工程设备不属于依法必须招标的，应由承包人按照合同约定采购，经发包人确认单价后取代暂估价，调整合同价款。

③发包人在工程量清单中给定暂估价的专业工程不属于依法必须招标的，按照本规范第9.3节相应条款的规定确定专业工程价款，并应以此为依据取代专业工程暂估价，调整合同价款。

④发包人在招标工程量清单中给定暂估价的专业工程，依法必须招标的，应当由发承包双方依法组织招标选择专业分包人，并接受有管辖权的建设工程招标投标管理机构的监督，还应符合下列要求。

ⅰ．除合同另有约定外，承包人不参加投标的专业工程发包招标，应由承包人作为招标人，但拟定的招标文件、评标工作、评标结果应报送发包人批准。与组织招标工作有关的费用应当被认为已经包括在承包人的签约合同价（投标总报价）中。

ⅱ．承包人参加投标的专业工程发包招标，应由发包人作为招标人，与组织招标工作有关的费用由发包人承担。同等条件下，应优先选择承包人中标。

ⅲ．应以专业工程发包中标价为依据取代专业工程暂估价，调整合同价款。

（3）《2013建设工程计价计量规范辅导》第9.9条要点说明作了进一步约定如下。

①以暂估价形式包括在总承包范围内的货物达到国家规定规模标准的，应当由总承包中标人和工程建设项目招标人共同依法组织招标。实践中，如何进行共同招标一

直缺少统一认识。共同招标很容易被理解为双方共同作为招标人，最后共同与招标人签订合同。尽管这种做法很受一些工程建设项目招标人的欢迎，而且也不是完全没有可操作性，但是，却与现行法规所提倡的责任主体一元化的施工总承包理念不相符合，合同关系的线条也不清晰，不便于合同执行。

②恰当的做法应当是仍由总承包中标人作为招标人，采购合同应当由总承包人签订，其原因一是属于总承包范围内的材料设备，采购主体是总承包人；二是总承包范围内的工程质量、安全、工期的责任主体是一元化的，归于总承包人；三是根据合同法规定的要约承诺机制，如果招标人作为招标主体一方发出邀约邀请，势必要作为合同的主体与中标人签约。因此，为了避免出现两方作为共同招标人、一方作为合同主体的法律难题，招标主体仍应是施工总承包人，建设项目招标人参与共同招标的形式可通过合同约定相关程序和途径。具体约定遵循原则如下：一是由总承包人作为招标项目的招标人；二是建设项目招标人的参与主要体现在对相关项目招标文件、评标标准和方法等能够体现招标目的和要求的文件进行审批，未经审批不得发出招标文件，甚至可以在招标文件中明确约定，相关招标项目的招标文件只有经过项目招标人审批并加盖其法人印章后才能生效；三是评标时建设项目招标人可以依照《工程建设项目货物招标投标办法》的规定，作为共同的招标组织者，可以派代表进入评标委员会参与评标。

57 项目评估的类型、评价要点有哪些？

答：（1）项目评估可包括项目前评估、项目跟踪评估和项目后评价，即全生命周期项目评估，其相互关系可参照图6-9。

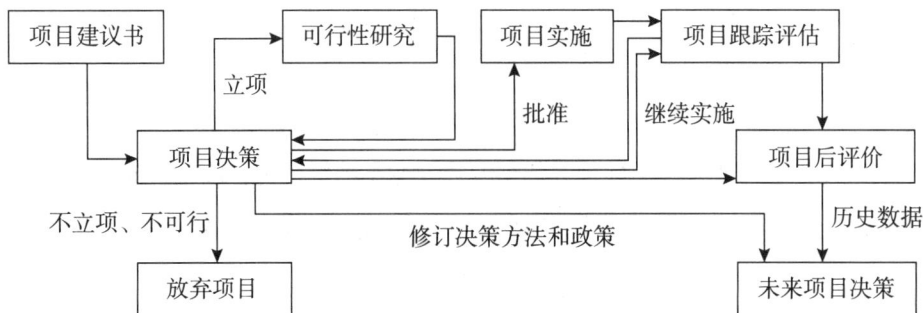

图6-9　全生命周期项目评估关系

（2）项目前评估包括项目建议书、可行性研究以及对项目建议书、可行性研究的审批；项目跟踪评估是指在项目实施过程中对项目实施情况的评估；项目后评估是为项目在运营期对项目决策、实施、运营的全面反思。

（3）根据《国家发展改革委关于印发中央政府投资项目后评价管理办法和中央政府投资项目后评价报告编制大纲（试行）的通知》(发改投资〔2014〕2129号)，后评价报告编制内容主要包括：项目概况、项目全过程总结与评价、项目效果和效益评价、项目目标和可持续性评价、项目后评价结论和主要经验教训、对策建议。

（4）项目过程评价要点如表6-6所示。

表6-6 项目过程评价要点

序号	阶段	内容	评价要点
1	决策阶段	项目立项	立项理由是否充分、依据是否可靠，建设目标与目的是否明确；项目是否符合经济社会发展规划和部门年度工作计划；是否根据需要制定中长期实施规划等
		项目决策过程和程序	决策程序是否合规；决策方法是否科学；决策内容是否完整；决策手续是否齐全
		项目评估	项目评估格式是否规范；报告内容是否完整；引用数据与参数是否可靠；分析方式是否科学；论证报告是否合理；项目评估深度是否满足决策者的需要等
		可行性研究报告	报告收费水平是否合理；可研阶段的目标是否明确、合理；项目建设规模是否合理；计算方法是否科学；内容深度是否符合国家有关要求；项目风险分析是否充分等
2	设计阶段	勘察工作	承担勘察任务单位的资质、信誉状况是否满足项目建设的需要；勘察是否遵循国家、相关部委的依据、标准、定额、规范等，是否与规定的勘察任务书一致；工程测绘和勘察深度及资料是否满足工程设计和建设的需要，质量水平是否符合要求及水平高低等
		设计工作	承担设计任务单位的资质、信誉状况是否满足项目建设的需要；设计是否遵循国家、相关部委的依据、标准、定额、规范等，是否与规定的设计任务书一致；工程设计方案是否切合实际、技术先进、经济合理、安全适用；设计图纸的质量是否满足要求及水平高低等

续表

序号	阶段	内容	评价要点
2	设计阶段	合同签订	合同签订的依据和程序是否合规，合同谈判、签订过程中的监督机制是否健全，合同条款是否合理和合法；合同文本是否完善等
		征地拆迁	征地拆迁安置计划、安置率、生计水平、发展机会等
		资金筹措	资金来源是否按预想方案实现，资金结构、融资方式、融资成本是否合理，风险分析是否到位；融资担保手续是否齐全等
		开工准备	劳动组织准备工作质量、技术准备工作质量、物资准备工作质量、施工现场准备工作质量等
3	发承包阶段	采购招标	是否按国家《招标投标法》规定进行了政府投资项目的招标；招标文件的编制质量是否满足要求及水平的合理性；投标单位是否有串通投标和不正当的投标行为；投标书的编制质量是否满足要求及水平的高低等
4	实施阶段	合同执行与管理情况	合同执行情况是否正常；合同管理措施及各阶段合同管理办法是否达到应有效果
		质量、进度、投资和安全的管理情况	质量、进度、投资和安全管理采取的措施与效果，分析产生差异的原因及对预期目标的影响，各目标的实现程度等
		项目设计变更情况	设计变更增加或减少投资占变更引起投资额变化比率；其他变更增加或减少投资额占变更引起投资额变化比率；重大设计变更发生的原因分析等
		资金支付与管理	基建财务管理机构和制度是否健全，资金实际来源、成本与预测、计划产生差异的原因，资金到位情况与供应的匹配程度、资金支付管理程序与制度严谨性、流动资金的供应及运用状况等
		工程质量控制情况	施工队伍及分包商资质是否符合投标要求；相关合同及技术文件是否完整；质量保证体系是否完善；质量检查是否到位，相关质量检查文件是否齐全；相关材料、半成品是否经过质量检验；新工艺、新材料、新技术、新结构是否经过技术鉴定
		工程监理情况	业主委托工程监理的规范性和合法性、管理方式的适应性；监理组织机构、人员到位及人员变动情况；监理旁站、巡查工作情况；质量问题处理及监理指令落实和复查情况等
		组织与管理	建设管理体制的先进性、管理模式的适应性、管理机构的安全性和有效性、管理机制的灵活性、管理规章制度的完善状况和管理工作运行程序的规范性等

续表

序号	阶段	内容	评价要点
5	竣工阶段	生产准备	各项工程生产准备内容、试车调试、生产试运行与试生产考核，生产准备工作充分性情况等
		竣工验收情况	各专项验收是否均通过验收；相关验收记录文件是否齐全等
		资料归档管理	工程资料归档收集是否完整、准确；管理制度是否完善等
6	运营阶段	项目设计能力实现情况	项目主要能力的实现情况，如建设规模、功能实现、生产能力等
		能源管理	能源计量设备安装情况、能源消耗情况
		项目运营情况	项目运营模式、劳动定额、产品生产能力、产品销售情况等
		项目运营成本	项目运营成本的组成、比例等情况
		财务状况	项目的营业收入、营业成本、利润总额等情况
		产品机构与市场情况	产品的种类、生产能力、市场现状、行业发展状况等情况

（5）项目效果评价要点如表6-7所示。

表6-7　　　　　　　　　　项目效果评价要点

序号	内容	指标	评价要点
1	项目技术水平	设备、工艺及辅助配套技术水平	对项目所使用的新技术、新工艺、新设备、新材料等的水平进行评价
		国产化水平	采用国产化设备与进口设备的情况，并对采用进口设备的原因进行分析
		技术效果	对技术的适用性、经济性及安全性进行评价
		资源与资源利用状况	对项目的排放情况、能耗水平及能源利用情况进行评价
2	项目财务经济效益评价	资产及债务状况	包括项目总投资、资本金比例、项目资产、项目负债、项目所有者权益等

续表

序号	内容	指标	评价要点
2	项目财务经济效益评价	偿债能力指标	借款偿还期、利息备付率、偿债备付率、资产负债率等
		财务效益分析指标	内部收益率、净现值率、投资回收期、总投资报酬率、权益资金净利润率、投资利润率
		运营能力指标	应收账款周转率、存货周转率、流动资产周转率、流动资产周转期、固定资产周转率、固定资产周转期等
		其他指标	单位费用效能、资金利用率等
3	项目经营管理评价	管理机构及领导班子	对现行管理机构设置情况及领导班子成员情况进行评价
		管理制度及规章制度	对现行管理制度及规章制度的合理性、合规性、完整性进行评价，对生产项目的评价还应包括对安全生产应急预案、消防应急预案等文件情况进行评价
		经营管理策略	项目运营管理模式、营销策略、推广计划等
		项目技术人员培训情况	项目技术人员在岗人数、比例及培训等情况
4	项目环境效益评价	环境管理	对项目环保达标情况，项目环保设施及制度的建设和执行情况进行评价
		污染控制	项目的废气、废水和废渣及噪声是否在总量和浓度上都达到了国家和地方政府颁布的标准
		对地区环境质量的影响	分析主要以对当地环境影响较大的若干种污染物为对象，这些物质和环境背景值相关，并与项目的三废排放有关
		自然资源的利用和保护	对节约能源、节约水资源、土地利用和资源的综合利用率、能耗总量等情况进行分析
		对生态平衡的影响	主要是指人类活动对自然环境的影响
5	项目社会效益评价	对项目主要利益群体的影响	项目在施工期和运营期对各个不同利益群体产生的实际影响特别是对受益、受损、弱势群体的影响和态度
		项目建设实施对地区发展的影响	建设项目对地区经济、文化、医疗、教育等方面的影响
		对当地就业和人民生活水平提高的影响	建设项目提供的就业机会情况及薪酬水平，对人民生活水平的影响

续表

序号	内容	指标	评价要点
5	项目社会效益评价	投资项目征迁安置的影响	涉及拆迁安置的，应了解相关群体的受影响程度，以及采取的减缓措施和有关工作的管理质量和水平
		对所在地区少数民族风俗习惯和宗教的影响	涉及少数民族的，应考虑建设项目对少数民族在文化方面的影响

（6）目标及可持续评价要点如表6-8所示。

表6-8　　　　　　　　　目标及可持续评价要点

序号	内容	指标	评价要点
1	质量目标	设计质量	设计标准及功能、设计工作质量、技术标准或工艺路线、可施工性、可运营性等
		工程质量	材料质量、设备质量、建筑质量等
		运营质量	项目的整体适用功能、产品或服务质量、运营的安全性、运营和服务的可靠性、可维修性及方便拆除情况等
2	投资（费用）目标	全生命周期费用	建设总投资、运营成本、维护成本、单位生产能力投资、社会和环境成本等
		收益	运营收益、年净收益、总净收益、投资回报率等
3	时间目标	项目基本时间	建设期、投资回收期、维修或更新改造周期等
		工程寿命	工程的设计寿命、物理服务寿命、经济服务寿命等
		产品的市场周期	市场发展周期、高峰期、衰败期等
4	职业健康安全目标	卫生指标	废弃物处理能力及标准，排污、排尘、排噪标准等
		健康指标	平均寿命、增加的寿命年限、质量调整的寿命年限等
		安全生产指标	有毒有害气体泄漏标准、易燃易爆物体存放标准、消防标准、危险源辨识标准及应急措施、劳动保护用品配置标准等
5	各方满意目标	用户满意	产品或服务价格、安全性、人性化等
		投资者满意	投资额、投资回报率、降低投资风险等
		业主满意	项目的整体目标、工程目标、经济目标、质量目标等

序号	内容	指标	评价要点
5	各方满意目标	承包人和供应商满意	工程价格、工期、企业形象等
		政府满意	繁荣与发展地区经济、增加地方财力、改善地方形象、政绩、就业和其他社会问题等
		生产者满意	工作环境（安全、舒适、人性化）工作待遇、工作的稳定性等
		项目周边组织满意	保护环境、保护景观和文物、工作安置、拆迁安置或赔偿、对项目的使用要求等
6	与环境协调目标	与政治环境协调	可按环境系统结构进一步分解： 1. 项目与生态环境的协调； 2. 建筑造型、空间布置与环境整体和谐； 3. 建设规模应与当时、当地的经济能力相匹配，应具有先进性和适度的前瞻性； 4. 节约使用自然资源，特别是不可再生资源； 5. 继承民族优秀文化，不破坏当地的社会文化； 6. 在项目的建设和运行过程中行为合法； 7. 项目应符合上层系统的需求，对地区、国民经济部门发展有贡献
		与经济环境协调	
		与市场环境协调	
		与法律环境协调	
		与自然环境协调	
		与周边环境协调	
		与上层组织协调	
		与其他方面协调	
7	对地区和城市可持续发展的贡献目标	政策环境	行业现行政策环境
		社会经济发展指标	人口、就业结构、教育、基础设施、物流条件、社会服务和保障、GDP、地方经济等
8	项目自身具有可持续发展能力的目标	财务状况	成本管理分析、盈利能力分析、营运能力分析、增长能力分析等
		产品竞争能力	产品市场地位、市场占有率、生产效率、销售增长率等
		技术水平	技术先进性、技术更新可行性等
		能长期地适合需求	功能的稳定性、可持续性、可维护性、低成本运行等
		污染控制	污染控制成本、污染控制设备寿命等
		防灾能力	监测预报、灾害防御、应急反应、风险融资措施等

第七章　运营维护阶段咨询

58 项目运营维护阶段全过程工程咨询常见服务内容有哪些?

答:(1)《全过程工程咨询服务管理标准》第10章"项目运营维护阶段的咨询服务",10.1.1条规定,全过程工程咨询服务单位应为建设单位提供项目后评价、项目绩效评价、运营维护管理策划、资产管理等方面的咨询服务;《建设项目全过程工程咨询标准》13.1.1条规定,项目运营维护咨询宜包括设施管理咨询和资产管理咨询等相关专业咨询业务。

(2)《全过程工程咨询服务管理标准》10.2.1条规定,项目后评价咨询服务应包括项目自我总结评价报告编制和项目后评价报告编制。

(3)《财政部关于印发〈项目支出绩效评价管理办法〉的通知》(财预〔2020〕10号)第四条规定,绩效评价分为单位自评、部门评价和财政评价三种方式。单位自评是指预算部门组织部门本级和所属单位对预算批复的项目绩效目标完成情况进行自我评价。部门评价是指预算部门根据相关要求,运用科学、合理的绩效评价指标、评价标准和方法,对本部门的项目组织开展的绩效评价。财政评价是财政部门对预算部门的项目组织开展的绩效评价。

(4)委托方可结合实际需要委托运营维护阶段的全过程工程咨询服务,具体内容在咨询服务合同中予以约定,不受上述服务项局限。

59 项目绩效评价和项目后评价有什么区别?

答:项目绩效评价和项目后评价都是评价主体对评价对象进行考核和评价的活动,但其在概念、评价时间、评价性质、评价目的、评价过程、作用结果、评价细则等方面均存在差异,详情可参见表7-1。

表7-1　　　　　　　　　　　　　项目绩效评价和项目后评价差异对照

对比维度	项目绩效评价	项目后评价
基本概念	《财政部关于印发〈项目支出绩效管理办法〉的通知》（财预〔2020〕10号）明确，项目支出绩效评价（简称绩效评价）是指财政部门、预算部门和单位，依据设定的绩效目标，对项目支出的经济性、效率性、效益性和公平性进行客观、公正的测量、分析和评判	《中央政府投资项目后评价管理办法》指出，项目后评价是指在项目竣工验收并投入使用或运营一定时间后，运用规范、科学、系统的评价方法与指标，将项目建成后所达到的实际效果与项目的可行性研究报告、初步设计文件及其审批文件的主要内容进行对比分析，找出差距及原因，总结经验教训、提出相应对策建议，并反馈到项目参与各方，形成良性项目决策机制
评价时间	从项目的前期计划开始进行，贯穿项目实施的全过程	项目已经完成并运行一段时间后
评价性质	循环性	回顾性
评价依据	以结果为导向面向过程	将结果作为评价依据
评价目的	形成过程评价习惯	形成总结习惯
评价过程	进行循环评价改善	一次性评价
评价作用	反馈	总结
评价结果	提出改善方向	显示结果
评价细则	通过适用的量化指标及评价标准、规范的考核方法，对项目的前期计划、实施过程及其完成结果进行综合性考核与评价，对项目管理、经济、技术、社会、生态和可持续发展绩效等内容进行客观的衡量比较和综合评判，以更好地实现项目目标，提高资金的使用效益	全面总结投资项目的决策、实施和运营情况，分析项目的技术、经济、社会和环境效益的影响，为投资决策和项目管理提供经验教训，改进并完善建设项目，提高其可持续性

60 同一咨询单位能同时承担中央政府投资项目的自我总结评价和后评价任务吗？

答：不能。

《国家发展改革委关于印发〈中央政府投资项目后评价管理办法〉和〈中央政府

投资项目后评价报告编制大纲（试行）〉的通知》（发改投资〔2014〕2129号），其中《中央政府投资项目后评价管理办法》第十三条规定，国家发展改革委不得委托参加过同一项目前期、建设实施工作或编写自我总结评价报告的工程咨询机构承担该项目的后评价任务。第三条规定，国家发展改革委审批可行性研究报告的中央政府投资项目的后评价工作，适用本办法。

第二部分　专业篇

全过程工程咨询百问百答

第八章　信息化项目

61 信息化项目内涵及特点是什么？

答： 信息化项目内涵主要包括三个层面：一是信息化建设，包含信息基础设施建设、信息网络建设、信息应用系统建设、信息安全建设、系统集成和信息资源开发利用等新建、改扩建或运行维护的项目，是信息化项目的基础；二是信息化管理，包括宏观层面的信息化管理体制机制建设、信息化规划等，也包括微观层面的具体信息化项目的全生命周期管理，是信息化项目的保障；三是信息化运营（运用），就是针对具体信息化项目达成既定的建设目标和目的，是信息化项目的核心和关键，随着信息化的发展，信息化运营（运用）的关注重点逐步转移到数据的运营（运用）和增值。

信息化项目的特点如下。

（1）系统性。信息化项目是信息化六大要素（信息网络、信息资源、信息技术应用、信息技术与产业、信息化人才、信息化政策法规和标准规范）组合而成的一个有机整体，在整体规划建设过程中，各要素之间以及各要素内部各影响因子保持协调协同才能发挥具体信息化项目的作用，达到信息化建设的目标。

（2）复杂性。因信息化项目具有系统性，如何在信息化项目全生命周期内让各要素以及各要素内部各影响因子协调协同，并在预定的时间节点达成既定目的，是一项复杂的工程。

（3）目的性。信息基础设施建设、信息网络建设、信息应用系统建设、信息安全建设、系统集成和信息资源开发利用等新建、改扩建或运行维护的项目，均是围绕用户的业务目标而建，都是为了用户的业务服务。

（4）动态性。在信息化项目的全生命周期中，除了需要对软硬件进行不断改进、更新及维护外，信息化项目与其他非信息化项目最大的区别在于信息数据不断地积累、变动，信息数据又进一步影响着信息化项目的持续运营（运行）。

62 政府投资信息化项目的建设流程是什么？

答： 参照各省市相关主管部门（政数局、政务办、大数据局、财政局、发改局等）

的方案报送规范要求及立项流程，一般政府投资信息化项目实行年度申报和专项申报制度，并与财政局的预算草案编制工作相衔接，实现项目的统筹管理与有效整合。部分地方涉及非信息化建设的内容（如土建、防雷、装饰装修等）的信息化项目也会由主管部门进行技术评审再由发改部门做最终立项登记，具体流程参见图8-1。

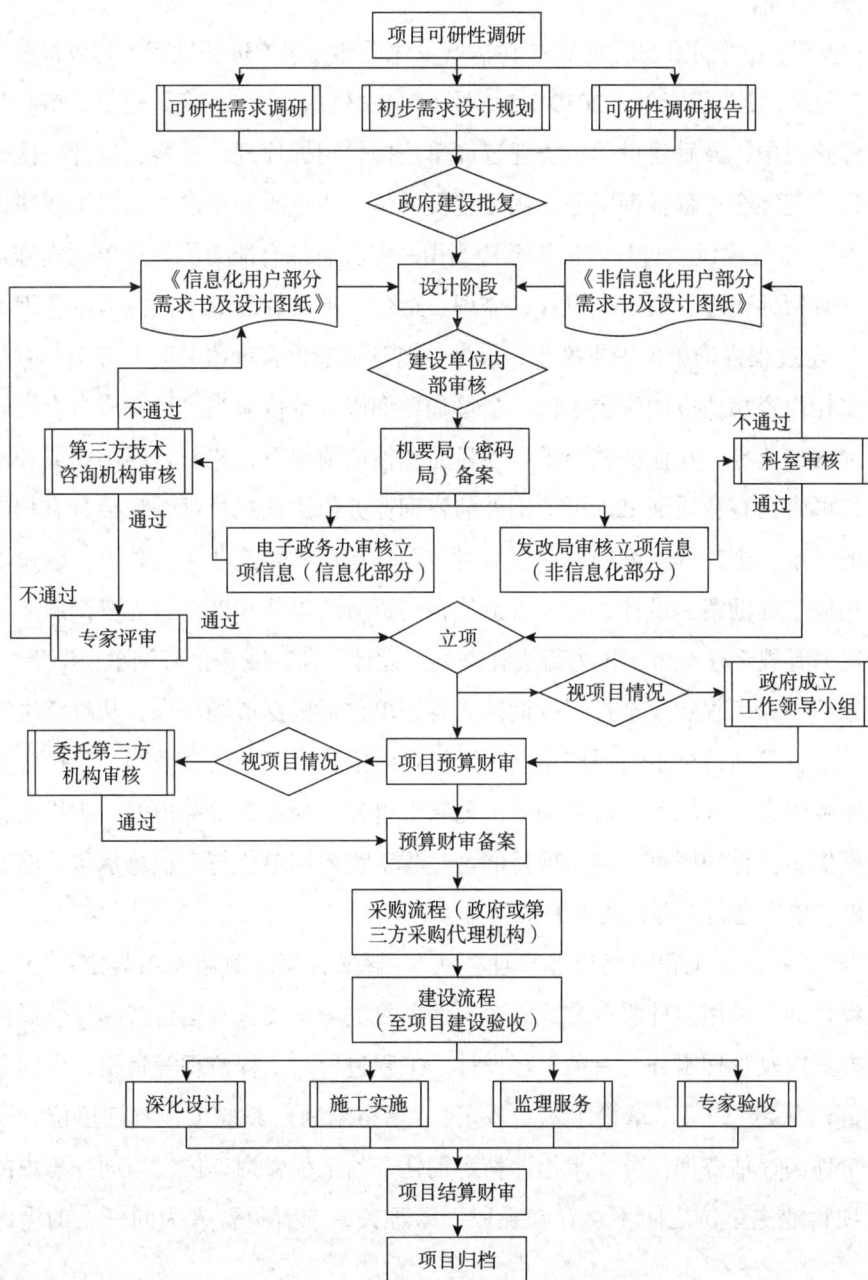

图8-1 政府投资信息化项目建设流程

63 信息化项目多项咨询服务能否由一家提供？其政策依据文件有哪些？

答：信息化项目的勘察、设计、监理、造价、项目管理和招标代理等可以由一家全过程咨询单位提供服务，但承担编制任务的工程咨询单位不得承担同一事项的评估咨询任务。

依据文件一，《国家发展改革委 住房城乡建设部关于推进全过程工程咨询服务发展的指导意见》（发改投资规〔2019〕515号）。该文件指出："在房屋建筑、市政基础设施等工程建设中，鼓励建设单位委托咨询单位提供招标代理、勘察、设计、监理、造价、项目管理等全过程咨询服务，满足建设单位一体化服务需求，增强工程建设过程的协同性""工程建设全过程咨询服务应当由一家具有综合能力的咨询单位实施，也可由多家具有招标代理、勘察、设计、监理、造价、项目管理等不同能力的咨询单位联合实施""全过程咨询单位提供勘察、设计、监理或造价咨询服务时，应当具有与工程规模及委托内容相适应的资质条件。全过程咨询服务单位应当自行完成自有资质证书许可范围内的业务，在保证整个工程项目完整性的前提下，按照合同约定或经建设单位同意，可将自有资质证书许可范围外的咨询业务依法依规择优委托给具有相应资质或能力的单位，全过程咨询服务单位应对被委托单位的委托业务负总责。建设单位选择具有相应工程勘察、设计、监理或造价咨询资质的单位开展全过程咨询服务的，除法律法规另有规定外，可不再另行委托勘察、设计、监理或造价咨询单位""除投资决策综合性咨询和工程建设全过程咨询外，咨询单位可根据市场需求，从投资决策、工程建设、运营等项目全生命周期角度，开展跨阶段咨询服务组合或同一阶段内不同类型咨询服务组合。鼓励和支持咨询单位创新全过程工程咨询服务模式，为投资者或建设单位提供多样化的服务。同一项目的全过程工程咨询单位与工程总承包、施工、材料设备供应单位之间不得有利害关系"。

依据文件二，《工程咨询行业管理办法》。该文件第二章第八条规定："（四）全过程工程咨询：采用多种服务方式组合，为项目决策、实施和运营持续提供局部或整体解决方案以及管理服务。有关工程设计、工程造价、工程监理等资格，由国务院有关主管部门认定"；第二章第十六条规定："承担编制任务的工程咨询单位，不得承担同一事项的评估咨询任务。承担评估咨询任务的工程咨询单位，与同一事项的编制单位、项目业主单位之间不得存在控股、管理关系或者负责人为同一人的重大关联关系。"

依据文件三，《关于〈中华人民共和国政府采购法实施条例〉第十八条第二款法律适用的函》（财办库〔2015〕295号）。该文件指出"为促进政府采购公平竞争，加强采购项目的实施监管，《中华人民共和国政府采购法实施条例》第十八条规定，'除单一来源采购项目外，为采购项目提供整体设计、规范编制或者项目管理、监理、检测等服务的供应商，不得再参加该采购项目的其他采购活动。'其中，'其他采购活动'指为采购项目提供整体设计、规范编制和项目管理、监理、检测等服务之外的采购活动。因此，同一供应商可以同时承担项目的整体设计、规范编制和项目管理、监理、检测等服务"。

64 相较单一咨询，信息化项目中全过程工程咨询服务优势如何体现？

答：相较单一咨询，信息化项目全过程工程咨询服务优势概括如下。

（1）无缝衔接。全过程工程咨询服务相对于单一咨询，可以在信息化项目的全生命周期过程中做到各项服务的无缝衔接及无障碍沟通。

（2）需求精准把控。采用全过程咨询服务时，全过程咨询服务单位因从项目决策阶段介入项目，从原始的需求意向到最终的需求确认、实施及验收等阶段全程参与，可以在项目的设计、实施等阶段更好地贯彻与落实建设单位的需求并进行把控，确保项目需求的一致性。

（3）管理精简化。相对于单一咨询，采用全过程工程咨询服务后，建设单位对各参与单位的管理从原先的十多个精简为最多五个［全过程咨询服务单位、承建单位、商密测评单位（含商密方案评估）、等保测评单位、软测单位］，项目干系人减少、管理流程简化、管理工作量缩减，进而更好地推进项目整体进度。

（4）节约投资。一方面，相对于单一咨询，全过程工程咨询服务的服务费体量较大，在采购服务时可以要求更低折扣率，从而节约工程建设其他费用的投资；另一方面，由于全过程咨询服务具有无缝衔接、需求精准把控、管理精简化等优势，在项目设计阶段可以对需求进行精确设计、合理造价，在项目实施阶段可以减少项目变更等，从而节约项目工程费用。

65 全过程工程咨询解决信息化项目哪些重难点问题？

答：全过程工程咨询通过多种服务组合解决以下信息化项目重难点问题，如表8-1所示。

表8-1 信息化项目重难点问题清单

项目阶段	重点	难点
整体	项目整体进度、投资、质量目标的控制，以及各参与单位/部门之间的协调	在保证安全、保质保量的前提下，在各个关键时间节点（或之前）顺利完成既定目标
决策阶段	①需求调研、需求分析以及需求确认；②项目立项（项目建议书及可研批复）	方案设计及比选
设计阶段	①设计方案及概算的编制；②方案评审及概预算审查	①在有限投资的条件下，综合衡量各方因素，将建设单位需求最优化地体现在建设方案中；②将信息化项目"三层面六要素"进行有机融合；③方案、造价顺利通过第三方评审
招投标阶段	①公平、公正、公开地开展招投标工作；②招标文件编制及审核	①招标需求如何完整体现建设单位需求；②合理设置评分标准选择更合适的供应商
实施阶段	①进度、质量、投资控制；②安全生产；③协调各干系人	通过项目管理顺利完成项目建设目标
验收阶段	①工作量的确认；②质量的检查及验收（包括网络安全、商用密码应用及软件开发）	①软件部分工作量的计量；②软件部分质量的检验
运维运营阶段	①运维工作量及质量的检查；②运营工作量及质量的检查	①运维工作量的确认；②运营工作量的确认

66 针对当前信息化建设标准化服务需求，全过程工程咨询可提供什么服务？

答：针对当前信息化建设标准化服务需求，全过程工程咨询可提供管理标准化、业务标准化和数据标准化的咨询服务。

（1）管理标准化。在信息化建设的全生命周期管理过程中，针对各个阶段的主要工作及各阶段之间的衔接，明确信息化建设管理架构、各参与单位及部门的职责，制定标准化的管理制度、事项清单以及标准化的作业手册等。

（2）业务标准化。通过业务流程梳理、业务流程数字化以及业务流程数字化再造等手段，让业务、系统与现实三者之间相匹配，并在一定时期内固化业务标准，实现业务的标准化从而为业务目标增效提速。

（3）数据标准化。根据管理标准以及业务标准拟定数据标准，在管理及业务未发生本质性变化的前提下，让数据满足因技术不断变化和发展引起的业务系统不断更新及改造的需求，尽可能减小技术层面对业务的影响。

67 信息化项目监理的差异化服务体现在什么环节？

答：参照《信息技术服务 监理》（GB/T 19668）第1~第7部分，信息化项目监理的差异化服务体现在以下方面。

（1）从监理工作内容来看：信息化监理主要工作内容包括四控四管一协调，相较于传统工程监理的三控（投资/进度/质量）三管（合同/信息/安全）一协调多出一控制（变更控制）、一管（知识产权管理）。

（2）从监理运行周期来看，信息化项目监理运行周期分为规划设计、部署实施、运行维护三部分，每部分由若干阶段组成。部署实施包括招标阶段、设计阶段、实施阶段、验收阶段；运行维护包括招标阶段、实施阶段、评价及认定阶段。《建设工程监理规范》（GB/T 50319—2013）规定，建设工程监理是在施工阶段进行服务，可接受建设单位委托按合同约定在勘察、设计、保修等阶段提供相关服务。

（3）从监理工作方法来看，信息化监理常见技术管理手段包括检查、旁站、抽查、评审、测试、软件特性分析等；传统工程监理常见工作方法包括旁站、巡视、平行检验、见证取样。

68 信息化项目软件开发集成需要什么资质条件？

答：常见的信息化项目软件开发集成资质有：双软企业认证，ISO20000、ISO27001认证，信息安全服务资质，计算机系统集成服务资质，CMMI认证等。

（1）双软认证：指的是软件企业认定和软件产品登记。企业申请双软认证除了可以获得软件企业和软件产品的资质外，同时，也是企业知识产权的一种保护方式，企业同时也可以获得国家对于软件行业的税收减免政策。

（2）ISO20000认证：是一种国际标准，适用领域主要是信息技术服务管理，也叫信息技术服务管理体系标准，是一种对重要主体软件研发或者运维的IT管理体系。

（3）ISO27001认证：也是一种国际标准，是指信息安全管理要求。信息安全管理要求ISO/IEC27001的前身为英国的BS7799的标准，主要涵盖规范有：组织启动、实施、维护安全、建立、实施、文件化信息安全管理体系。

（4）信息安全服务资质：由中国通信工业协会设立并推出，此资质分为纵、横两个维度，分别是行业服务方向和专业能力水平，具体又可细分为安全集成服务、安全运维服务、风险评估服务、软件安全开发服务、应急处理服务、灾难备份与恢复服务、网络安全审计服务与工业控制安全服务八大类。信息安全服务资质的发证机关为中国网络安全审查技术与认证中心。

（5）计算机系统集成服务资质：为加强计算机信息系统集成市场的规范化管理，促进计算机信息系统集成企业能力和水平的不断提高，确保各应用领域计算机系统工程质量，信息产业部从1999年开始建立计算机信息系统集成资质管理制度，制定并发布了《计算机信息系统集成资质管理办法（试行）》。

（6）CMMI认证：CMMI即能力成熟度模型集成，它是在CMM的基础上发展而来，在CMMI中，每一种CMMI学科模型都有两种表示方法，即阶段式表示法和连续式表示法。

69 哪些信息化项目需要涉密资质？

答： 只要被定密为涉密信息化项目的，其集成业务承接单位需具备相应涉密资质。

根据《中华人民共和国保守国家秘密法》和《中华人民共和国保守国家秘密法实施条例》的相关规定，国家秘密是指关系国家安全和利益，依照法定程序确定，在一定时间内只限一定范围人员知悉的事项。国家秘密的密级由高到低分为绝密、机密和秘密。中央国家机关、省级机关及其授权的机关、单位，可以确定绝密级、机密级和秘密级国家秘密。设区的市、自治州一级的机关及其授权的机关、单位，可以确定机密级和秘密级国家秘密。在没有授权的情况下，低于设区的市、自治州级别的单位是没有确定国家秘密权限的。

有权确定国家秘密的单位，可以授权其他机关、单位确定相应级别的国家秘密密级。以北京市为例，北京市保密行政管理部门就印发了《北京市党政机关定密授权机关名录》，凡名录内的机关单位，均有权确定相应级别的国家秘密。需注意的是，政府采购工程项目的定密权在采购人同级的保密行政管理部门，采购人不能直接把工程项目自行确定为涉密项目。

涉密集成资质是指保密行政管理部门许可企业事业单位从事涉密信息系统集成业务的法定资格。涉密集成资质分为甲级和乙级两个等级。甲级资质单位可以从事绝密级、机密级和秘密级涉密集成业务；乙级资质单位可以从事机密级、秘密级涉密集成业务。

涉密集成资质包括总体集成、系统咨询、软件开发、安防监控、屏蔽室建设、运行维护、数据恢复、工程监理，以及国家保密行政管理部门许可的其他涉密集成业务。取得总体集成业务种类许可的，除从事系统集成业务外，还可从事软件开发、安防监控和所承建系统的运行维护业务。资质单位应当在保密行政管理部门许可的业务种类范围内承接涉密集成业务。承接涉密系统咨询、监理业务的，不得承接所咨询、监理业务的其他涉密集成业务。

70 信息化安全评测、验收测试、商密测评资质要求及适用范围是什么？

答：（1）安全测评。

①资质要求具备公安部认可的测评服务单位资质认证。公安部对具备测评能力的企业授予等级保护测评资质认证，只有具备该资质认证的企业才能对保护等级进行测评，所出具的测评报告才具备等级保护测评效力。

②适用范围。根据《信息安全等级保护管理办法》第十四条规定，信息系统建设完成后，运营、使用单位或者其主管部门应当选择符合本办法规定条件的测评机构，依据《信息系统安全等级保护测评要求》等技术标准，定期对信息系统安全等级状况开展等级测评。第三级信息系统应当每年至少进行一次等级测评，第四级信息系统应当每半年至少进行一次等级测评，第五级信息系统应当依据特殊安全需求进行等级测评。

（2）验收测试，一般都要求具备CMA或CNAS资质，这两种资质是检测机构开展业务的基本要求。

①资质要求如下。CMA认证：CMA是中国计量认证的英文简称，是由省级以上人民政府计量行政部门对检测机构的检测能力及可靠性进行的一种全面的认证及评价，是强制认证的资质。

CNAS认可：CNAS是中国合格评定国家认可委员会的简称，是国家行政部门授权的国家认可机构，负责对实验室进行检测资质认定。通过CNAS认可的检测机构在产品检测报告上加盖CNAS标记，表示对该产品的一种权威认可，具有公信力，同时该检测机构也会受到CNAS机构的监督与约束，不能随意滥用检测资质。

②适用范围。系统开发完成后正式上线前开展软件项目的验收测试，该项测试是对系统的全面测试，用以验证其是否符合合同要求，若测试通过则出具第三方测试报告，成为系统验收的有效依据。

（3）商密测评。

①资质要求。《中华人民共和国密码法》（以下简称《密码法》）第二十五条规定，商用密码检测、认证机构应当依法取得相关资质，并依照法律、行政法规的规定和商用密码检测认证技术规范、规则开展商用密码检测认证。按照"放管服"改革要求，《密码法》将商用密码检测、认证机构资质纳入《中华人民共和国认证认可条例》规定的认证认可制度体系中，由市场监管总局(中国国家认证认可监督管理委员会)会同国家密码管理局进行管理。商用密码检测、认证机构应当分别取得商用密码检测、认证机构资质。

②适用范围。《密码法》第二十七条规定，法律、行政法规和国家有关规定要求使用商用密码进行保护的关键信息基础设施，其运营者应当使用商用密码进行保护，自行或者委托商用密码检测机构开展商用密码应用安全性评估。

《商用密码应用安全性评估管理办法》（国家密码管理局令第3号）第六条规定，法律、行政法规和国家有关规定要求使用商用密码进行保护的网络与信息系统（以下简称重要网络与信息系统），其运营者应当使用商用密码进行保护，制定商用密码应用方案，配备必要的资金和专业人员，同步规划、同步建设、同步运行商用密码保障系统，并定期开展商用密码应用安全性评估。

第九条规定，重要网络与信息系统建成运行后，其运营者应当自行或者委托商用密码检测机构每年至少开展一次商用密码应用安全性评估，确保商用密码保障系统正确有效运行。

71 信息化项目施工或集成造价定额或指标的依据文件有哪些？

答：2020年1月9日，《工业和信息化部规划司关于〈信息化项目建设概（预）算编制办法及计价依据〉和〈信息化项目建设预算定额〉的复函》（工规函〔2020〕32号），审批通过了由中国电子技术标准化研究院和北京国金汇德工程管理有限公司牵头组织编制的《信息化项目建设概（预）算编制办法及计价依据》和《信息化项目建设预算定额》，可作为信息化项目计价及概（预）算编制的参考依据。

具体取费依据包括：《信息化项目建设概（预）算编制办法及计价依据》《信息化项目建设预算定额 第一册 计算机信息系统集成》《信息化项目建设预算定额 第二册 定制软件开发工程》《信息化项目建设预算定额 第三册 信息系统运行维护》。

图8-2　信息化项目取费依据文件

72 信息化项目监理费取费标准有哪些?

答：信息化项目监理费实行市场调节价，常见取费标准如下。

（1）标准一：《国家发展改革委、建设部关于印发〈建设工程监理与相关服务收费管理规定〉的通知》（发改价格〔2007〕670号），虽然该文件已由国家发展改革委2016年第31号令废止，但一般使用财政资金的项目仍参考执行。

《国家发展改革委、建设部关于印发〈建设工程监理与相关服务收费管理规定〉的通知》（发改价格〔2007〕670号）文件，项目施工监理服务收费基价如表8-2所示。

表8-2　　　　　　　　　　建设工程施工监理服务收费基价

序号	计费额（万元）	收费基价（万元）
1	500	16.5
2	1000	30.1
3	3000	78.1
4	5000	120.8
5	8000	181.0

序号	计费额（万元）	收费基价（万元）
6	10000	218.6
7	20000	393.4
8	40000	708.2
9	60000	991.4
10	80000	1255.8
11	100000	1507.0
12	200000	2712.5
13	400000	4882.6
14	600000	6835.6
15	800000	8658.4
16	1000000	10390.1

监理计费额处于相邻两数值之间的，可采取直线内插法确定监理服务费用基价。

（2）标准二：参考中国电子企业协会信息系统工程监理分会制定的《信息系统工程监理及相关信息技术咨询服务取费计算方法（参照标准）》，部分内容摘录如下。

适用范围

本方法适用于信息系统工程建设过程中的信息网络系统、信息资源系统、信息应用系统的新建、升级、改造工程与运行维护中信息系统工程监理服务的取费，以及相关信息技术咨询服务的取费。

取费原则

信息系统工程监理及相关信息技术咨询服务是专业性很强的技术性服务工作，取费应当体现"优质优价、合理计取、难易有别、分段计取"的原则，应当符合国家有关法律、法规和标准规范，满足合同约定的服务内容和服务质量等内容。

信息系统工程监理服务取费计算方法

①计算公式。

信息系统工程监理服务取费 = 监理服务取费基价 × 工程项目类型调整系数 × 工程项目复杂度调整系数 × （1 ± 浮动幅度值）。

②监理服务取费基价。

信息系统工程监理服务是信息技术咨询服务的一种形式。监理服务取费是以信息系统工程项目投资总值为取费额，取费额处于两个数值区间的，采用直线内插法确定监理服务取费基价。信息系统工程监理服务取费基价如表8-3所示。

表8-3 信息系统工程监理服务取费基价

序号	取费额 X(万元)（工程投资总值）	监理服务取费基价 Y(万元)	监理服务取费对应参照标准（比例）X(万元)→Y/X×100(%)
1	$X \leqslant 200$	$Y \leqslant 23.60$	$X=200 \rightarrow 11.8$
2	$200 < X \leqslant 500$	$23.6 < Y \leqslant 45.35$	$X=500 \rightarrow 9.07$
3	$500 < X \leqslant 1000$	$45.35 < Y \leqslant 74.30$	$X=1000 \rightarrow 7.43$
4	$1000 < X \leqslant 2000$	$74.30 < Y \leqslant 121.80$	$X=2000 \rightarrow 6.09$
5	$2000 < X \leqslant 3000$	$121.80 < Y \leqslant 162.60$	$X=3000 \rightarrow 5.42$
6	$3000 < X \leqslant 4000$	$162.60 < Y \leqslant 199.60$	$X=4000 \rightarrow 4.99$
7	$4000 < X \leqslant 5000$	$199.60 < Y \leqslant 234.00$	$X=5000 \rightarrow 4.68$
8	$5000 < X \leqslant 6000$	$234.00 < Y \leqslant 267.00$	$X=6000 \rightarrow 4.45$
9	$6000 < X \leqslant 7000$	$267.00 < Y \leqslant 297.50$	$X=7000 \rightarrow 4.25$
10	$7000 < X \leqslant 8000$	$297.50 < Y \leqslant 327.20$	$X=8000 \rightarrow 4.09$
11	$8000 < X \leqslant 9000$	$327.20 < Y \leqslant 355.50$	$X=9000 \rightarrow 3.95$
12	$9000 < X \leqslant 10000$	$355.50 < Y \leqslant 384.00$	$X=10000 \rightarrow 3.84$
13	$10000 < X \leqslant 20000$	$384.00 < Y \leqslant 628.00$	$X=20000 \rightarrow 3.14$
14	$20000 < X \leqslant 30000$	$628.00 < Y \leqslant 840.00$	$X=30000 \rightarrow 2.8$
15	$30000 < X \leqslant 40000$	$840.00 < Y \leqslant 1032.00$	$X=40000 \rightarrow 2.58$
16	$40000 < X \leqslant 50000$	$1032.00 < Y \leqslant 1210.00$	$X=50000 \rightarrow 2.42$
17	$50000 < X \leqslant 60000$	$1210.00 < Y \leqslant 1380.00$	$X=60000 \rightarrow 2.3$
18	$60000 < X \leqslant 70000$	$1380.00 < Y \leqslant 1533.00$	$X=70000 \rightarrow 2.19$
19	$70000 < X \leqslant 80000$	$1533.00 < Y \leqslant 1688.00$	$X=80000 \rightarrow 2.11$
20	$80000 < X \leqslant 90000$	$1688.00 < Y \leqslant 1836.00$	$X=90000 \rightarrow 2.04$
21	$90000 < X \leqslant 100000$	$1836.00 < Y \leqslant 1980.00$	$X=100000 \rightarrow 1.98$

根据表8-3，利用直线内插法公式计算监理服务费取费区间基价：

$$Y = Y_1 + \frac{Y_2 - Y_1}{X_2 - X_1}(X - X_1)$$

X_1、X_2为表中取费额的区段值；Y_1、Y_2为对应于X_1、X_2的取费基价；X为X_1、X_2区段间的任意取费额；Y为Y_1、Y_2区间内对应于X由直线内插法计算而得的取费基价。

③工程项目类型调整系数。

信息系统工程项目类型参照《信息系统工程监理暂行规定》（信部信〔2002〕570号文），包括信息网络系统、信息应用系统、信息资源系统。其调整系数如表8-4所示。

表8-4 　　　　　　　　　　信息系统工程项目类型调整系数

工程项目类型	调整系数
信息资源系统	1.2
信息应用系统	1.1
信息网络系统	1

④工程项目复杂度调整系数。

信息系统工程项目复杂度调整主要内容是对同一类型不同信息系统工程项目的监理复杂程度和工作量差异进行调整。计算监理服务取费时，业主单位和监理单位按照工程复杂程度，从工程范围（本地或跨地区）、工程实施难度、工程所需时间等方面综合考虑协商确定工程项目复杂度调整，其系数如表8-5所示。

表8-5 　　　　　　　　　　信息系统工程项目复杂度调整系数

工程地点 / 工程持续时间	工程项目复杂度调整系数（工程实施协调等难度）		
	本市	本省多市	跨省
一年内	1.0	1.1	1.2
一年以上二年以内	1.1	1.2	1.3
二年以上	1.2	1.3	1.4

⑤浮动幅度值。

浮动幅度值上下10%。监理单位根据项目的实际情况，在规定的浮动幅度范围内，与业主单位通过约定方式（如公开招标、邀请招标等）或协商方式确定幅度值。

⑥各省市可参照本取费计算方法，依据本地区软件和信息服务业当年的劳动人员产值，适当调整取费基价。

⑦以下情况的监理服务取费，参照行业标准或软件和信息服务业当年的劳动人员

产值，按人工日费用计算。

ⅰ.对于不以信息系统工程项目投资总值为取费依据的情况。

ⅱ.某些周期小于2个月的小型信息系统工程项目。

ⅲ.为信息系统工程项目的某些阶段提供短期服务的。

⑧本取费计算方法未作规定的，可依照国家和行业相关规定和标准。

相关信息技术咨询服务取费计算方法

对于信息系统工程项目立项（可行性研究报告、初步设计、投资概算报告等咨询服务）、运行维护、后评价管理等阶段的相关信息技术咨询服务取费计算方法，国家有规定的，从其规定；国家没有规定的，由业主单位与监理单位协商确定。具体工作内容执行国家、行业有关规范及规定。

（3）标准三：地方信息化发布标准，如由广东省电子政务协会及广东省电子政务技术应用支持联盟编制的《电子政务工程造价指导书》（第三版）。

按项目投资总额估算

监理费用基价是完成国家法律法规、规范规定的监理基本服务内容的价格。电子政务监理服务费用基价可参考《电子政务工程(集成项目)监理服务费用基价表》《电子政务工程(软件开发项目)监理服务费用基价表》和《电子政务工程(信息资源项目)监理服务费用基价表》（见表8-6、表8-7、表8-8），计费额处于两个数值区间的，采用直线内插法确定其监理服务费用基价。

如果一个项目划分为多个子项目的，应以项目中实际划分的独立子项目的投资金额分别计算监理服务费用。

如果一个项目中包括集成、软件开发及信息资源等不同类型建设内容，应将该项目分类计算监理服务费用。

电子政务工程项目复杂度调整主要内容是对同一类型不同信息系统工程项目的监理复杂度和工作量差异进行调整，计算监理服务费用时，根据项目工程地点和工程持续时间设置复杂度调整系数，可参考《电子政务工程监理服务费用复杂度调整系数表》（见表8-9）。

表8-6 电子政务工程（集成项目）监理服务费用基价

序号	计费额（项目投资额）（万元）	监理费用基价(万元)	费用基价占计费额比例（%）
1	< 100	—	9.00
2	100	8	9.00

序号	计费额（项目投资额）（万元）	监理费用基价（万元）	费用基价占计费额比例（%）
3	200	14	7.00
4	500	30	6.00
5	1000	50	5.00
6	2000	80	4.00
7	4000	128	3.20
8	6000	168	2.80
9	10000	240	2.40
10	＞ 10000	—	2.40

注：①电子政务工程（集成项目）是指综合布缆、机房建设、智能化工程、计算机及网络系统集成等总投资额中以硬件及项目实施为主的项目，但不包括软件开发、信息资源建设在内的基础设施建设的项目。

②本表中的电子政务工程（集成项目）监理费用基价占计费额比例是实施阶段监理服务取费率。

③监理计费额处于相邻两数值之间，可采取直线内插法确定监理服务费用基价。

表8-7　　　　　　　　电子政务工程（软件开发项目）监理服务费用基价

序号	计费额（项目投资额）（万元）	监理费用基价（万元）	费用基价占计费额比例（%）
1	＜ 50	—	12.00
2	50	5.75	12.00
3	100	10.50	10.50
4	150	14.25	9.50
5	200	18.00	9.00
6	300	24.00	8.00
7	400	30.00	7.50
8	500	35.00	7.00
9	800	52.00	6.50
10	1000	60.00	6.00
11	＞ 1000	—	6.00

注：①电子政务工程（软件开发项目）是指项目的总投资以软件开发费用为主。

②计费额处于相邻两数值之间，采取直线内插法确定监理服务费用基价。

表8-8 电子政务工程（信息资源项目）监理服务费用基价

序号	计费额（项目投资总额）（万元）	监理费用基价（万元）	费用基价占计费额比例（%）
1	< 50	—	9.60
2	50	5.75	9.60
3	100	10.50	8.40
4	150	14.25	7.60
5	200	18.00	7.20
6	300	24.00	6.40
7	400	30.00	6.00
8	500	35.00	5.60
9	800	52.00	4.40
10	1000	60.00	4.80
11	> 1000	—	4.80

注：①电子政务工程（信息资源项目）是指项目的总投资以信息资源数据的采集处理费用为主。
②计费额处于两个数值区间的，采用直线内插法确定监理服务费用基价。

表8-9 电子政务工程监理服务费用复杂度调整系数

工程地点 项目持续时间	复杂度调整系数		
	本市	本省多市	跨省
一年内	1.0	1.1	1.2
一年以上二年以内	1.1	1.2	1.3
二年以上	1.2	1.3	1.4

按监理人员人工费用标准估算

监理人员人工费用是指在不以监理项目投资总额为计费依据的情况下，对某些小型电子政务项目或项目某些阶段提供短期监理服务时，建设单位支付监理单位的监理费用，其中包括了监理人员的工资和监理企业的利润，监理费用计算方法如表8-10所示。

表8-10 电子政务工程监理人员人工费用 （单位：元）

人员职务级别划分	人月费用	人日费用
总监理工程师	30000 ~ 40000	3000 ~ 3500
总监理工程师代表	25000 ~ 30000	2500 ~ 3000
监理工程师	20000 ~ 25000	2000 ~ 2500
监理员	15000 ~ 20000	1500 ~ 2000

工程咨询设计阶段、系统运维阶段监理取费指导

电子政务工程咨询设计阶段监理服务收费适用于工程前期咨询阶段(项目立项、可行性研究、概要设计)时聘请监理、费用单独计算的场景，根据需要可按工程全过程监理服务费用百分比(15% ~ 30%)计取。

电子政务工程系统运维阶段监理服务收费适用于系统运行维护时聘请监理、费用单独计算的场景，根据需要可按工程全过程监理服务费用百分比(15% ~ 30%)计取，或按年运维费用的8% ~ 10%计取年度监理费用。

监理附加报酬

对于因非监理方原因造成电子政务工程项目无法在合同约定的工期内完成，项目延期所产生的监理附加工作，监理单位根据签订的监理合同条款，有权追加监理费用，即监理附加报酬。

监理附加报酬的计算，主要依据监理合同的相关条款规定进行计取，一般有如下计算方法：监理附加报酬=监理费 × 附加工作月数/合同约定月数。

或：监理附加报酬=附加工作月数 × 附加工作的监理人月费用。

【案例】某信息化项目建设费（计费额）542.62万元，直接采用监理费3.3%进行收取，算得的监理费为17.91万元。

【分析】计算方式是错误的。

根据发改价格〔2007〕670号文件，监理计费额处于相邻两数值之间，可采取直线内插法确定监理服务费用基价，该项目计费额为542.62万元，处于500万元和1000万元之间，故标准监理费：16.5+（工程费–500）×（30.1–16.5)/（1000–500)，最终得出监理费为17.66万元。

73 专项规划编制流程、依据及内容是什么?

答：专项规划编制流程如图8-3所示。

上述流程中开展调研及交流环节包括原有规划评估；规划稿起草环节包含规划衔接；资料收集贯穿于整个编制过程。

专项规划编制依据主要包括以下内容。

（1）国家、省、地方的政策、法律法规、规章制度等。

（2）各类政府规划与文件。

（3）委托单位（企业）的有关战略规划、企业规章制度等（如为非政府单位的专

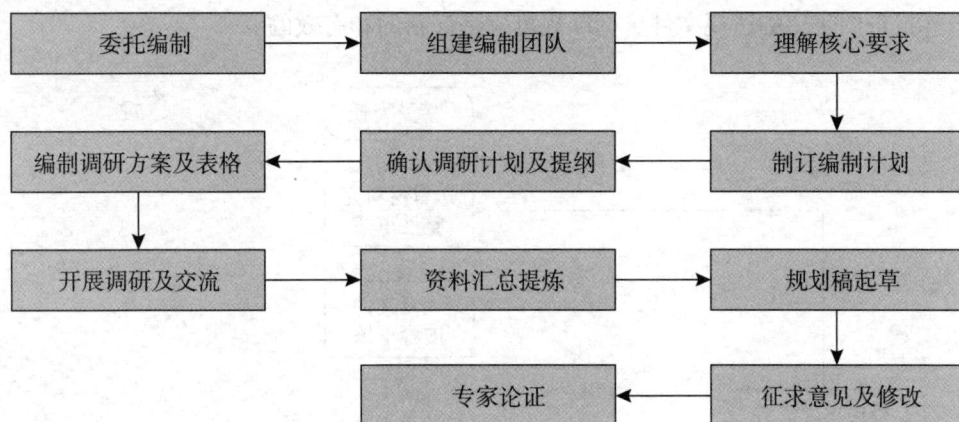

图 8-3 专项规划编制流程

项规划）。

（4）委托单位对于专项规划的发展目标或期望。

（5）地区国民经济和社会发展现状及趋势，以及相关统计资料。

（6）原有规划评估资料。

（7）行业统计数据。

（8）各类调研、访谈、二手资料与有关数据。

专项规划的主要内容包括：①规划背景；②发展基础与形势；③总体要求；④规划任务与重点项目；⑤实施路径；⑥保障措施；⑦附表（如有）。

74 信息化项目可研评审环节及关键控制点有哪些？

答：可研评审主要环节及流程如图 8-4 所示。

可研评审关键控制点如下。

（1）规范性。

①可研报告的完整性：可研报告主要内容齐全、结构合理。

②项目建设如涉及土建、消防、装修、防雷、接地等非信息化建设部分的，需将该部分的估算金额与信息化建设部分的估算金额（包含各自的设计、监理、咨询、实施、税金等相关费用）分两大部分计列。

③可行性研究报告应符合国家、行业、地方有关法律法规和政策规定，符合投资方或出资人相关要求。

④报告中采用的法规文件、标准规范应是最新的和有效的。

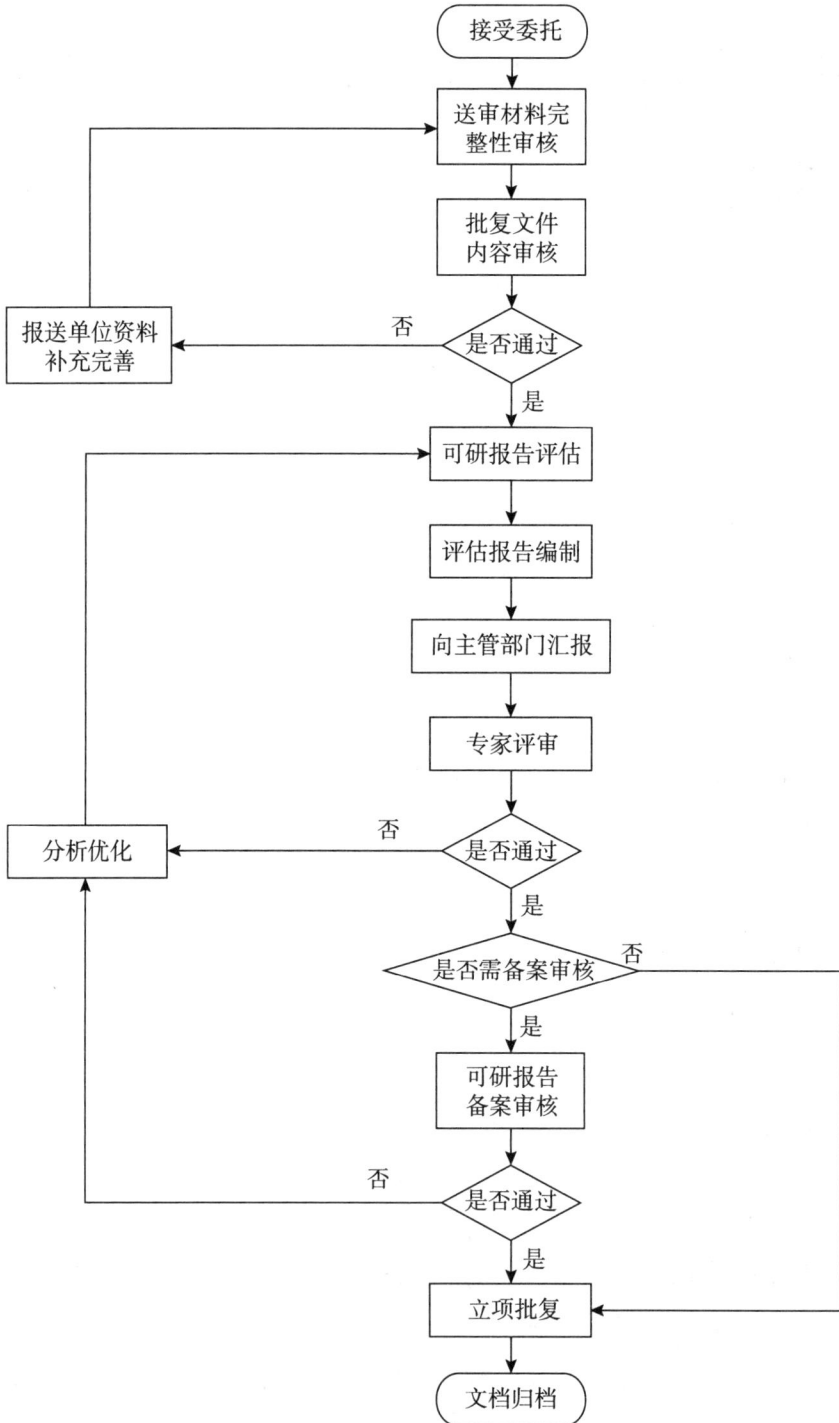

```
                        ┌──────────┐
                        │  接受委托  │
                        └────┬─────┘
                             ↓
          ┌─────────────→┌──────────┐
          │              │ 送审材料完  │
          │              │ 整性审核   │
          │              └────┬─────┘
          │                   ↓
          │              ┌──────────┐
          │              │ 批复文件   │
          │              │ 内容审核   │
          │              └────┬─────┘
    ┌──────────┐   否          ↓
    │ 报送单位资料 │←────────◇ 是否通过 ◇
    │ 补充完善   │              │
    └──────────┘              │是
                              ↓
          ┌─────────────→┌──────────┐
          │              │ 可研报告评估 │
          │              └────┬─────┘
          │                   ↓
          │              ┌──────────┐
          │              │ 评估报告编制 │
          │              └────┬─────┘
          │                   ↓
          │              ┌──────────┐
          │              │向主管部门汇报│
          │              └────┬─────┘
          │                   ↓
          │              ┌──────────┐
          │              │  专家评审  │
          │              └────┬─────┘
    ┌──────────┐   否          ↓
    │  分析优化  │←────────◇ 是否通过 ◇
    └──────────┘              │
          ↑                   │是
          │                   ↓                    否
          │              ◇ 是否需备案审核 ◇──────────┐
          │                   │                     │
          │                   │是                    │
          │                   ↓                     │
          │              ┌──────────┐               │
          │              │ 可研报告   │               │
          │              │ 备案审核   │               │
          │              └────┬─────┘               │
          │   否              ↓                      │
          └───────────◇ 是否通过 ◇                   │
                             │                       │
                             │是                      │
                             ↓                       │
                        ┌──────────┐                │
                        │  立项批复  │←───────────────┘
                        └────┬─────┘
                             ↓
                        ┌──────────┐
                        │  文档归档  │
                        └──────────┘
```

图8-4 可研评审主要环节及流程

（2）必要性。

①整体项目建设的必要性。

②项目具体建设内容的必要性。

③项目需求分析应充分、合理。

（3）可行性。

①具有可行的总体架构，技术架构、应用架构、数据架构和安全架构等满足项目建设需求，且架构设计合理。

②具有切实可行的技术路线。

③符合国家信息技术应用创新的要求。

④具有较为完整的软硬件选型，除特殊原因外，不得出现排他性的技术设计内容，主要规格参数设计合理。

（4）安全性。

①符合《网络安全法》《数据安全法》及《个人信息保护法》要求，对照《信息安全技术 网络安全等级保护基本要求》（GB/T 22239—2019）标准要求，确定系统的网络安全保护等级，进行针对性的安全设计。

②商用密码应用符合国家、行业、地方或公司有关要求。

（5）估算合理性。

①估算表结构合理、内容完整，且与建设内容一一对应。

②提供各类服务估算说明取费标准及计算过程，预留合理的第三方服务费用，如网络安全等级保护测评、商用密码应用安全性评估等费用。

（6）其他。

①如为政府投资信息化项目，应设置具体、量化的绩效目标。

②企业投资的信息化项目应考虑财务及经济可行性。

75 政府投资信息化项目组织专家评审的抽取专家库有哪些？抽取程序是什么？

答：（1）专家库选择：技术评审一般会抽取电子政务专家库、工业和信息化部评审专家库、涉密采购评审专家库或财政采购评审专家库信息化相关专业；采购评审一般会根据项目是否涉密在财政采购评审专家库或涉密采购评审专家库抽取。一般采用随机抽取，根据信息化细分专业，也可考虑按地区或者电子抽取。

（2）抽取程序：抽取专家使用程序可参考政府采购专家使用程序，政府采购评审以及相关咨询活动中评审专家的使用，应严格执行《中华人民共和国政府采购法》及财政部《政府采购评审专家管理办法》的规定，坚持"随机抽取"的原则，按以下程序进行。

①采购人或接受委托的采购代理机构持批准的《政府采购项目计划申报表》和《政府采购评审专家抽取申请》等，在项目评审前半天或前一天，到采购办申请抽取专家。

②采购办评审专家库管理人员对《政府采购评审专家抽取申请》进行初审，经采购办评审专家库监管人员审核后报采购办负责人审批。

③采购人或采购代理机构经办人在财政部门专家库管理人员和监管人员共同监督下随机抽取专家，原则上采用计算机自动语音系统通知专家，专家抽取和通知情况一律保密。

④若专家库不能满足抽取需要时，可以由采购人、采购代理机构按有关规定推荐评审专家人选，但必须报送拟选用专家的有关材料，并经采购办负责人批准。

⑤因特殊原因需采用非随机抽取方式在专家库选用专家的，应严格按有关规定执行，并经采购办负责人批准。

⑥采购办专家库管理人员将《政府采购项目计划申报表》《政府采购评审专家抽取申请》《专家抽取记录》妥善保管，待专家使用后与《专家执业信息反馈表》等作为专家付酬、考核和备查的依据。

76 针对信息化项目需求管理及变更管理，重点把控环节有哪些？

答： 信息化需求管理主要把控需求的收集分析及落实用户的需求确认，形成有效闭环管理；变更管理则把控变更的合理性、可行性，同时监控好变更的实施，是否按通过的变更实施以达到相应效果。

（1）需求管理。

项目需求分析是一个项目具体实施的开端同时又贯穿于整个项目的实施过程，因此对需求分析的把握程度是一个项目成功的关键因素之一，也是信息化项目的重点工作。需求分析是项目建设的基石，咨询方在需求分析阶段应以尊重承建方的项目管理和项目分析能力为前提，在具体的任务开展上不干扰承建方的自主权。同时，咨询方要充分发挥好项目监督及促进建设方和承建方之间信息沟通的桥梁作用。

①需求分析工作通常分三个阶段。

第一阶段，访谈阶段。这一阶段主要是与用户方的领导层、业务层人员进行访谈式沟通，目的是从宏观了解用户需求方向和趋势，了解现有组织构架、业务流程、软硬件环境及使用情况。在访谈过程中，需要采用一些比较严格的可视化表述手段，比如功能分解图、业务流程图等，通过可视化交流可减少交谈和普通文字表述中的歧义。实现手段有访谈、调查表格；输出成果有调查报告、业务流程报告。

第二阶段，深入阶段。这一阶段建立在访谈阶段工作完成的基础之上，承建方根据以往项目经验以及业务专家建议，和建设方共同探讨业务模型的合理性、准确性和发展方向等问题，得到相对先进的业务模型。此外，通过直接运行用户已有部分应用系统，可获得第一手资料，有助于更准确地把握业务需求，还能了解用户使用习惯和改进需求，作为后续分析与设计的指导。实现手段有拜访、原型演示；输出成果有调研分析报告、原型反馈报告、业务流程报告。

第三阶段，确认阶段。在完成前两阶段的工作后，需要对具体的流程进行细化、对数据进行确认。根据前两个阶段的工作，承建方草拟出需求分析报告，并提供业务需求模型，包括用例模型、用户界面、初步的业务对象模型、活动图等，和建设方进行进一步的讨论，最终确定一份需求分析报告。实现手段有拜访（回顾、确认），提交业务流程报告、数据项表、业务需求模型；输出成果有需求分析报告、数据项、业务流程报告、原型系统反馈意见（后三者可以统一归入需求分析报告中，提交用户方、监理方进行确认和存档）。

需要指出的是，在信息系统建设过程中，常采用迭代法开发模式，需求分析工作需一直进行下去，而在后期的需求改进中，工作基本集中在后两个阶段。

②咨询方在三个阶段的工作，按照内容可以分为两部分：监督和沟通。监督工作包括对需求分析阶段的各种文档的保管监督，对承建方访谈活动的监督，对需求分析报告、业务需求模型的确认等；沟通工作则表现在当建设方和承建方由于知识背景不同而在访谈过程中沟通不顺畅的时候，咨询方应利用自身优势促进双方相互理解。

需求分析阶段，咨询方可参考《计算机软件需求规格说明规范》（GB/T 9385—2008），对需求分析报告进行评审，从报告的清晰性、完整性、依从性、一致性、可行性、可管理性进行分析。

③项目需求规格说明书审核要点包括：文档是否按项目文档编制标准编制；文档中描述的系统需求是否是前后一致、可行、可测试的；软件需求是否全面、准确地覆盖了用户对软件功能、性能、可靠性等方面的要求；根据设计准则，是否把系统的需求恰当地分配给硬件项、软件项和人工操作项；每一条软件需求说明是否都是可实现且可验证的；需求说明中是否考虑了与已有应用系统的接口问题；需求说明中是否考

虑了审批业务的扩展要求；需求说明中是否考虑了故障处理要求，故障处理方法是否合理和合适；需求说明中是否考虑了用户安全保密性方面要求，是否能通过适当的方法表明涉及安全、保密和关键性的软件需求是准确的。

（2）变更管理。

信息化项目本身的特点决定了工程变更是不可避免的，咨询方的变更控制就是评估变更的风险，确保变更的合理性和正确性，从流程及管理上控制变更风险，做到有序变更，并且尽可能快速、顺利地进行变更，实现灵活性需求和稳定性需求之间的平衡，使变更对系统的影响最小。

①变更控制流程。

在实施过程中，咨询单位要对提出的变更要求进行审查；分析项目变更对项目绩效所造成的影响；与所有相关方就变更进行交流、沟通、协调及报审；做好变更内容的实施审核管理。变更控制流程如图8-5所示。

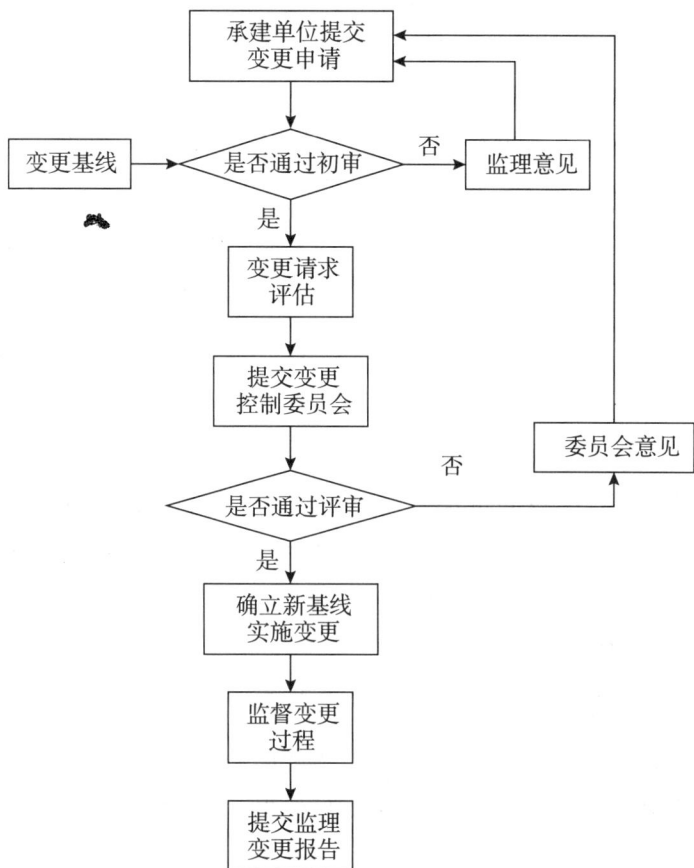

图8-5　变更控制流程

②变更流程关键步骤。

接受变更申请

变更申请单位提出变更要求或建议，须提交书面工程变更建议书。工程变更建议书的内容包括：变更的原因及依据、变更的内容及范围、变更引起的合同总价增加或减少、变更引起的合同工期提前或缩短、为审查所提交的附件及计算资料等。工程变更建议书应在预计可能变更时间之前14天提出，特殊情况下工程变更可不受时间的限制。

变更初审

项目咨询机构应了解实际情况，收集与变更有关的资料，首先明确界定项目变更的目标，再根据收集的变更信息判断变更的合理性和必要性。对于完全无必要的变更，可以驳回申请，并给出专业意见；对于有必要的变更，可进一步进行变更分析。

评价项目变更合理性应考虑的因素如下。

ⅰ.变更是否会影响工作范围、成本、工作质量和时间进度。

ⅱ.是否会对项目准备选用的设备或消耗的材料产生影响，性能是否有保证，投资的变化有多大。

ⅲ.在信息网络系统或信息应用系统的开发设计过程中，变更是否会影响开发系统的适用性和功能，是否影响系统的整体架构设计。

ⅳ.变更是否影响项目的投资回报率和净现值，如果是，那么项目在新的投资回报率和净现值基础上是否可行。

ⅴ.证明项目的变更是合理的、是会产生良性效果的，必要时进行论证。

确认并发布变更

相关方进行协商讨论，根据变更分析结果确定最优变更方案。做出项目变更时，力求在尽可能小的变动幅度内对主要因素进行调整。各方协商一致下达变更通知书，并把变更实施方案告知有关实施部门和实施人员，为变更实施做好准备。

实施、监控变更

变更后的内容作为新的计划和方案纳入正常的工作范围，咨询工程师对变更部分内容要密切注意。项目变更控制是动态的过程，要充分掌握信息，及时发现变更引起超出预期的后果，以便及时控制和处理。

变更效果评估

在变更实施结束后，要对变更效果进行分析和评估。

③变更关键控制点如下。

对变更申请快速响应并及时发布。在项目实施过程中，变更处理越早，损失越小；

变更处理越迟，难度越大，损失也越大。

任何变更都要得到三方确认。任何变更都要得到三方（建设单位、监理单位和承建单位）书面确认，并且要在接到变更通知单之后才能进行。

明确界定项目变更的目标。变更的真实目的是解决问题，如果变更后项目的目标模糊不清，那么在实施过程中就难以确定努力的方向。

防止变更范围的扩大化。对项目变更范围要有明确界定，而且三方对变更范围的理解上没有异议。

三方都有权提出变更，对于建设单位和承建单位提出的需求变更，监理单位需要充分论证和评估，并采取措施以免影响项目进度、投资、质量、安全，选择冲击最小的方案。

加强对变更风险以及变更效果的评估。变更对项目质量、进度、成本都会产生影响，要多方面评估变更的风险，制定详细的变更风险处理措施。

77 对信息化项目进行质量控制的常见手段及方式有哪些？

答： 信息化项目质量控制常见的手段方式包括但不限于评审、测试、旁站和抽查。

（1）评审。

评审的主要目的是本着公正的原则检查项目的当前状态，项目评审一般是在主要的项目里程碑接近完成时进行，比如总体设计、产品设计、编码或测试完成的时候，通过评审可以及时发现重大问题，并给出处理意见。

评审依据如下：

①国家和行业的相关标准、技术规范及其他有关规定；

②有关部门关于信息化建设项目的文件和批示；

③已经确定的本方案的承前性文件；

④咨询工程师搜集的相关信息。

评审的范围如下。

一般来说，信息系统项目需要采用专家评审的内容有以下9个方面：

①建设单位的用户需求和招标方案；

②承建单位的质量控制体系和质量保证计划；

③承建单位的总体技术方案；

④承建单位的项目实施方案；

⑤承建单位的系统集成方案；

⑥承建单位有关应用软件开发的重要过程文档；

⑦项目验收方案；

⑧承建单位的培训方案与计划；

⑨其他需要评审的重要方案。

（2）测试。

信息系统项目的特点决定了测试是信息系统项目质量控制最重要的手段之一，由网络系统、主机系统、应用系统组成的信息系统项目质量水平往往需通过测试才能判定，因此测试结果是判断信息系统项目质量最直接的依据。

在整个质量控制过程中，可能存在承建单位、监理单位、建设单位和公正的第三方对项目进行测试，承建单位的测试目的是保证项目质量和进度，监理单位的测试目的是检查和确认项目质量，建设单位的测试目的是验证系统是否满足业务需求，独立第三方的测试目的是给项目一个客观的质量评价。虽然他们的工作重点不同，但是目的都是更好地控制项目质量。

就监理单位而言，主要进行三个方面的工作。

①监督评审承建单位的测试计划、测试方案、测试实施以及测试结果，具体包括以下内容：

督促承建单位建立项目测试体系，成立独立的测试小组；

督促承建单位制订全过程的测试计划，从项目需求分析阶段开始直到项目结束，要进行不间断的测试，并且随着项目的进展，制定分系统的测试计划和详细的测试方案；

对测试方案和测试计划进行审核，对承建单位选择的测试工具的有效性进行确认；

对测试结果的正确性进行审查；

对测试问题改进过程进行跟踪。

②监理单位对重要环节要亲自进行测试，主要包括以下内容：

现场抽查测试，当现场监理工程师发现质量疑点时，要进行现场抽查测试，比如综合布线阶段，监理工程师除了在隐蔽项目实施过程旁站外，还要通过手持式或台式网络测试仪对布线质量进行抽测，以便分析网络综合布线的效果，可以有效保证网络综合布线的质量；

对于软件开发项目，监理单位要对重要的功能、性能、安全性等进行模拟测试，以判断阶段性开发成果是否满足质量要求，并且以此作为进度控制以及成本控制的依据。

③对委托的第三方测试的结果进行评估。

在重要的里程碑阶段或者验收阶段，一般要委托专业的第三方测试机构对项目进行全面的测试，监理单位的主要工作包括以下内容。

协助建设单位选择权威的第三方测试机构，一般要审查第三方测试机构的资质、测试经验以及承担该项目的测试工程师情况；

对第三方测试机构提交的测试计划进行确认；

协调承建单位、建设单位以及第三方测试机构的工作关系，并为第三方测试机构的工作提供必要帮助；

对测试问题和测试结果进行评估。

测试依据根据不同的测试阶段和测试对象而有所不同，主要包括需求说明书、设计说明书、行业标准、国家标准等。

（3）旁站。

在项目实施现场进行旁站监理工作是监理在信息系统项目质量控制方面的重要手段之一。旁站监理是指监理人员在施工现场对某些关键部位或关键工序实施全过程现场跟班的监督活动。旁站监理在总监理工程师的指导下，由现场监理人员负责具体实施。旁站监理时间可根据施工进度计划事先做好安排，待关键工序实施启动时再做具体安排。旁站的目的在于保证施工过程中项目标准的符合性，尽可能保证施工过程符合国家或行业相关标准。

（4）抽查。

信息系统项目建设过程中的抽查主要针对计算机设备、网络设备、软件产品以及其他外围设备的到货验收检查，并对项目实施过程有可能发生质量问题的环节随时进行检查，如在软件开发过程中，监理工程师可以随时抽查开发文档的编写情况、测试的执行情况、已经完成的代码是否符合基本开发约定等。

78 信息系统安全保护等级分为几级?

答：《信息安全等级保护管理办法》（公通字〔2007〕43号）规定，国家信息安全等级保护坚持自主定级、自主保护的原则。信息系统的安全保护等级应当根据信息系统在国家安全、经济建设、社会生活中的重要程度，信息系统遭到破坏后对国家安全、社会秩序、公共利益以及公民、法人和其他组织的合法权益的危害程度等因素确定。信息系统的安全保护等级分为以下五级。

第一级，信息系统受到破坏后，会对公民、法人和其他组织的合法权益造成损害，但不损害国家安全、社会秩序和公共利益。第一级信息系统运营、使用单位应当依据国家有关管理规范和技术标准进行保护。

第二级，信息系统受到破坏后，会对公民、法人和其他组织的合法权益产生严重损害，或者对社会秩序和公共利益造成损害，但不损害国家安全。国家信息安全监管部门对该级信息系统安全等级保护工作进行指导。

第三级，信息系统受到破坏后，会对社会秩序和公共利益造成严重损害，或者对国家安全造成损害。国家信息安全监管部门对该级信息系统安全等级保护工作进行监督、检查。

第四级，信息系统受到破坏后，会对社会秩序和公共利益造成特别严重损害，或者对国家安全造成严重损害。国家信息安全监管部门对该级信息系统安全等级保护工作进行强制监督、检查。

第五级，信息系统受到破坏后，会对国家安全造成特别严重损害。国家信息安全监管部门对该级信息系统安全等级保护工作进行专门监督、检查。

任何对信息系统的安全性和保密性有高要求的单位，都需要进行等级保护测评，以确保其信息系统的安全等级保护达到国家的要求和标准，如国家政府机关、军队及其有关部门，金融、电信、能源、交通、水利等重要行业单位，国家重点实验室、高等院校，涉及国家秘密、商业秘密、个人隐私等敏感信息的单位，其他需要强化信息系统安全等级保护的单位，如医院、法院、检察院等单位。

79 安全等级保护测评和软件测评有什么区别，哪些项目需要软件测评？

答：安全等级保护测评和软件测评的区别有以下几点。

（1）目的不同。安全等级保护测评的目的是通过对目标系统在安全技术及管理方面的测评，对目标系统的安全技术状态及安全管理状况做出初步判断，给出目标系统在安全技术及安全管理方面与其相应安全等级保护要求之间的差距，以进一步完善系统安全策略及安全技术防护措施；软件测评的直接目的是测试人员根据需求，使用测试工具和使用测试技术，来验证软件产品是否满足所有需求。

（2）范围不同。安全等级保护测评的测评范围包括安全物理环境、安全通信网络、安全区域边界、安全计算环境、安全管理中心、安全管理制度、安全管理机构、安全管理人员、安全建设管理、安全运维管理等方面；而软件测评仅针对软件系统本身，不涉及其他方面。

（3）重点不同。安全等级保护测评的测评重点在于整个信息系统的网络安全；软件测评着重于软件本身的功能及质量。

（4）责任不同。《中华人民共和国网络安全法》第二十一条规定，"国家实行网络安全等级保护制度。网络运营者应当按照网络安全等级保护制度的要求，履行下列安全保护义务，保障网络免受干扰、破坏或者未经授权的访问，防止网络数据泄露或者被窃取、篡改：（一）制定内部安全管理制度和操作规程，确定网络安全负责人，落实网络安全保护责任；（二）采取防范计算机病毒和网络攻击、网络侵入等危害网络安全行为的技术措施；（三）采取监测、记录网络运行状态、网络安全事件的技术措施，并按照规定留存相关的网络日志不少于六个月；（四）采取数据分类、重要数据备份和加密等措施；（五）法律、行政法规规定的其他义务。"第五十九条规定，"网络运营者不履行本法第二十一条、第二十五条规定的网络安全保护义务的，由有关主管部门责令改正，给予警告；拒不改正或者导致危害网络安全等后果的，处一万元以上十万元以下罚款，对直接负责的主管人员处五千元以上五万元以下罚款。"

软件测评暂无法律法规强制要求，一般情况下建设单位可以根据自身需求及项目特点委托具有相应资质的第三方软件测评机构开展软件测评，部分地区对于涉及软件开发的电子政务信息化项目根据当地政策要求亦需要开展软件测评。

80 信息化项目承建资料目录、监理资料目录有何要求？

答： 根据《电子政务工程造价指导书》并结合项目实际验收需要，信息化项目承建资料目录、信息化项目监理资料目录参考表8-11、表8-12。

（1）承建资料目录。

表8-11　　　　　　　　信息化项目承建资料目录

序号	阶段名	资料名
1		中标通知书
2		承建合同
3		工程开工报审表
4		承建资格报审表（附公司资质、人员资质）
5	开工阶段	施工组织设计（专项）方案报审表（附施工组织设计方案、专项施工方案）
6		施工进度计划报审表（附施工整体进度计划、软件开发进度计划）
7		安全生产报审表（附安全生产措施及承诺）
8		施工安全技术交底

续表

序号	阶段名	资料名
9	实施阶段	工程材料／设备／仪器／仪表报审表（工程材料／设备／仪器／仪表清单）
10		设备开箱验收记录单
11		设备加电测试记录表
12		隐蔽工程报验申请表（附隐蔽工程随工验收单）
13		需求调研确认表
14		需求规格说明书报审表（附需求规格说明书）
15		概要设计说明书报审表（附概要设计说明书）
16		详细设计说明书报审表（附详细设计说明书）
17		数据库设计说明书报审表（附数据库设计说明书）
18		测试计划
19		测试用例
20		功能测试报告
21		性能测试报告
22		安全性测试报告
23		培训计划
24		培训记录
25		用户操作手册
26		系统安装手册
27		系统维护手册
28	验收阶段	初步验收申请表
29		初步验收报告
30		试运行申请
31		试运行报告
32		停（复）工报告
33		重大工程质量事故报告单
34		用户使用意见

续表

序号	阶段名	资料名
35	验收阶段	项目竣工报验单
36		竣工图纸
37		服务承诺函
38		项目建设总结报告
39		项目竣工验收报告
40	其他	付款通知书、工程款支付申请表
41		工程变更单
42		工程联系单
43		建设周报

（2）监理资料目录。

表8-12　　　　　　　　信息化项目监理资料目录

序号	阶段名	资料名
1	开工阶段	中标通知书
2		监理合同
3		监理单位资质证书
4		监理人员资格证书
5		监理规划
6		监理实施细则
7		监理进度控制计划
8		工程开工令
9		工程开工报审表
10		承建资格报审表（附公司资质、人员资质）
11		施工单位资质及人员资格审核意见表
12		施工组织设计（专项）方案报审表（附施工组织设计方案、专项施工方案）
13		施工组织方案审核意见表
14		施工进度计划报审表（附施工整体进度计划、软件开发进度计划）

续表

序号	阶段名	资料名
15	开工阶段	安全生产报审表（附安全生产措施及承诺）
16		施工安全技术交底
17		工程开工条件检查表
18		监理安全通知书
19		安全技术交底检查记录
20		参建人员汇总表
21	实施阶段	工程材料/设备/仪器/仪表报审表（附工程材料/设备/仪器/仪表清单）
22		设备开箱验收记录单
23		设备加电测试记录表
24		隐蔽工程报验申请表（附隐蔽工程随工验收单）
25		需求调研确认表
26		需求规格说明书审核意见表、需求规格说明书报审表
27		概要设计说明书审核意见表、概要设计说明书报审表
28		详细设计说明书审核意见表、详细设计说明书报审表
29		数据库设计说明书审核意见表、数据库设计说明书报审表
30		施工工艺检查记录表
31		软件编码检查表
32		软件开发过程检查表
33		监理周报
34	验收阶段	初步验收申请表
35		初步验收报告
36		试运行申请
37		试运行报告
38		停（复）工报告
39		重大工程质量事故报告单
40		用户使用意见

续表

序号	阶段名	资料名
41	验收阶段	项目竣工报验单
42		验收监理报告
43		监理总结
44		项目竣工验收报告
45	其他	付款通知书、工程款支付申请表
46		工程变更单
47		工程联系单

第九章　数据中心项目

81 数据中心内涵、分类及项目特点是什么？

答：（1）数据中心（Internet Data Center）简称IDC，是一个专门为大量数据处理和存储而建立的计算机网络的基础设施，是组成整个国家信息基础设施和企业IT系统的重要组成部分，通常包含计算机服务器、存储系统、网络设备、冷却系统等。

（2）根据《数据中心设计规范》（GB 50174—2017），数据中心按照内部构造划分包括主机房、辅助区、支持区和行政管理区等。主机房是安装和运行数据设备的建筑空间，机房内放置大量网络交换机、服务器群等，其特点是设备24小时不间断运行，电源和空调不允许中断，对机房的洁净度、温湿度要求较高；辅助区是安装、调试、维护、运行、监控和管理电子信息设备和软件的场所，包括进线间、测试机房、总控中心、消防和安防控制室、拆包区、备件库、打印室、维修室等区域；支持区是为主机房、辅助区提供动力支持和安全保障的区域，包括变配电室、柴油发电机房、电池室、空调机房、动力站房、不间断电源系统用房、消防设施用房等；行政管理区是用于日常行政管理及客户对托管设备进行管理的场所，包括办公室、门厅、值班室、盥洗室、更衣间和用户工作室等。

按照算力类型划分，数据中心又分为通用算力数据中心、超算数据中心、智算数据中心和边缘数据中心。通用算力数据中心服务于各行业的数字化转型，如互联网、通信、金融、工业、政府等领域；超算数据中心应用于国家重大科研领域，如生物信息建模、气象研究；智算数据中心应用于人工智能，支撑智慧城市、智能制造、智能家居以及智能医疗等行业的智慧化转型；边缘数据中心应用于智能终端、物联网、工业互联网如智能汽车、视频监控、移动设备、传感设备等。

（3）数据中心建设具有以下特点：市场对计算、存储能力需求大；安全可靠性能要求高；可扩展性需求高；空调负荷大，对环境的温湿度要求高；供电负荷大、稳定性要求高；防静电要求高。

上述特点决定了数据中心项目建设具备投资规模大、能耗指标紧、技术演进快、交叉施工多、测试认证严等显著特点，因此对项目规划、建设、实施、运营提出较高要求。

82 数据中心典型应用场景及投资方痛难点有哪些？

答：国家提出数字强国战略，推动传统行业转型升级，催生数据中心建设需求，综合数据中心重资产、长周期、专业化的建设属性，数据中心包括但不限于以下典型应用场景。

（1）政府政务类。随着政务信息化的发展，各地都在大力建设政务信息化系统，包括智慧城市、智慧交通、智慧市政等业务系统，为民众提供快捷、方便的信息和政务服务能力。对政府政务客户的数据中心现状及未来需求进行分析，可将投资方痛难点归纳为以下几点。

①现有政务数据中心扩容困难、弹性有限，易造成宕机等故障，急需大型新政务数据中心。政府政务机房建设时期跨度大，目前大多是分散的老旧小型机房，设备升级扩容困难，难以承载越来越多的数字政务需求。例如，近几年由于疫情原因暴发的多地健康码系统宕机、无法使用的问题，暴露了政务信息化系统的底层架构还不够完善，政务数据中心还需要进一步改进和提高服务能力。

②省级/市级大型政务数据中心成为发展趋势，但政府缺乏大型机房建设经验。以往政务机房大多分散于各委办局各自的机房内，造成IT系统的烟囱林立、数据无法打通，同时也存在大量重复建设或者建设后闲置的问题。随着政务信息化系统建设的进一步升级，在省一级政府和市一级政府层面建设应用于全省和全市的统一的数据中心机房需求也越来越迫切。但从以往项目经验来看，政府往往只有小型机房的建设经验，大型机房大多交给运营商机房托管和运维，对于大型数据中心的建设经验不足。

③政府政务数据中心标准要求高，需要优质专业咨询企业提供服务。政府政务数据中心对属地可控、安全可靠要求较高，具有安全属地化接入、政务内部专网及外部便民服务互联网需求；注重IDC机房运维便捷性和外观形象，一般以上级政府认证机房为主（如绿色5A、发改委等挂牌指定）。为保证数据中心建设质量、进度和投资控制效果，在开展新的政务数据中心机房建设中急需专业的咨询公司参与协助规划和建设。

（2）金融企业类。金融类企业包括证券公司、银行、保险公司等细分客户，对其数据中心现状及需求进行分析，可将投资方痛难点归纳为以下几点。

①金融企业以往以自建的小型机房或租用运营商机房为主，此类数据中心存在各专业预留条件考虑不充足、建设周期长等问题。近年来为了数据统一分析处理和灾备的需求，各金融企业总部、省行都有统筹建设大型数据中心机房或园区的需求，但其在大型、专业数据中心机房的规划、建设、实施、运维方面经验较少，亟须有专业的规划设计、建设服务团队提供支撑。

②金融行业核心业务须依托IT系统支撑，整体信息化程度高，以灾备场景为主，在稳定性、可用性、实时性、数据安全性和业务连续性方面要求严格；对机房等级要求较高，一般要求国标A级，安全等保三级以上，同时对网络安全和线路灾备要求较高；同时金融行业受到监管较严格，对数据中心标准要求高，急需经验丰富实力较强的专业咨询企业提供服务。

83 相较单一咨询，数据中心项目引入全过程工程咨询服务具备什么优势？

答： 数据中心项目涉及较多专业咨询服务，其中决策综合性咨询包含项目建议书、可行性研究报告、投资估算、选址论证、环境影响评价、社会稳定风险评估、交通评估、节能评估等；工程建设全过程咨询包含工程勘察设计咨询、招标代理咨询、工程监理、造价咨询等；项目运营维护咨询包含项目后评价、绩效评价、招商策划、销售策划、设施管理、资产管理等；专项咨询包含BIM咨询、融资咨询、风险管理咨询、绿色建筑咨询、工程保险咨询等。

相比单一专业咨询服务，数据中心项目引入全过程工程咨询服务优势主要体现在以下六个方面。

（1）消除传统单一咨询带来的混乱。

①单一咨询模式各自利益诉求不同，目标不统一，管理协调上花费精力大。

②单一咨询模式空白地带与重复情况并存，相互推诿，难以区分责任。

③单一咨询模式缺乏通盘考虑，问题（损失）暴露后难以弥补。

（2）消除临时组建项目管理机构的弊端。

①若业主存在临时组建项目管理团队的情况，新人做新项目、管理体系不健全，项目结束临时组建项目管理团队人员分流困难。

②临时组建人员专业化程度相对不高，难以满足多专业交叉推进需要，易造成管

理效率低、造价虚增、工期延长、安全风险大等诸多弊病。

（3）消除业主方身陷多边博弈的困境。

①单一咨询模式分别签订合同，形成项目多边博弈格局，易发生合同纠纷。

②全过程工程咨询服务模式下，业主可专注项目定位、功能需求分析、投融资安排、项目建设重要节点计划、运营目标等核心工作。

（4）转移项目建设管理风险。

①投资人、项目业主同时面临建设任务、内外部审计，疲于应付，引入全过程工程咨询服务是重要的风险管理手段，合理转移项目风险。

②全过程工程咨询服务模式通过优化风险转移策略，提升项目建设的管理水平。

③全过程工程咨询服务模式发挥专业能力和优势，提升建设效率和项目品质。

（5）完善并保全项目信息资产。

①单一咨询模式产生信息"孤岛"问题，无法形成完整的信息链，易断裂或缺失。

②全过程工程咨询服务模式信息流成为核心线索，不断延伸、补充、丰富项目信息流，最终形成完整信息资产。

（6）缩短建设周期、降低责任风险。

①单一咨询模式人为切分，各参与方诉求与责任分裂，投资管控失效。

②单一咨询模式分别招标采购拉长建设周期，降低效率。

③单一咨询模式多方介入，反而增加协调和管理责任风险。

84 全过程工程咨询解决数据中心建设哪些重难点问题？

答：建设数据中心的目的是提供安全、高效、可靠的计算和存储服务，支持大量的数据处理和应用程序，这决定了数据中心基础设施的规划、建设与运营以机电工程为主、土建工程为辅。

数据中心项目参建方众多，涉及不同专业大量交叉施工，项目管理与协调难度大，既要减少工作界面重复，也要避免工作内容缺口，通过引入全过程工程咨询服务，可以解决以下建设重难点问题。

（1）项目策划环节：是影响项目实施的关键环节，前期重点策划数据中心园区建设五个阶段（规划决策、勘察设计、招标采购、工程施工、竣工验收）的关键工序，聚焦四个主线（报批报建、招采计划、设计计划、建造计划），将有利于项目的全面覆盖、全过程核心管控。

（2）全过程管理：为项目前期决策、实施全过程以及项目收尾提供全面专业咨询服务，对项目全生命周期的进度、成本、质量、安全发挥整体而系统的控制作用。

（3）工程设计环节：统筹组织方案设想、可研、设计等工作，有利于满足投资人、项目业主的业务需求，减少设计变更，降低项目风险。

（4）招标采购环节：可以对项目参建方包括项目管理团队、设计单位、工程监理、造价顾问、总承包商、分包商及供应商等权责进行清晰界定，并对相互间可能出现的工作交叉进行重点描述，在合同中予以约定并在项目管理过程中严格执行。

（5）投资管控环节：可进一步统筹项目预算编制、成本控制、合同管理、过程跟踪、项目结算等工作，提升项目的经济可行性。

85 全过程工程咨询服务的常见模式有哪些，数据中心采用哪种模式？

答： 考虑全过程工程咨询的服务模式分类，通常有两种方式进行划分，一种是从项目的全生命周期出发，即从时间维度进行划分；另一种是从投资方委托咨询服务的范围和深度来划分。

（1）从全生命周期的时间维度来看，全过程工程咨询可分为三类：投资决策综合性咨询、工程建设全过程咨询、项目运营维护咨询。其中决策综合性咨询包含项目建议书、可行性研究报告、投资估算、选址论证、环境影响评价、社会稳定风险评估、交通评估、节能评估等；工程建设全过程咨询包含工程勘察设计咨询、招标代理咨询、工程监理、造价咨询等；项目运营维护咨询包含项目后评价、绩效评价、招商策划、销售策划、设施管理、资产管理等。

（2）从咨询服务范围和深度，我国咨询目前大致采用三种咨询服务模式。

①顾问型模式：咨询顾问团队受业主委托，按合同约定为工程项目的组织、实施提供全过程或若干阶段的顾问式咨询服务，其只承担项目咨询顾问工作，不直接参与项目的实施管理。

②全过程工程咨询管理性模式：全过程工程咨询公司接受业主委托，按合同约定代表业主对工程项目的组织实施进行全过程工程咨询服务活动，其特点是团队不仅仅是顾问性工作，同时还代业主直接参与项目管理。

③全过程工程咨询一体化协同管理模式：全过程工程咨询企业与业主共同组成项目管理团队，即"咨询公司+业主"的一体化协同管理模式，对项目的组织实施进行全过程或若干阶段的管理和咨询服务。

（3）目前主流的全过程工程咨询多采用"1+N"或"1+N+X"模式，"1"是指全过程项目管理，"N"包括但不限于投资决策综合性咨询、勘察、设计、招标采购、造价咨询、工程监理、运营维护咨询以及BIM咨询等专业咨询，"X"指不自行实施但应协调管理的专项服务。在数据中心基础设施项目中，常见的全过程工程咨询服务组合如表9-1所示。

表9-1 常见的全过程工程咨询服务组合

"1"全过程工程项目管理	"N"全过程各专业咨询	"X"全过程工程咨询协调服务
全过程项目策划、计划统筹、报建报批、勘察管理、设计管理、合同管理、投资管理、招标采购管理、现场实施管理、参建单位管理、验收管理等工作	投资咨询、工程勘察、工程设计、招标采购、造价咨询、工程监理、BIM咨询等	全过程工程咨询单位需协调的服务项目（如节能评估、环境影响评价、运维运营维护咨询等）

具体服务内容、服务模式由业主根据项目需求进行委托并在合同中予以约定。

86 数据中心规划咨询服务有哪些类型？

答： 目前数据中心规划咨询服务大致分为三类：数据中心产业/业务规划咨询服务、数据中心可研立项咨询、数据中心资源布局规划咨询服务三大模块，详情如下。

（1）数据中心产业/业务规划咨询服务：主要是围绕全国或重点区域发展定位、资源布局、产品建设、运营推广及节能管控等诉求，借助调研、对标和桌面研究，形成业务整体规划和重点区域专题，支撑企业未来三年或五年IDC业务战略决策。如图9-1所示。

（2）数据中心可研立项咨询服务：基于项目立项需求，结合面向政府申请、典型跨界IDC投资商、特定新兴行业等特征，进行差异化要素分析，形成可行性研究报告，为客户数据中心项目立项建设与否提供专业咨询建议。数据中心可行性研究报告案例如图9-2所示。

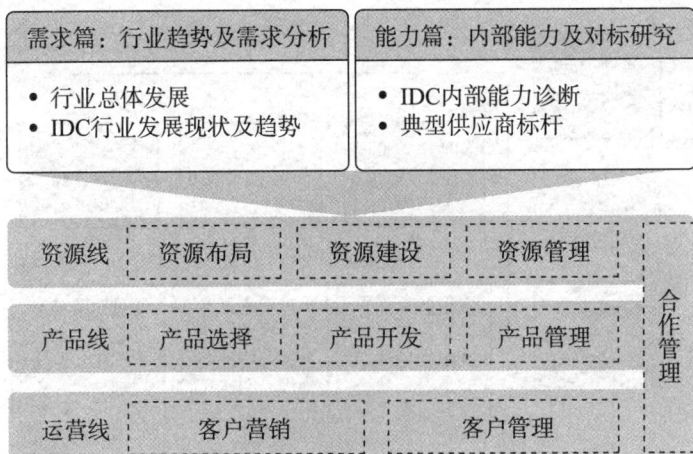

图9-1 数据中心产业/业务规划咨询服务案例

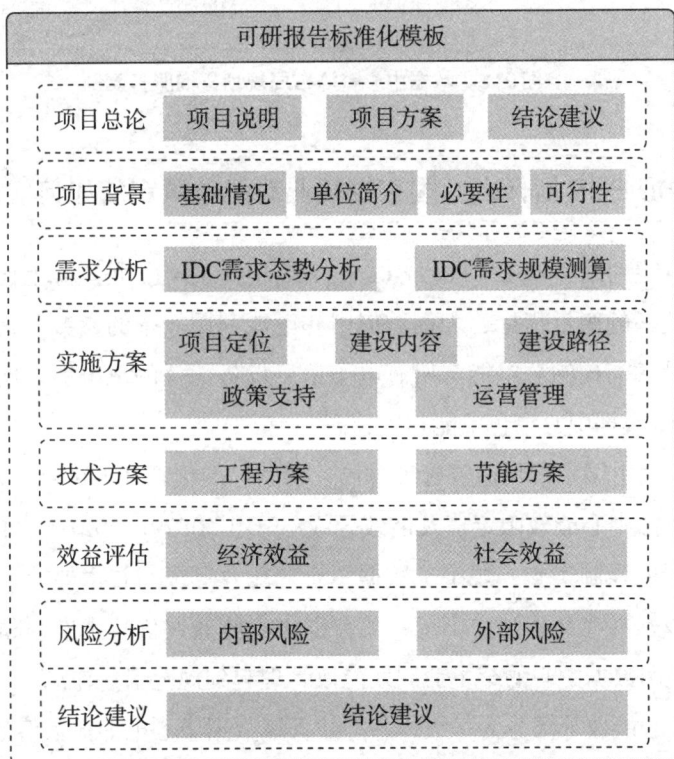

图9-2 数据中心可行性研究报告案例

（3）数据中心资源布局规划咨询服务：以供需为主线，兼顾考虑环境、竞争、建设模式，精准预测某区域数据中心发展空间；以园区为单位，指导企业布局建设。如图9-3所示。

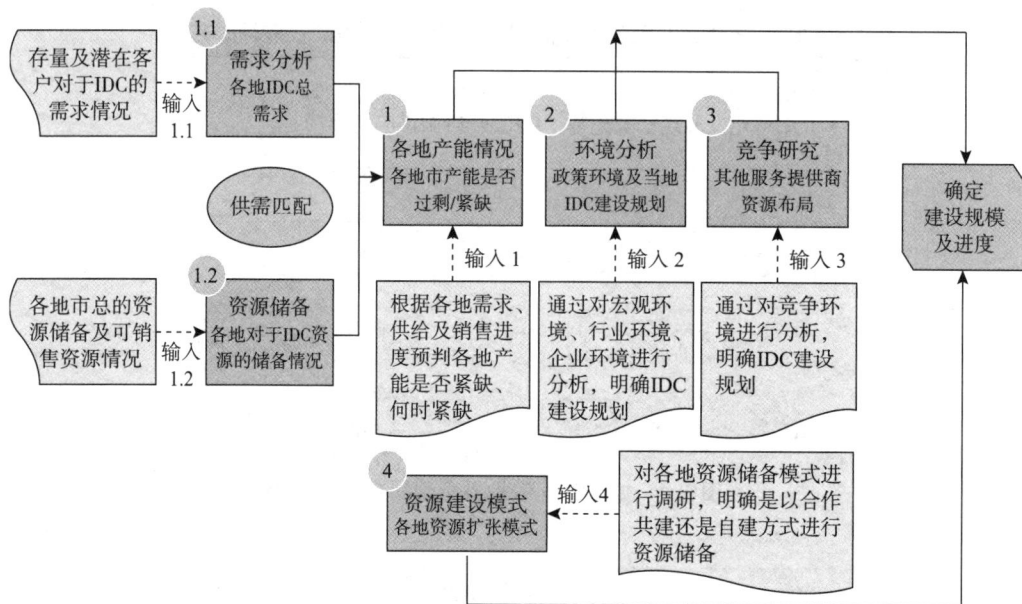

图9-3 数据中心资源布局规划咨询服务案例

87 数据中心PUE指什么？国家或行业对能效限定值如何规定？

答：（1）电能利用率PUE（Power Usage Effectiveness），是国际上比较通行的数据中心电力使用效率的衡量指标，表征数据中心电能利用效率的参数，其数值为数据中心内所有用电设备消耗的总电能与所有电子信息设备消耗的总电能之比。PUE值越接近于1，表示一个数据中心绿色节能程度越高。

（2）国家层面由国家市场监督管理总局、国家标准化管理委员会于2021年10月11日批准发布《数据中心能效限定值及能效等级》（GB 40879—2021），自2022年11月1日起在全国范围内强制实施，规定了数据中心的能效等级与技术要求、统计范围测试与计算方法。该标准在全国建立了统一的数据中心能效评价技术准则和分析方法，为建设、运维、使用数据中心的全生命周期能效管理起到规范引领作用。

（3）数据中心能效等级分为三级，各能效等级数据中心电能比数值如表9-2所示。

表9-2 数据中心能效等级和电能比数值对照

指标	能效等级		
	1级	2级	3级
数据中心电能比	1.20	1.30	1.50

2020年12月，国家发展改革委、中央网信办、工业和信息化部、国家能源局联合发布《关于加快构建全国一体化大数据中心协同创新体系的指导意见》（发改高技〔2020〕1922号），意见中指出"到2025年，全国范围内数据中心形成布局合理、绿色集约的基础设施一体化格局。东西部数据中心实现结构性平衡，大型、超大型数据中心运行电能利用效率降到1.3以下"。

2021年12月，《国家发展改革委等部门关于印发〈贯彻落实碳达峰碳中和目标要求 推动数据中心和5G等新型基础设施绿色高质量发展实施方案〉的通知》出台。到2025年，数据中心和5G基本形成绿色集约的一体化运行格局。数据中心运行电能利用效率和可再生能源利用率明显提升，全国新建大型、超大型数据中心平均电能利用效率降到1.3以下，国家枢纽节点进一步降到1.25以下，绿色低碳等级达到4A级以上。

【案例】$PUE=$数据中心总能耗/IT设备能耗＝（制冷用电负荷＋供配电能耗＋IT设备能耗）/IT设备能耗，$PUE=(M_1+M_2-M_4)/M_3$，如图9-4所示。

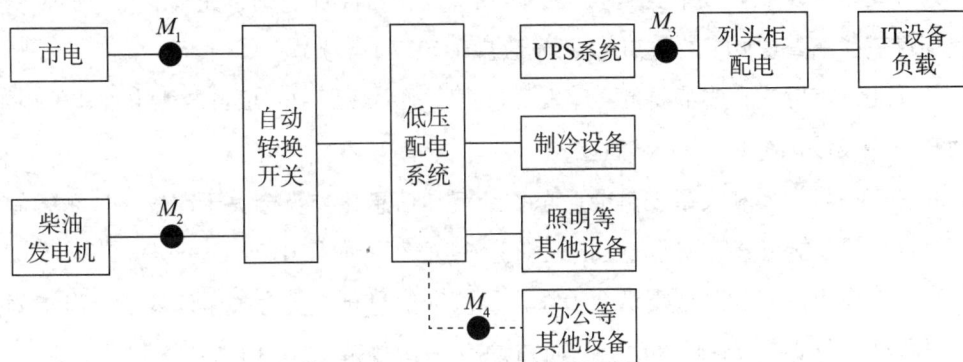

图9-4 PUE计算演示

【分析】PUE受室外环境温湿度、室内运行工况、IT负载率、气流组织、系统冗余度等影响，所以PUE不能作为数据中心基础设施唯一度量标准，应同时注意到网络/IT设备节能特性的优劣是决定机房能否节能的基础，提升空调及供配电系统效率是优化数据中心PUE的核心途径。

88 哪类数据中心需进行节能审查？何时取得节能审查意见？

答：（1）数据中心作为能耗大户，节能审查是建设的重要前置条件之一，与环境影响评价及土地、规划等审查同等重要。

我国在2010年从国家层面正式确立了固定资产投资项目节能审查制度，2010年11月1日起，《固定资产投资项目节能评估和审查暂行办法》开始施行。从2017年1月1日开始，《固定资产投资项目节能审查办法》取代前述暂行办法开始施行，2023年3月17日，新的《固定资产投资项目节能审查办法》经国家发展改革委第一次委务会议审议通过，自2023年6月1日起施行。

（2）相关法律法规依据。

①《中华人民共和国节约能源法》。

②国务院《公共机构节能条例》。

③国家发展改革委《节能监察办法》。

④国家发展改革委《固定资产投资项目节能审查办法》（国家发展和改革委员会令2023年第2号）。

⑤《国家发展改革委关于印发〈不单独进行节能审查的行业目录〉的通知》(发改环资规〔2017〕1975号）。

⑥《北京市发展和改革委员会关于印发〈优化营商环境调整完善北京市固定资产投资项目节能审查意见〉的通知》（京发改规〔2017〕4号）。

⑦《北京市发展和改革委员会印发〈进一步加强数据中心项目节能审查若干规定〉的通知》(京发改规〔2023〕10号）。

⑧《广东省发展和改革委员会广东省经济和信息化委员会关于印发〈广东省固定资产投资项目节能审查实施办法〉的通知》（粤发改资环〔2018〕268号）。

⑨《上海市发展和改革委员会上海市经济和信息化委员会关于印发〈上海市固定资产投资项目节能验收管理办法〉的通知》（沪发改规范〔2023〕7号）。

⑩《深圳市发展和改革委员会关于数据中心节能审查有关事项的通知》（深发改〔2019〕414号）。

（3）节能审查的范围及豁免。

根据节能审查办法，年综合能源消费量不满1000吨标准煤，且年电力消费量不满500万千瓦时的固定资产投资项目，用能工艺简单、节能潜力小的行业（具体行业目录由发改委制定并公布），以及涉及国家秘密的项目，可在项目可行性研究报告或申请报告中对项目能源利用情况、节能措施情况和能效水平进行分析，不再单独进行节能审查，其他固定资产投资项目均应在开工建设前取得节能审查机关出具的节能审查意见。

《不单独进行节能审查的行业目录》中明确注明了"不含数据中心"，因此数据中心项目的建设（符合豁免条件的除外）应取得节能审查意见。

作为节能审查办法的基本原则，不单独进行节能审查的项目并非不受节能监管。不单独进行节能审查的项目仍应在项目可行性研究报告或项目申请报告中对项目能源利用、节能措施和能效水平等进行分析，并且不单独进行节能审查的项目应通过投资项目在线审批监管平台报送项目能源消费等情况。

（4）取得节能审查意见的时机。

根据《固定资产投资项目节能审查办法》及国家发改委印发的《不单独进行节能审查的行业目录》，除了符合豁免条件的固定资产投资项目外，其他政府投资项目应当在报送项目可行性研究报告前，企业投资项目应当在开工建设前取得节能审查机关出具的节能审查意见，未按规定进行节能审查，或节能审查未通过的项目，建设单位不得开工建设，已经建成的不得投入生产、使用。

89 节能审查流程、节能报告及节能审查的内容有何约定？

答：（1）节能审查流程。

①建设单位须编制并提交固定资产投资项目节能报告。

②节能审查机关受理后，委托有关机构进行评审，形成评审意见。

③节能审查机关对项目节能报告进行审查，出具节能审查意见，其中评审意见是重要依据。

目前，节能审查实行网上受理、办理、监管和服务，实现审查过程和结果的可查询、可监督。

（2）节能报告的内容。

根据节能审查办法，固定资产投资项目节能报告应包含下述内容。

①项目概况。

②分析评价依据。

③项目建设及运营方案节能分析和比选，包括总平面布置、生产工艺、用能工艺、用能设备和能源计量器具等方面。

④节能措施及其技术、经济论证。

⑤项目能效水平、能源消费情况，包括单位产品能耗、单位产品化石能源消耗、单位增加值（产值）能耗、单位增加值（产值）化石能源消耗、能源消费量、能源消费结构、化石能源消费量、可再生能源消费量和供给保障情况、原料用能消费量；有

关数据与国家、地方、行业标准及国际、国内行业水平的全面比较。

⑥项目实施对所在地完成节能目标任务的影响分析。

具备碳排放统计核算条件的项目，应在节能报告中核算碳排放量、碳排放强度指标，提出降碳措施，分析项目碳排放情况对所在地完成降碳目标任务的影响。

（3）节能审查的内容。

节能审查机关应当从以下方面对项目节能报告进行审查。

①项目是否符合节能有关法律法规、标准规范、政策要求。

②项目用能分析是否客观准确，方法是否科学，结论是否准确。

③项目节能措施是否合理可行。

④项目的能效水平、能源消费等相关数据核算是否准确，是否满足本地区节能工作管理要求。

90 节能审查时限、节能验收及审查机关有哪些？

答：（1）节能审查时效限制：根据节能审查办法，节能审查意见自印发之日起两年内有效，逾期未开工建设或建成时间超过节能报告中预计建成时间2年以上的项目应重新进行节能审查。

需要注意的是，在实际操作中往往存在建设项目已经动工建设，但是未能在节能审查意见印发之日起两年内完成竣工验收，该等项目的合规性需结合当地具体节能验收及产业政策进行分析。比如，根据《上海市互联网数据中心建设导则（2021版）》，新建数据中心项目在项目获批后，报建主体应尽快动工建设，并确保两年内投入运行。《上海市经济信息化委市发展改革委关于推进本市数据中心健康有序发展的实施意见》进一步明确未投入运行的后果，报建主体应尽快完成项目节能审查申报和开工建设准备，并在两年内投产运行，否则将视情况收回对项目的用能支持。

（2）节能验收：根据节能审查办法，固定资产投资项目投入生产、使用前，应对其节能审查意见落实情况进行验收。

（3）节能审查及验收部门：节能审查机关通常为当地发展和改革主管部门，各地具体操作略有不同。

①就北京而言，根据北京市发展和改革委员会《关于优化营商环境调整完善北京市固定资产投资项目节能审查的意见》，北京主要节能审查机关为北京市发展改革委及各区发展改革部。

②就上海而言，根据《上海市固定资产投资项目节能审查实施办法》，上海主要的节能审查部门为上海市发展改革委、上海市经济信息化委和由市政府确定的机构（各区管委会）以及区级政府投资主管部门。

③如广东省而言，节能审查机关除了发改部门外，还包括工信部门，两部门分别审查不同类型的项目，由工信部门对口办理工业、信息化领域技术改造投资项目的节能审查，而发改部门则负责其他投资项目的节能审查，新建的数据中心项目一般是由省发改部门进行节能审查的。

因此，在投资和运营数据中心项目的过程中，须根据该项目的年综合能源消费量，结合当地政策，确定节能审查机关。

91 数据中心项目建设内容包括哪些？

答：新建数据中心通常包括土建及机电两部分，其各自涵盖专业工程建设内容如下。

（1）机房土建（见表9-3）。

表9-3　　　　　　　　　　数据中心土建工程建设内容清单

专业工程		主要内容
建筑及结构工程（地上/地下）	建筑及结构工程（不含地下室）	地上主体结构（含外围护结构、内隔墙、防水、屋面工程等）、防火门及卷帘门、抹灰、防水等，含基础承台和土方、降水排水措施
	地下室工程	地下主体结构（地下室、泵房、水池等）、抹灰、防水等
基坑支护、护坡		基坑支护、护坡、基坑周边排水
桩基工程		桩基础
外立面装饰工程		外立面装饰、外墙保温、外门外窗、雨篷等
室内装饰工程（不含机房地面装饰）		墙、顶、地饰面工程及室内装饰门窗，隔断、防火封堵等，当机房采用水磨石工艺地面时，宜在本阶段实施
建筑给排水工程		给水系统、排水系统、雨水系统（管道、阀门、支吊架等）
水消防系统		水灭火系统、水喷雾系统（喷头、管道、阀门、仪表、消火栓、水泵、罐、水箱、灭火器、支吊架等）
气体消防系统		有管网式和无管网气体灭火系统（喷头、管道、阀门、仪表、钢瓶、药剂、泄压口、支吊架等）

续表

专业工程	主要内容
火灾自动报警系统	火灾报警及消防联动系统（探测器、模块、层显、扬声器、声光报警器、手报按钮、消防电话、消防控制主机、控制盘、配管配线等），以及电气火灾报警系统等
通风、防排烟系统	通风、防排烟系统（风机、风管、风阀、风口、支吊架等）
建筑电气工程	除机房装修电气照明以外的照明灯具和开关插座、土建内容中的动力配电、防雷接地、配电管线、桥架、配电箱（含机房内预留配电箱及进线）等
舒适性空调	门厅、监控室、值班室等服务用房所设置的分体空调或多联机空调系统（含配管、风管、风阀、风口、支吊架等）
采暖工程	采暖工程（散热器、管道、阀门、管线、支吊架等）
空调主管道工程	楼层公共区域的横向主干管及竖向管井内主立管、管道支吊架、抗震支吊架、管道刷油保温、阀门等
电梯工程	和电梯相关的导轨、门系统、轿厢、悬挂装置等设备系统及安装等
建筑智能化	弱电埋管或综合布线、信息网络系统、安防系统等

（2）机电工程（见表9-4）。

表9-4　　　　　　　　数据中心机电工程建设内容清单

专业工程	主要内容
外市电引入工程	包括外市电引入线路线缆和管道等
高低压变配电工程	变压器、高低压柜、中压切换柜、母线、电缆、桥架、综合继保系统等
柴油发电机组工程	发电机组和相关配电设备、进排风和降噪、供油系统及相关配套电缆桥架等
空调主机系统（含配电、群控）工程	冷水机组、冷却塔、蓄冷罐、板式换热器、水泵及群控系统，以及配电相关的管线、阀门和箱体设备等
机房空调末端工程（含配电）	机房末端空调设备、加除湿设备及配电、分支管及相应阀门、新风系统等
不间断电源系统工程	不间断电源设备和蓄电池组(IT设备、末端空调、冷冻水泵等用)、相关配电设备、机房防雷接地系统及相关配套电缆等
机柜配套工程	机柜、列头柜、桥架、尾纤槽、冷池（热池），以及机柜电源线、接地线等

续表

专业工程		主要内容
动力环境监控系统工程		动环系统、DCIM 系统、设备监控、环境监测、门禁监控、视频监控、能耗监测、极早期烟雾报警等
机房装修工程	机房装饰	机房地面装饰、墙顶面、防火堵洞等（根据需要实施）
	机房电气照明等	从配电箱出线端后的配管配线、走线架、照明灯具、开关插座等

上述建设内容范围不包含服务器、网络设备、存储设备、数据处理设备等。

92 常见工程总承包方式的特点及适用场景有哪些？

答：（1）常见的工程总承包方式包括EPC（设计＋采购＋施工）和PC（采购＋施工）两种。

（2）EPC总承包模式特点分析及适用条件如表9-5所示。

表9-5　　　　　　　　　　　EPC总承包模式特点分析及适用条件

角色	优点	缺点
业主	1）可以较好地将工艺设计与设备采购及安装紧密结合，有利于项目综合效益提升； 2）业主的投资成本在早期即可得到保证； 3）工期固定且工期短； 4）承包商是向业主负责的唯一责任方，责任明确，减少了争端和索赔； 5）管理简便，缩短了沟通渠道； 6）业主风险较小	1）采用固定总价时合同价格高； 2）对承包商的依赖度高； 3）对设计控制强度减弱； 4）评标难度大； 5）有实力的EPC承包商较少，竞争减弱； 6）设计和施工都由一家单位完成，缺乏参建各方的制衡
承包商	1）固定总价模式下可借助技术和管理获得较高的利润； 2）压缩成本，缩短工期的空间大； 3）能充分发挥设计在建设工程中的主导作用，有利于整体方案优化； 4）有利于提高承包商的设计、采购、施工的综合能力	1）固定总价模式下承包商承担了绝大部分风险； 2）对承包商的技术、管理、经验的要求很高； 3）索赔难度大； 4）投标成本高； 5）承包商需要直接控制和协调的对象增多，对项目管理水平要求高

续表

适用条件	建设内容明确、技术方案成熟的项目，适宜采用EPC工程总承包。采用该模式建设的项目都有投资规模大、建设内容明确、技术方案成熟、管理难度大等特点。在这类工程中，设备和材料占总投资比例高，采购过程中很多设备需要根据项目的特殊要求而单独定制，只有设计工作和设备采购、工程施工同时进行才不会将整个工期拖得很长，而采用EPC工程总承包模式，充分实现了在设计的同时进行设备材料采购，且设计和施工实现了深度交叉，从而有效地缩短了工程工期，同时也利于三个环节间相互协调和匹配

（3）PC总承包模式特点分析及适用条件如表9-6所示。

表9-6　　　　　　　　　PC总承包模式特点分析及适用条件

特点	1）具有工程总承包特点。除了甲供设备外，其余施工内容均由总承包单位负责，并重点强调突出采购环节的重要性。 2）采购作为施工和设计的关键接口。总承包单位根据技术规范书及设计图纸进行采购规划、供应商选择；深化设计并提交设计单位审核、到场检验及供应商协调等，有效地加强总承包单位与设计单位的联系。 3）采购与施工的集成融合。将采购与后续施工各阶段工作进行融合，形成一个能实现效益最优的一体化模式。将采购与后续工作交由一个主体责任单位实施，按PC合同相关约定承担相应的风险和义务
适用条件	适用于设备材料技术集成高、采购与施工交叉面大的项目

（4）结合上述特点分析，数据中心项目可采用土建EPC总承包、机电PC总承包模式，实际委托范围可结合项目需求及特点灵活考虑。

93 工程总承包合同不同计价模式特点及适用场景有哪些？

答：工程总承包合同通常采用固定总价、固定单价、费率下浮三种计价模式，不同模式的特点及适用场景对比分析如表9-7所示。

表9-7   固定总价、固定单价、费率下浮计价模式特点及适用场景分析

模式	优点	缺点	适用场景
固定总价	1）发包人建设投资在招投标结束后便可相对固定，总承包合同允许合同价调整的情况相对较少，最终结算金额变动相对较少，发包人的成本管控压力小。 2）总价包干模式下，承包人在符合约定的质量技术标准、功能需要及发包人要求下进行设计优化后节约的投资由承包人享有或者与发包人共同享有，承包人设计优化和改进施工技术的积极性高。 3）发包人风险小，管理工作相对简单	总价包干模式下总承包人承担的风险较大，因此在报价时需考虑较多的风险费用，故总价会比较高。对于地质条件比较简单，结构形式明确，层高、柱距、承重都比较明确且有同类工程造价可作为参考时，固定总价模式更易于结算和管理	1）发包人项目管理如设计管理、成本管理能力不足，或者不想投入太多精力参与的。 2）能够相对准确地评判报价的合理性及对应方案的合理性的，有已完工的类似项目可供参考，其造价经验指标和项目标准、档次等都能成为可靠的参考依据。 3）EPC总承包项目国际通行的是固定总价合同模式
固定单价	1）招标过程中经竞争性报价获得各清单项目单价，可获得优惠报价，有利于降低建设成本。 2）便于变更，费用处理可参考清单计价规范要求，即相同项目和相似项目可以参考合同清单价格，减少争议	1）编制模拟清单工作量大，对造价咨询单位编制人员水平要求高，人员素质对模拟清单编制质量影响较大。招标文件准备时间较长，不利于项目快速推进。 2）因清单是模拟的，不是按照施工图编制的，不可避免地存在缺、漏、错项情况，EPC项目设计在承包人职责范围内，承包人可以对设计做出调整，形成新增清单项目，争取重新确定价格，获取额外利润。 3）建设过程中发包人造价审核工作量大，建设成本管控存在较大压力，管理成本亦较高	1）标准化程度高的项目，项目的成熟度高、施工图变动性小。 2）可供参考的同类型项目或类似项目多的项目；施工图、工程量清单等资料较多，发包人（或其咨询单位）设计审查和造价控制能力强的项目
费率下浮	1）招标资料简单，招标前期时间短，经济标评审便捷，可快速推进招投标工作，有利于项目迅速启动。 2）计量原则清晰，便于项目预算编制、费用审核、结算编制	1）施工过程中有大量的认质认价工作，价格纠纷较多，成本控制难度大。 2）施工图预算的措施项目清单主要依据施工组织设计或专项施工方案编制，承包人常会在施工组织设计、专项施工方案中增加额外非必要措施或故意采用经济性较差的措施以增大措施费用预算获取额外利润	1）工期紧急在项目建议书或可研完成后即进行招标，后期项目功能需求发生变化的可能性较大；地质情况比较复杂。建设方希望更多更深入地参与项目管理工作。 2）发包人（或其咨询单位）设计审查和造价控制能力强

94 工程总承包合同不同计价模式如何进行结算管理？

答：（1）固定总价模式。固定总价计价模式的结算价一般为固定合同总价、发包人原因引起的重大设计变更费用、市场价格变动引起的调差费用、不可预见费、索赔等费用之和。发包人原因引起的变更价款的确定，一般是按照合同中已有相应综合单价的，按已有综合单价确定变更价款；合同中没有可以参照的综合单价的，依据合同约定的计价依据组价明确。市场价格变动引起的人材机调差费用，依据合同约定的风险范围调整确定。

（2）固定单价模式。固定单价模式中，综合单价按照前期确定的单价计入，工程量按实结算。在竣工结算时，主要工作是工程量的计量。变更计价首先参照报价清单单价，引用不了原清单科目或报价的，依据合同约定的计价依据组价明确。

（3）费率下浮模式。费率下浮模式的竣工结算，按照施工图纸、联系单、合同约定的计价规则、按合同约定周期计取的材料信息价，以及过程中的价格签证单和实际完成的工程量计算后按投标下浮率下浮后确定。

95 如何对数据中心项目进行进度总体策划？

答：数据中心涉及众多专业工程，在建设期较长时间内土建与机电并行组织、交叉衔接施工，因此有效地开展各专业工程的工序计划安排与优化将极大提高项目的实施进度以及交付效率。

考虑土建专业匹配情况，主要以新建建筑、既有建筑两个场景来安排各专业工程的进度策划及工序优化。

（1）场景一：新建建筑。

土建施工顺序依次为土方施工、地基与基础、主体结构（含地下室）、二次结构（非承重结构，围护结构如构造柱、圈梁、止水梁、女儿墙、压顶、填充墙、隔墙等）、水电预埋、屋面施工、外立面施工、室内装修、机电安装、电梯/消防、室外工程（大小市政、园林绿色）等。

一般情况下，机电配套专业在土建完成二次结构后进场实施，依次为空调主管道及主机、高压/中压配电、空调末端、给排水、低压配电、机房装饰、智能化、综合布线及网络、IT机架、系统联调等。

部分工序存在较多搭接并行，需视具体情况制订详细的实施计划，总进度推进计划参考如图9-5所示。

（2）场景二：既有建筑。

依据设计方案或业主需求开展既有建筑的改造工作，改造施工（如有）顺序依次为房屋加固（整体加固、局部构件加固）、墙体拆改、孔洞预留等。

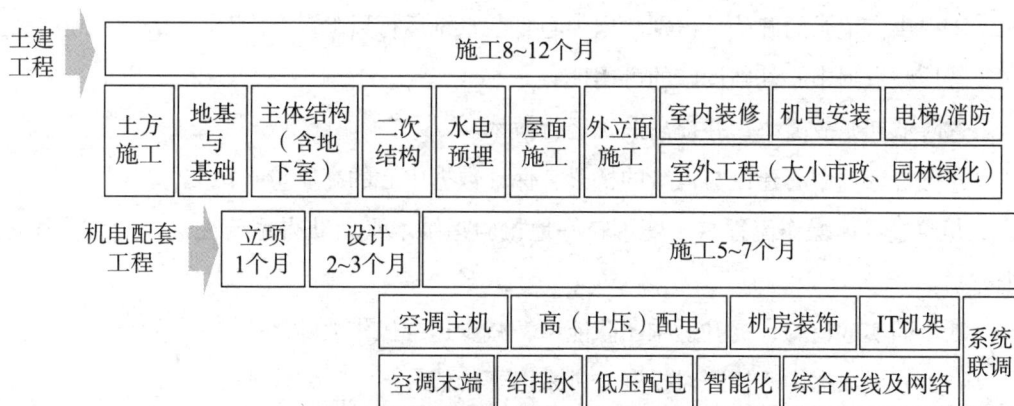

图9-5 新建建筑类数据中心进度计划参考

一般情况下，机电配套专业在土建改造墙体拆改后进场实施，依次为空调主管道及主机、高压/中压配电、空调末端、给排水、低压配电、机房装饰、智能化、综合布线及网络、IT机架、系统联调等。总进度推进计划参考如图9-6所示。

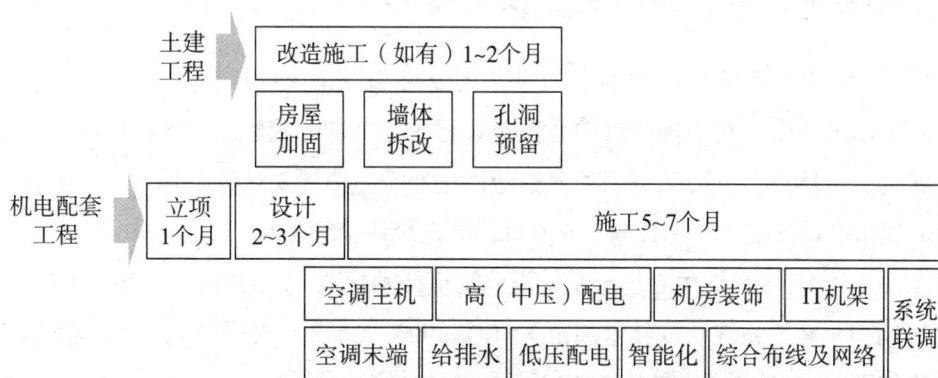

图9-6 既有建筑类数据中心进度计划参考

实际项目结合具体客户要求、合同工期、施工环境、配套资源等综合确定项目总进度目标。

96 数据中心基础设施为什么需要进行测试验证及认证?

答: 数据中心基础设施是否进行测试验证及认证视投资方需求开展,行业未做强制性要求。

(1)测试验证解决数据中心基础设施以下需求。

①提供有记录的确认,识别数据中心复杂系统运行风险。

②检验数据中心基础设施的可用性。

③降低初始故障率,并提高系统运行效率。

④做好数据中心建设与运维的桥梁,保证数据中心的高质量平稳交付。

⑤通过具体操作流程与步骤可较好地检验运维水平,获得系统性优化的可操作运维方案。

⑥全面实战检验,提升运维团队能力,减少运维操作故障。

(2)开展数据中心认证对投资方带来以下价值。

①具有社会普遍认可的公信力、含金量高的数据中心场地基础设施认证。

②市场认可度高,广受数据中心最终用户的认可。

③作为中国标准或全球标准,是政府、国企、金融机构的硬性选择。

④作为高质量、高安全、高可靠性数据中心的凭证。

97 数据中心基础设施的主流认证有哪些?

答: 结合当前市场供需,数据中心基础设施主流认证大致有五种。

(1)CQC认证:是中国质量中心针对数据中心基础设施建设、运行维护管理等领域制定的评价体系。CQC认证服务涵盖数据中心全生命周期认证及评价,主要包含数据中心场地基础设施认证、数据中心基础设施运维评价等。

①实施依据:《数据中心场地基础设施认证技术规范》(CQC1324—2018)《信息系统机房动力及环境系统认证技术规范》(CQC1325—2018)《数据中心基础设施运维评价实施细则》(CQC83–833991—2018)。

②评价范围:包括建筑与防火、位置及设备布置、建筑与结构、环境系统、电气系统、空气调节系统、布线、环境和设备监控系统等。

(2)Uptime认证体系:由美国Uptime Institute公司制定,目前已成为全球大多数国家认可的数据中心基础设施可靠性、运营管理可靠性的权威证明。Uptime认证针对数据中心基础设施及运维管理，有Uptime Tier等级认证系列和M&O认证系列。

实施依据：*Data Center Site Infrastructure Tier Standard: Topology* *Data Center Site Infrastructure Tier Standard: Operational Sustainability*。

①Uptime Tier等级认证：面向新建数据中心，对数据中心的电气、暖通、建筑结构和现场元素等数据中心基础设施及运维管理进行评估。认证范围囊括数据中心设计（TCDD）、建造（TCCF）及运维（TCOS）三个阶段。

②M&O认证：确认所有现有数据中心的关键设施管理及运营实践的独立评估。针对已投入运营的数据中心，为未按照Tier建造的数据中心解决管理的风险。

（3）绿色建筑星级认证：由住建部制定发布，依据《绿色建筑评价标准》（GB/T 50378—2019）和《绿色建筑评价技术细则》，确认绿色建筑等级并进行信息性标识的评价活动。

（4）LEED认证：LEED (Leadership in Energy and Environmental Design)，即能源与环境设计先锋，是美国绿色建筑委员会于1998年颁布实施的绿色建筑分级评估体系，目前被认为是最完善、最有影响力的评估标准。

（5）碳中和认证。

①数据中心绿色等级评估：从能源效率、节能技术、绿色管理、绿色创新等维度评估数据中心的绿色节能水平，并根据综合得分评定等级。数据中心绿色等级从低到高为A~AAAAA5个级别，如图9-7所示。

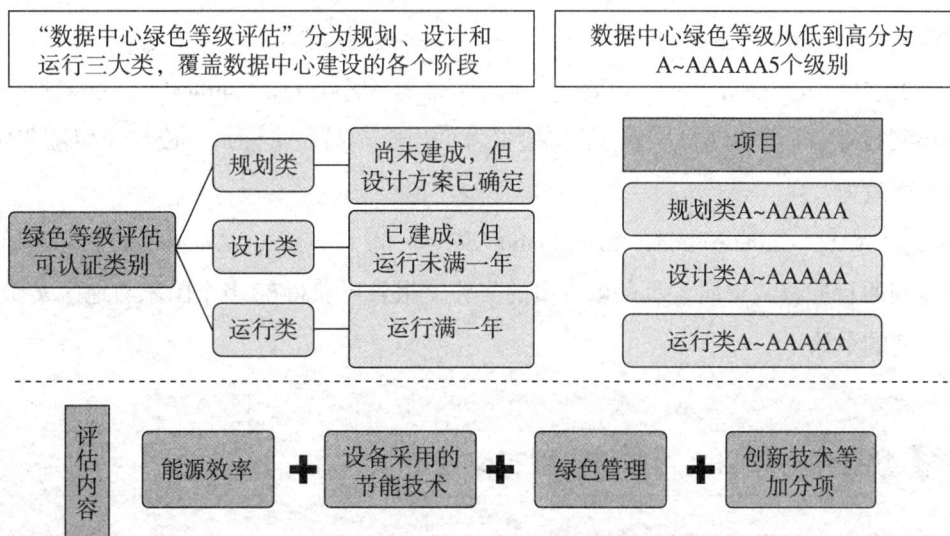

图9-7　数据中心绿色等级评估介绍

②数据中心低碳等级评估：从能源和碳使用效率、低碳节能技术与方案、低碳战略与管理等维度进行打分，并设置了创新性探索、购买绿色电力证书、造林和再生林、土壤固碳、资源回收、算力算效提升等加分项目，按评分对应为A~AAAAA5个级别。如图9-8所示。

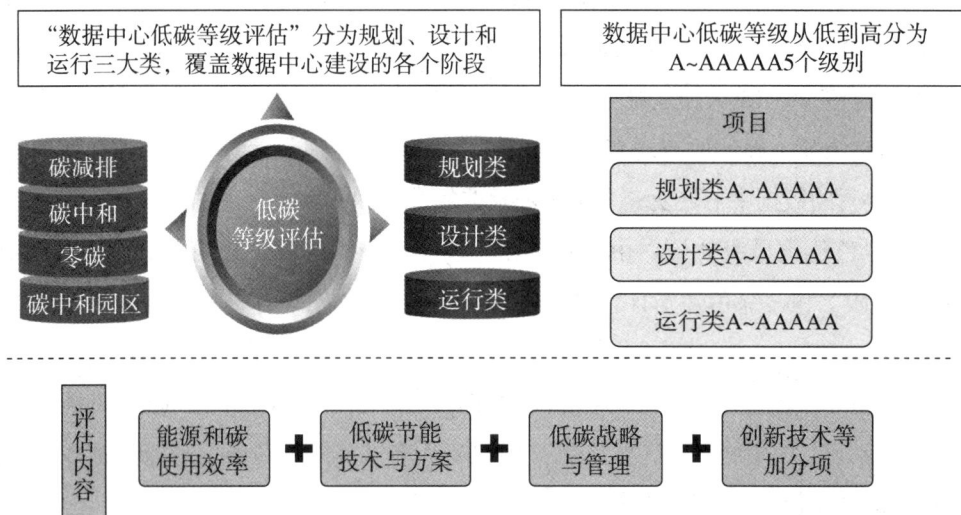

图9-8　数据中心低碳等级评估介绍

98 数据中心基础设施第三方检测机构需要什么资质？

答： 一般而言，第三方检测机构具备以下一种资质/资格即可开展具体的数据中心基础设施检测业务，并向业主或投资人出具有效的检测报告。

（1）CMA（China Inspection Body and Laboratory Mandatory Approval）是国家唯一认可的检测行业资质，有CMA标记的检验报告可用于产品质量评价、成果及司法鉴定，具有法律效力。

（2）CNAS（China National Accreditation Service for Conformity Assessment）是国际检测行业间通行的权威资质，具备该资质的实验室报告可获得80多个国家与地区实验室认可机构的承认。

99 数据中心项目文件归档范围有何规定？

答： 参考《建设项目档案管理规范》（DA/T 28—2018）、《建设工程文件归档规范》(GB/T 50328—2019)，数据中心项目文件归档范围如表9-8所示。

具体项目可根据所在地档案管理要求及投资方管理规定，结合参建各方建档情况进行档案内容编制、文件编码及归档管理。

表9-8 数据中心项目文件归档参考清单

序号	归档文件
1	可行性研究、任务书
1.1	项目建议书及其报批文件
1.2	项目选址意见书及其报批文件
1.3	可行性研究报告及其评估、报批（核准、备案）文件
1.4	项目评估（包括借贷承诺评估）、论证文件
1.5	水土保持方案、地质灾害评价报告、压覆矿产资源报告、文物保护方案、建设用地预审意见、环境预测、调查报告、环境影响报告书和批复
1.6	设计任务书、计划任务书及其报批文件
2	设计基础文件
2.1	工程地质、水文地质、勘察报告、地质图、勘察记录、化验、试验报告，重要土、岩样及说明
2.2	地形、地貌、控制点、建筑物、构筑物及重要设备安装测量定位、观测记录
2.3	水文、气象、地震等其他设计基础资料
3	设计文件
3.1	总体规划设计
3.2	方案设计
3.3	初步设计及其报批文件
3.4	技术设计
3.5	施工图设计及审查、批复
3.6	技术秘密材料、专利文件
3.7	特种设备设计计算书
3.8	关键技术试验
3.9	设计评价、鉴定及审批
4	项目管理文件
4.1	征地、移民、拆迁文件
4.1.1	土地证、土地红线图
4.1.2	工程规划许可证、外引接电、给水、通信，外接排水、道路等许可证

续表

序号	归档文件
4.1.3	建设前原始地形、地貌、状况图、照片
4.1.4	施工许可证
4.2	计划、投资、统计、管理文件
4.2.1	有关投资、进度、物资、工程量的建议计划、实施计划和调整计划
4.2.2	概算、预算管理、差价管理文件
4.2.3	合同变更、索赔等涉及法律事务的文件
4.2.4	规程、规范、标准、规划、方案、规定
4.2.5	招标文件审查、技术设计审查、技术协议
4.2.6	投资、进度、质量、安全、合同控制文件
4.3	招标投标、承发包合同协议
4.3.1	招标计划及审批文件，招标公告、招标书、招标修改文件、答疑文件、招标委托合同、资格预审文件
4.3.2	投标书、投标澄清文件、修正补充文件
4.3.3	开标记录、评标人员签字表、报价表，评标纪律、评标办法或评标细则、评审意见、打分表、汇总表、评标报告
4.3.4	采购活动记录、采购预算、谈判文件、询价通知书、响应文件、推荐供应商的意见、评审报告、成交供应商确定文件、单一来源采购协商情况记录、合同文本、验收证明、质疑答复、投诉处理决定以及其他有关文件
4.3.5	定标文件、中标通知书
4.3.6	竞争性谈判、单一来源采购、询价采购文件，审批文件、采购协议、谈判文件，询价通知书、评审文件、采购报告
4.3.7	合同谈判纪要、合同审批文件、合同书、合同变更文件、合同履约评价文件
4.4	专项申请、批复文件
4.4.1	环境保护、安全、卫生、消防、水土保持、节能、文物、人防、规划等文件
4.4.2	水、暖、电、煤气、通信、排水等配套协议文件
5	施工文件
5.1	建筑施工文件
5.1.1	开工报告、施工现场质量管理检查记录、工程技术要求、技术交底、图纸会审纪要
5.1.2	施工组织设计、方案及报批文件，施工计划、施工技术及安全措施、施工工艺文件

续表

序号	归档文件
5.1.3	原材料及构件出厂证明、质量鉴定、复验单,原材料使用跟踪台账
5.1.4	建筑材料试验报告、见证取样记录、混凝土开盘鉴定、混凝土强度试验报告、钢筋保护层厚度检测报告、屋面防水渗漏的检查总记录、地下室防水效果检查记录、地面蓄水试验检查记录、节能保温测试记录、室内环境检测报告
5.1.5	设计变更通知、工程更改洽商单、材料代用核定审批手续、技术核定单、业务联系单、备忘录等
5.1.6	施工定位(水准点、导线点、基准线、控制点等)测量、复核记录、地质勘探
5.1.7	工程地质勘察报告、岩土试验报告、地基验槽记录、工程地基处理记录、地基检测报告、桩身完整性检测报告、桩基承载力检测报告
5.1.8	施工日记、大事记
5.1.9	隐蔽工程验收记录
5.1.10	各类工程记录及测试、沉降、位移、变形监测记录、事故处理报告
5.1.11	工程质量检查、评定
5.1.12	技术总结,施工预、决算
5.1.13	交工验收记录证明
5.1.14	竣工报告、竣工验收报告
5.1.15	竣工图
5.1.16	声像材料
5.2	设备及管线安装施工文件
5.2.1	开工报告、工程技术要求、技术交底、图纸会审纪要
5.2.2	施工组织设计、方案及其报批文件、施工计划、技术措施文件
5.2.3	原材料及构件出厂证明、质量鉴定、复验单
5.2.4	建筑材料试验报告、见证取样记录
5.2.5	设计变更通知、工程更改洽商单,材料、零部件、设备代用审批手续,技术核定单、业务联系单、备忘录等
5.2.6	焊接工艺评定报告、焊接试验记录、报告,施工检验、探伤记录、管道单线图
5.2.7	隐蔽工程检查验收记录
5.2.8	强度、密闭性试验报告
5.2.9	设备、网络调试记录

序号	归档文件
5.2.10	施工安装记录，安装质量检查、评定、事故处理报告
5.2.11	系统调试、试验记录
5.2.12	管线清洗、试压、通水、通气、消毒等记录
5.2.13	管线标高、位置、坡度测量记录
5.2.14	中间交工验收记录证明、工程质量评定
5.2.15	竣工报告、竣工验收报告，施工预、决算
5.2.16	竣工图
5.2.17	声像材料
5.3	电气、仪表安装施工文件
5.3.1	开工报告、工程技术要求、公司技术交底、图纸会审纪要
5.3.2	施工组织设计、方案及其报批文件、施工计划、技术措施文件
5.3.3	原材料及构件出厂证明、质量鉴定、复验单
5.3.4	建筑材料试验报告
5.3.5	设计变更通知、工程更改洽商单、材料、零部件、设备代用审批手续、技术核定单、业务联系单、备忘录等
5.3.6	系统调试、整定记录
5.3.7	绝缘、接地电阻等性能测试、校核
5.3.8	材料、设备明细表及检验记录，施工安装记录、质量检查评定、事故处理报告
5.3.9	操作、联动试验
5.3.10	电气装置交接记录
5.3.11	中间交工验收记录、工程质量评定
5.3.12	竣工报告、竣工验收报告
5.3.13	竣工图
5.3.14	声像材料
5.4	施工安全文件
5.4.1	安全责任书、安全管理方案、安全文明措施费使用计划、工程保险、应急预案等
5.4.2	安全检查记录、安全工作日志
5.4.3	施工机械设备专项方案，检测、维保及检查记录

序号	归档文件
5.4.4	安全技术交底、三级教育、上岗证、花名册
5.4.5	重大危险源辨识、专项方案及评审文件，验收、检查记录
5.4.6	其他重要的安全活动策划、实施、记录文件
6	监理文件
6.1	施工监理文件
6.1.1	监理合同协议、监理大纲、监理规划、细则及批复
6.1.2	施工及设备器材供应单位资质审核，设备、材料报审
6.1.3	施工组织设计、施工方案、施工计划、技术措施审核，施工进度、延长工期、索赔及付款报审
6.1.4	开（停、复、返）工令、许可证、中间验收证明书
6.1.5	设计变更，材料、零部件、设备代用审批
6.1.6	监理通知、协调会议纪要、监理工程师指令、指示，来往函件
6.1.7	工程材料监理检查、复检、试验记录、报告
6.1.8	监理日志、旁站记录，监理周（月、季、年）报、备忘录，监理工作总结
6.1.9	各项测控量成果及复核文件，外观、质量、文件等检查、抽查记录
6.1.10	施工质量检查分析评估、工程质量事故、施工安全事故报告
6.1.11	工程进度计划、实施、分析统计文件
6.1.12	变更价格审查、支付审批、索赔处理文件
6.1.13	单元工程检查及开工（开仓）签证，工程分部分项质量认证、评估
6.1.14	平行检验文件资料、独立抽检文件材料
6.1.15	主要材料及工程投资计划、完成报表
6.2	设备采购监造文件
6.2.1	设备采购监造合同，采购、监造计划、规划、细则
6.2.2	市场调查、考察报告
6.2.3	设备制造的检验计划和检验要求、检验记录及试验报告、分包单位资格报审
6.2.4	原材料、零配件等的质量证明文件和报验文件
6.2.5	开工、复工报审表、暂停令
6.2.6	监理工程师通知单、监理工作联系单

序号	归档文件
6.2.7	会议纪要、来往文件
6.2.8	监理日志、监理月报
6.2.9	质量事故处理文件
6.2.10	设备验收、交接文件、支付证书和设备制造结算审核文件、设备制造索赔文件
6.2.11	设备监造工作总结、报告
6.3	监理工作声像材料
7	工艺设备文件
7.1	工艺说明、规程、路线、试验、技术总结
7.2	产品检验、包装、工装图、检测记录
7.3	设备、材料采购、招投标文件、合同，出厂质量合格证明
7.4	设备、材料装箱单、开箱记录，工具单、备品备件单
7.5	设备图纸、使用说明书、零部件目录
7.6	设备测绘、验收及索赔文件
7.7	安装调试方案、规程
7.8	安装调试记录、缺陷处理
7.9	测试、鉴定、验收文件
7.10	特种设备监督检验证书、报告
8	生产技术准备、试生产文件
8.1	技术准备计划
8.2	试生产管理、技术责任制
8.3	试生产方案、操作规程、作业指导书
8.4	设备试车、验收、运行、维护记录
8.5	试生产产品质量鉴定报告
8.6	缺陷处理、事故分析报告
8.7	试生产总结
8.8	技术培训材料
8.9	产品技术参数、性能、图纸

续表

序号	归档文件
8.10	工业卫生、劳动保护材料、环保、消防运行检测记录
9	竣工验收文件
9.1	项目竣工验收报告
9.2	工程设计总结
9.3	工程施工总结
9.4	工程监理总结
9.5	项目质量评审文件
9.6	工程现场声像文件
9.7	工程审计文件、材料、决算报告
9.8	环境保护、劳动安全、卫生、消防、规划、水土保持、档案等验收审批文件
9.9	竣工验收会议文件、验收证书及验收委员会名册、签字、验收备案文件
9.10	项目评优报奖申报材料、批准文件及证书

100 数据中心土建项目验收工作涉及哪些环节？如何开展具体工作？

答：建设单位、全过程工程咨询团队在工程准备阶段可以进行工程验收工作梳理，结合工程实施内容及当地验收管理要求编制工作指引，指导工程内部、外部验收工作的开展，详情可参照如下。

（1）内部验收（见表9-9）。

表9-9 数据中心土建项目内部验收工作指引

序号	分部分项验收名称	参加验收单位	具备验收的条件
1	工程桩验	承包方、监理方、建设方、质监站	工程桩施工已完成，工程桩实体测量桩顶标高、桩位符合设计和验收要求，材料取样送检合格，工程桩常规检测及强检合格，工程桩施工、验收资料收集整理齐全
2	基坑开挖	承包方、监理方、建设方、安监站	基坑开挖专项方案已审批，开挖相关的安全组织及措施已经落实

续表

序号	分部分项验收名称	参加验收单位	具备验收的条件
3	基础分部	承包方、监理方、建设方、质监站	基础分部已完工，材料取样送检合格，基础分部施工、验收资料收集整理齐全
4	主体结构	承包方、监理方、建设方、质监站	主体结构及二次结构已完工，材料取样送检及强检合格，主体结构施工、验收资料收集整理齐全
5	土建装修	承包方、监理方、建设方	外装饰、门窗、内装饰已完工，现场测量、观感验收合格，材料取样送检、强检、室内环境检测合格，施工、验收资料收集整理齐全
6	电梯	承包方、监理方、建设方、特种设备质监站	电梯安装完成并调试符合验收要求，第三方检测合格并出具检测合格证，电梯安装施工、验收资料收集整理齐全
7	土建给排水	承包方、监理方、建设方	雨污排水、给水、消防水等系统施工已完成，材料、设备检测、系统测试符合要求，施工、验收资料收集整理齐全
8	土建电气	承包方、监理方、建设方	电气照明、消防、防雷接地等系统施工已完成，材料、设备检测、系统测试符合要求，施工、验收资料收集整理齐全
9	土建暖通	承包方、监理方、建设方	空调、消防排烟、新风等系统施工已完成，材料、设备检测、系统测试符合要求，施工、验收资料收集整理齐全
10	土建智能化	承包方、监理方、建设方	综合布线、视频监控、门禁、报警等系统施工已完成，材料、设备检测、系统测试符合要求，施工、验收资料收集整理齐全
11	工程预验收	承包方、监理方、建设方	土建工程已完工，室外工程基本完工，土建工程资料收集整理齐全，各分项、分部、单位工程验收合格
12	工程竣工验收	承包方、监理方、建设方（建设主管部门、工程项目部）、质监站	土建工程已完工，室外工程已完工，工程预验收发现问题已整改，工程竣工资料整理归档符合要求，专项验收已完成并合格，工程分部分项验收均合格，工程竣工验收合格，办理工程竣工验收备案

其中质监站、安监站参与的验收内容以工程所在地的质监站、安监站的交底记录为准。

（2）外部验收（见表9-10）。

表9-10　　　　　　　　　数据中心土建项目外部验收工作指引

序号	外部验收名称	对接外部部门	工作内容
1	规划	规资局规划验收部门	工程已完工，临时设施已拆除，具有建筑灰线、正负零规划验收单。委托第三方测绘单位进行现场测绘，出具测绘报告。规划部门主要进行规划条件核实：总平布置、建筑退线、容积率、建筑高度、绿化率、停车位配置、建筑密度、建筑风格等，办理规划验收合格证
2	消防	住建局消防验收部门	工程施工消防工作内容已完成并调试符合设计要求和验收要求，验收资料齐全、合格，组织专项验收，办理消防验收合格意见书
3	停车位、交通标识、大门开口	交通部门	停车位已完工，报交通部门进行现场划线，复核大门开口是否与交通影响评价结果一致
4	园林绿化	园林部门	绿化工程已完工，第三方测绘单位出具的绿化测绘报告结果与总平面图绿化布置吻合、绿化率指标达标、乔木灌木种植比例符合国家相关要求，报园林部门备案
5	节能专项验收	住建部门节能办	工程已完工，报住建部门节能办进行节能专项验收，形成验收意见，填写验收报告
6	环保	环保部门	按环评批复文件，委托第三方进行环保内容验收，主要进行室内环境监测、水质检测、工程采用设备对周围环境影响程度评估等事项验收，验收结果报环保备案、公示
7	食堂	环保部门、食药监局	环保排油烟、污水现场抽检，食药监局现场检测和食堂监控，发餐饮经营许可证
8	外引接电	供电公司	办理许可证、签订配套协议、工程施工及施工资料、组织专项验收、办理配套验收合格证
9	外引接给水	自来水公司	办理许可证、签订配套协议、工程施工及施工资料、组织专项验收、办理配套验收合格证
10	外引接排水	市政公司	办理许可证、签订配套协议、工程施工及施工资料、组织专项验收、办理配套验收合格证
11	外引接天然气	燃气公司	办理许可证、签订配套协议、工程施工及施工资料、组织专项验收、办理配套验收合格证

序号	外部验收名称	对接外部部门	工作内容
12	外引接通信	通信公司	办理许可证、签订配套协议、工程施工及施工资料、组织专项验收、办理配套验收合格证
13	避雷系统	气象局防雷办	工程施工避雷系统工作内容已完成并调试符合设计要求和验收要求，避雷系统验收申请，防雷办现场检测避雷系统，出具避雷系统检测合格意见书
14	污水排放达标	环保部门、市政质监站	环保部门、市政质监站现场取样检测，出具检测报告
15	人防	人防质监站	结合办理的人防办审批意见，执行当地人防质监站验收要求
16	工程竣工验收	质监站	工程已完工，工程竣工资料整理归档符合要求，专项验收已完成并合格，工程竣工验收合格，办理工程竣工验收备案
17	工程档案验收	档案馆	工程竣工资料按项目所在地档案馆要求整理，符合要求后提交城建档案馆，办理档案验收备案

第十章 新能源光伏项目

101 新能源的种类有哪些?

答：新能源又称可再生能源，是指传统能源之外的各种能源形式。新能源产业的发展既是整个能源供应系统的有效补充手段，也是环境治理和生态保护的重要措施，是满足人类社会可持续发展需要的最终能源选择。新能源主要有：太阳能、风能、地热能、生物质能、海洋能等。

（1）太阳能：太阳能是由太阳内部氢原子发生氢氦聚变释放出巨大核能而产生的，来自太阳的辐射能量。广义的太阳能包括的范围非常广，地球上的风能、水能、海洋温差能、波浪能和生物质能都来自太阳，即使是地球上的化石燃料（如煤、石油、天然气等）从根本上说也是远古以来贮存下来的太阳能；狭义的太阳能则限于太阳辐射能的光热、光电和光化学的直接转换。随着科技进步，太阳能光伏发电正在被大范围使用。

（2）风能：风能是空气流动所产生的动能。由于太阳辐射造成地球表面各部分受热不均匀，引起大气层中压力分布不平衡，在水平气压梯度的作用下，空气沿水平方向运动形成风。风能是可再生的清洁能源，储量大、分布广，但它的能量密度低（只有水能的1/800），并且不稳定。在一定的技术条件下，风能可作为一种重要的能源得到开发利用。

（3）地热能：地热能是从地壳抽取的天然热能，这种能量来自地球内部的熔岩，并以热力形式存在，具有清洁环保、用途广泛、稳定性好、可循环利用等特点。随着新兴科技如水热钻机、等离子钻机概念的提出，钻井成本有望大幅下降，届时地热能不受位置和气候影响能提供24小时稳定基载电量，建设时间、成本和大众疑虑又远低于核能，有望成为最具竞争力的绿色能源和全球暖化的解决方案。

（4）生物质能：生物质能是自然界中有生命的植物提供的能量，这些植物以生物质作为媒介储存太阳能，属再生能源。当前较为有效利用生物质能的方式有：①制取沼气，主要利用城乡有机垃圾、秸秆、水、人畜粪便，通过厌氧消化产生可燃气体甲烷，供生活、生产之用；②利用生物质制取酒精。当前的世界能源结构中，生物质能所占比重微乎其微。

（5）海洋能：海洋能指依附在海水中的可再生能源，海洋通过各种物理过程接收、储存和散发能量，这些能量以潮汐能、波浪能、温差能、盐差能、海流能等形式存在于海洋之中。海洋能的利用是指利用一定的方法、设备把各种海洋能转换成电能或其他可利用形式的能。由于海洋能具有可再生性和不污染环境等优点，因此是一种亟待开发的具有战略意义的新能源。

102 什么是光伏发电？投资建设光伏项目会带来哪些经济效益及社会效益？

答：（1）光伏发电是利用半导体界面的光生伏特效应而将光能直接转变为电能的一种技术。光伏电池是光伏发电的最基本单元，光伏电池特有的电特性是借助于在晶体硅中掺入某些元素（如磷或硼等），从而在材料的分子电荷里造成永久的不平衡，形成具有特殊电性能的半导体材料，在阳光照射下具有特殊电性能的半导体内可以产生自由电荷，这些自由电荷定向移动并积累，从而在其两端闭合时便产生电能。

（2）投资建设光伏项目会带来以下经济效益及社会效益。

①以分布式光伏电站为例，发电自用可以节省电费，余电上网可获得电网按照当地脱硫煤的电价结算，另外还有国家和地方的补贴及其安装奖励费用，光伏电站建设于厂房之上，在一定程度上起到降温的效果，在夏季尤为明显，对于企业来说也可降低空调等电器的电费开销。

②光伏发电时间与用电高峰时段基本一致，真正达到削峰作用，在一定程度上缓解当地电网供电压力。

③光伏产业属于资金密集型行业，可以带动光伏项目所在地的GDP增长，还通过产业间的相互关联拉动其他行业增长，其中，输配电、金融保险服务、电力热力等行业为光伏发电拉动最大的行业。

④光伏发电行业的发展创造了一批技术要求高和服务水平高的岗位，涵盖设计材料、设备制造、电力和自动控制等多个领域，光伏行业产业链长，尤其是上游光伏制造业，涉及面非常广，带来大量就业。

⑤光伏发电绿色、节能、环保，有利于节省不可再生资源，减少温室气体排放，具有节能减排效应。

⑥光伏发电属于绿色电力范畴，所减排的温室气体可进行量化，开发成为碳资产，从而带来额外经济收益。

103 目前全国整县光伏发电整体形势如何？试点名单有哪些？

答：自2021年6月《国家能源局综合司关于报送整县（市、区）屋顶分布式光伏开发试点方案的通知》发布后，分布式光伏整县推进以燎原之势在全国各省铺开。根据国家发展和改革委发布《能源绿色低碳转型行动成效明显——"碳达峰十大行动"进展（一）》文章内容，截至2022年6月底，全国试点累计备案规模6615万千瓦。目前，全国各省均以大力度支持光伏整县推进工作。以广东省为例，2023年2月20日，广东省能源局、广东省农业农村厅、广东省乡村振兴局联合发布《广东省加快农村能源转型发展助力乡村振兴实施方案》，明确支持县域清洁能源规模化开发，加快推进32个整县（市、区）推进屋顶分布式光伏发电项目建设，并以此为抓手，探索县域清洁能源规模化开发新模式。

整县（市、区）屋顶分布式光伏开发试点名单如表10-1所示。

表10-1　　整县（市、区）屋顶分布式光伏开发试点名单

省（自治区、直辖市）及新疆生产建设兵团	试点地区
北京（6个）	大兴区（黄村镇、榆垡镇、大兴国际机场临空经济区、大兴区新媒体产业基地、亦庄镇、采育镇、大兴生物医药产业基地、大兴区京南物流中心）、北京经济技术开发区、房山区（霞云岭乡、拱辰街道）、通州区（运河商务区、张家湾设计小镇）、顺义区（马坡镇、天竺综合保税区）、门头沟区（中关村门头沟园）
天津（4个）	东丽区、滨海新区、津南区、西青区
河北（37个）	元氏县、栾城区、正定县、鹿泉区、赞皇县、兴隆县、平泉市、桥西区、万全区、怀来县、海港区、山海关区、丰南区、玉田县、曹妃甸区、迁西县、乐亭县、香河县、望都县、徐水区、高阳县、博野县、安国市、东光县、渤海新区、孟村县、肃宁县、南皮县、安平县、饶阳县、信都区、隆尧县、巨鹿县、磁县、魏县、馆陶县、定州市
山西（26个）	杏花岭区、清徐县、云冈区、灵丘县、怀仁县、右玉县、忻府区、五台县、原平市、介休市、寿阳县、灵石县、盂县、阳泉郊区、文水县、方山县、潞城区、长子县、高平市、陵川县、霍州市、乡宁县、河津市、永济市、芮城县、山西转型综合改革示范区
内蒙古（11个）	赛罕区、青山区、准格尔旗、丰镇市、海勃湾区、临河区、阿拉善左旗、阿荣旗、扎赉特旗、科尔沁区、宁城县
辽宁（15个）	法库县、庄河市、台安县、新抚区、本溪满族自治县、东港市、北镇市、鲅鱼圈区、阜蒙县、宏伟区、昌图县、盘山县、朝阳县、连山区、沈抚改革创新示范区

续表

省（自治区、直辖市）及新疆生产建设兵团	试点地区
吉林 （1个）	汪清县
黑龙江 （11个）	哈尔滨新区、尚志市、宾县、兰西县、望奎县、红岗区、铁力市、克山县、林口县、松岭区、北安市
上海 （8个）	中国（上海）自由贸易试验区临港新片区、崇明区（新河镇、堡镇、建设镇、中兴镇）、黄浦区（打浦桥街道、半淞园街道）、闵行区（莘庄镇、马桥镇）、金山区（金山工业区）、嘉定区（嘉定工业区）、松江区（车墩镇、泖港镇、永丰街道、中山街道）、奉贤区（金汇镇、杨王工业区）
江苏 （59个）	溧水区、六合区、鼓楼区、浦口区、锡山区、江阴市、宜兴市、惠山区、沛县、邳州市、睢宁县、铜山区、新沂市、丰县、徐州淮海国际港务区、鼓楼区、金坛区、常州经济开发区、钟楼区、天宁区、吴江区、常熟市、吴中区、相城区、通州区、海安市、如皋市、如东县、启东市、海门区、灌南县、赣榆县、盱眙县、淮阴区、洪泽区、涟水县、淮安区、建湖县、盐都区、射阳县、阜宁县、滨海县、盐城经济技术开发区、大丰区、扬州经济技术开发区、高邮市、仪征市、江都区、丹阳市、润州区、扬中市、丹徒区、镇江高新技术产业开发区、海陵区、泰兴市、姜堰区、泰州医药高新技术产业开发区、靖江市、宿城区
浙江 （30个）	淳安县、永嘉县、平阳县、文成县、苍南县、泰顺县、海盐县、长兴县、武义县、磐安县、柯城区、衢江区、龙游县、江山市、常山县、开化县、嵊泗县、玉环市、天台县、仙居县、三门县、莲都区、龙泉市、青田县、云和县、庆元县、缙云县、遂昌县、松阳县、景宁畲族自治县
安徽 （17个）	庐江县、长丰县、濉溪县、涡阳县、泗县、固镇县、太和县、大通区、滁州经济技术开发区、金寨县、和县、繁昌区、宣州区、义安区、贵池区、怀宁县、广德市
福建 （24个）	闽侯县、海沧区、同安区、翔安区、龙海区、漳浦县、南靖县、平和县、诏安县、云霄县、漳州古雷港经济开发区、漳州高新技术产业开发区、沙县区、宁化县、涵江区、仙游县、建阳区、延平区、浦城县、顺昌县、建瓯市、上杭县、蕉城区、福安市
江西 （8个）	信丰县、浮梁县、贵溪市、万安县、广昌县、高安市、横峰县、德安县

续表

省（自治区、直辖市）及新疆生产建设兵团	试点地区
山东 （70个）	莱芜区、历城区、章丘区、钢城区、商河县、平阴县、济南高新技术产业开发区、莱西市、胶州市、黄岛区、临淄区、博山区、桓台县、滕州市、薛城区、山亭区、峄城区、台儿庄区、枣庄市中区、河口区、莱州市、福山区、海阳市、诸城市、青州市、高密市、坊子区、寒亭区、临朐县、寿光市、潍坊高新技术产业开发区、潍坊峡山生态经济开发区、嘉祥县、鱼台县、梁山县、邹城市、曲阜市、肥城市、新泰市、东平县、莒县、岚山区、惠民县、沾化区、邹平市、滨城区、滨州北海经济开发区、平原县、齐河县、临邑县、禹城市、宁津县、茌平县、临清市、冠县、阳谷县、莘县、东昌府区、聊城经济技术开发区、沂水县、河东区、临沂高新技术产业开发区、郯城县、兰陵县、平邑县、东明县、郓城县、鄄城县、定陶区、菏泽经济技术开发区
河南 （66个）	登封市、金水区、郑州航空港经济综合实验区、郑州高新技术产业开发区、新密市、伊川县、孟津县、洛龙区、汝阳县、卫东区、郏县、叶县、鲁山县、内黄县、林州市、北关区、文峰区、安阳县、淇县、辉县市、原阳县、新乡高新技术产业开发区、获嘉县、新乡县、封丘县、修武县、博爱县、台前县、濮阳县、华龙区、襄城县、鄢陵县、长葛市、魏都区、建安区、许昌经济技术开发区、召陵区、漯河经济技术开发区、源汇区、郾城区、临颍县、灵宝市、卢氏县、湖滨区、三门峡市城乡一体化示范区、渑池县、睢县、柘城县、宁陵县、民权县、夏邑县、镇平县、光山县、罗山县、淮滨县、浉河区、信阳市上天梯非金属矿管理区、信阳高新技术产业开发区、商城县、济源产城融合示范区、兰考县、邓州市、滑县、长垣市、新蔡县、固始县
湖北 （19个）	掇刀区、京山市、猇亭区、秭归县、黄石新港（物流）工业园区、下陆区、宣恩县、应城市、云梦县、谷城县、襄城区、黄冈龙感湖管理区、黄州区、赤壁市、嘉鱼县、通城县、荆州区、洪湖市、房县
湖南 （12个）	醴陵市、岳塘区、湘阴县、武陵区、涟源市、祁阳市、汨罗市、双峰县、南县、隆回县、冷水滩区、邵阳县
广东 （32个）	潮安区、东莞市(大朗镇、桥头镇、谢岗镇、洪梅镇)、从化区、广州市(黄埔、开发区)、龙川县、东源县、惠阳区、惠州仲恺高新技术产业开发区、新会区、揭东区、高州市、化州市、平远县、梅江区、蕉岭县、清新区、清城区、濠江区、武江区、始兴县、南雄市、龙岗区、罗定市、雷州市、遂溪县、怀集县、高要区、肇庆高新技术产业开发区、封开县、广宁县、中山市(三角镇、南头镇、古镇镇、火炬开发区)、斗门区
广西 （22个）	横州市、兴宁区、鹿寨县、柳城县、永福县、藤县、铁山港区、钦南区、灵山县、平南县、港北区、港南区、北流市、福绵区、平果市、田东县、右江区、东兰县、武宣县、江州区、扶绥县、天等县

续表

省（自治区、直辖市）及新疆生产建设兵团	试点地区
海南 （10个）	崖州区、天涯区、万宁市、东方市、澄迈县、定安县、屯昌县、临高县、琼中黎族苗族自治县、乐东黎族自治县
重庆 （16个）	黔江区、涪陵区、长寿区、江津区、永川区、潼南区、城口县、丰都县、巫溪县、巫山县、奉节县、垫江县、酉阳县、彭水县、秀山县、万盛经济技术开发区
四川 （6个）	金堂县、攀枝花市西区、旺苍县、嘉陵区、茂县、德昌县
贵州 （13个）	开阳县、播州区、关岭县、镇宁县、盘州市、钟山区、镇远县、长顺县、兴义市、望谟县、威宁县、黔西市、松桃县
云南 （28个）	宜良县、富民县、石林县、曲靖经济技术开发区、沾益区、麒麟区、楚雄市、禄丰市、双柏县、鹤庆县、祥云县、弥渡县、文山市、砚山县、丘北县、建水县、蒙自市、河口县、隆阳区、施甸县、泸水市、红塔区、昭阳区、华坪县、镇沅县、耿马县、芒市、景洪市
西藏 （9个）	革吉县、萨嘎县、吉隆县、昌都经济技术开发区、琼结县、堆龙德庆区、尼木县、工布江达县、聂荣县
陕西 （26个）	西安高新技术产业开发区、灞桥区、西安经济技术开发区、金台区、岐山县、三原县、武功县、耀州区、大荔县、澄城县、白水县、潼关县、渭南经济技术开发区、宝塔区、延川县、安塞区、定边县、吴堡县、榆阳区、城固县、汉台区、镇巴县、安康高新技术产业开发区、商州区、洛南县、韩城市
甘肃 （46个）	景泰县、平川区、会宁县、靖远县、通渭县、渭源县、安定区、陇西县、临洮县、漳县、迭部县、合作市、玛曲县、夏河县、临潭县、嘉峪关市、永昌县、金川区、敦煌市、瓜州县、金塔县、肃州区、玉门市、阿克塞县、永登县、兰州新区、和政县、积石山县、临夏市、东乡县、康县、崇信县、灵台县、华亭市、庄浪县、合水县、镇原县、清水县、民勤县、古浪县、高台县、甘州区、民乐县、临泽县、山丹县、肃南县
青海 （32个）	玛多县、班玛县、达日县、甘德县、久治县、化隆县、民和县、循化县、共和县、贵德县、贵南县、湟中区、湟源县、城东区、城北区、城中区、刚察县、门源县、海晏县、祁连县、尖扎县、同仁市、泽库县、杂多县、称多县、天峻县、茫崖市、乌兰县、都兰县、德令哈市、大柴旦行委、格尔木市
宁夏 （7个）	兴庆区、贺兰县、惠农区、盐池县、红寺堡区、原州区、中宁县

续表

省（自治区、直辖市）及新疆生产建设兵团	试点地区
新疆 （2个）	奎屯市、头屯河区
新疆生产建设兵团 （3个）	第三师图木舒克市、第五师双河市、第十师北屯市

注：资料来源于国家能源局"国能综通新能〔2021〕84号"文件。

104 光伏电站涉电网有哪些环节？

答：以天津市《光伏电站涉网操作细则》为例，介绍光伏电站涉电网工作流程及所需资料，参考如下。

（1）项目发改备案。光伏企业在项目备案时应如实提供项目简介，包括项目名称（统一规范为：项目单位简称+建设地点+备案规模+"光伏发电项目"）、投资主体、建设规模及总投资、建设地点、所依托建筑物及落实情况（土地落实情况）、占地面积及性质、发电模式（全部自用、自发自用余电上网、全额上网）、关键技术、计划开（竣）工时间等，并在备案申请表中明确上述主要内容。

（2）接入系统方案。建设单位携相关资料向国家电网天津市电力公司经济技术研究院（以下简称"经研院"）申请受理制定拟建光伏项目接网方案，所需资料包括：经办人身份证原件及复印件和法人委托书原件（或法定代表人身份证原件及复印件）；企业法人营业执照、土地证等项目合法性支持性文件；项目地理位置图（标明方向、邻近道路、河流等）及场地租用相关协议；项目可行性研究报告；政府投资主管部门同意项目开展前期工作的批复（需核准项目）。受理后，经研院经现场勘察后制订接入系统方案。

（3）接入系统批复。项目业主凭经研院出具的接入系统方案到国网天津市电力公司（以下简称"市局"）发策部专责审查，获得批复后即接入系统批复。

（4）电价批复。项目业主向物价局价格收费科提交电价批复申请文件，并按要求提供相关资料（基本包括项目申请报告、国家发展和改革委备案文件、接入系统批复、项目计划开/竣工时间等）。

（5）初步设计审查。项目业主凭可行性研究报告、接入系统方案、接入系统批复、初步设计图纸到市局营销部专责申请组织初设评审会议。设计院绘制的施工设计蓝图必须与《初步设计审查意见》的要求相一致，项目业主依照施工设计图纸组织开展光伏电站的招标、采购、施工等工作事项。

（6）接入变电站间隔改造、送出线路工程建设。项目业主携营业执照、发改委备案文件、接入系统批复、初步设计审查意见、施工图纸及一次系统图（设计蓝图）到运检部专责处填写《光伏发电项目并网申请表》。受理后由区供电分公司基建处安排变电站间隔和线路施工等相关事宜。项目业主协助电网企业开展送出工程可研设计，共同推动送出工程与光伏发电项目同步建设、同步投运。

（7）项目质监申报。建设单位在工程开工前，必须按要求进行项目质监申报。申报时应满足：工程项目已经取得政府核准（审批）建设文件，勘察、设计、施工、监理单位已完成招标，建设单位各项目部的主要管理人员已到位，相关检测单位已明确。建设单位向天津市电力建设工程质量监督中心站（以下简称"质监站"）递交《电力工程质量监督注册申报书》进行申报。

（8）项目质监注册。建设单位携带《电力工程质量监督注册申报书》、核准文件，勘察、设计、施工、调试、监理单位资质证书的复印件，勘察、设计、施工、调试、监理单位主要管理人员相应执业资格证书的复印件，到质监站进行正式注册。符合要求的，质监站签发《电力工程质量监督注册证书》以及《电力工程质量监督检查计划书》。

（9）首次及土建工程质量监督检查。项目完成基础建设后，项目业主可申请质检站安排首次和土建工程阶段的质量监督检查，分工程实体检查和工程资料检查。工程实体主要是土建、钢结构安装施工，具体涵盖地基基础、主体结构、装饰装修、建筑屋面、给排水采暖、建筑电气、智能建筑、通风与空调等多个分部；工程资料主要包括项目支持性文件和项目质量管理文件。符合验收要求的，签发《电力工程质量监督检查转序通知书》，项目进入下一阶段工序。

（10）调度命名编号。光伏电站及送出线路的电气部分施工基本结束或未完成部分与图纸相差不大的情况下，项目业主携接入系统方案、接入系统批复、电气施工图纸、主要设备清单、设备随机资料等到市局调控中心申请编制《调度用××光伏电站一次系统图》，市局调控中心拟出草图。草图由专责绘制成CAD正式版，并发送至市局调控中心等处，经审批后生效。专责再将该《调度用××光伏电站一次系统图》发给市公司和区/分公司各有关部门，同时以电子邮件的形式发给项目业主，即调度命名编号。

（11）关口表申请。项目业主携发策部的接入系统批复和调度命名编号到市局交易中心处申报关口表，待关口材料审查合格后，将资料转交发策部专责。需提供材料：①关口电能计量设计图纸；②调度命名编号；③光伏电站升压站一次系统图；④接入系统方案；⑤接入系统批复。

（12）通信系统。线路贯通后，建设单位凭接入系统批复和调度命名编号到自动化专责处申请安排接入调度数据网、开通调度电话及其通信调试等相关事宜。

（13）继电保护整定值。建设单位需提供保护设备说明书和图纸。变电站内新间隔的保护及送出线路光纤差动保护（以下简称"光差保护"）整定值由县供电公司负责。光伏电站内除失步解列保护由市局计划处保护班给出外，其余保护定值由项目业主自行计算，所有新增、变更保护定值均需到市局（方式班）备案审核，并签字确认。

（14）远动信息与通信地址。项目业主向市局自动化专责提供光伏电站网络拓扑图、二次设备清单（厂家、型号）、《××光伏电站远动信息样表》。专责据上述文件编制《××光伏电站远动信息表》，包括遥测、遥信、遥控、AGC遥信、AGC遥测、AGC遥调以及光功率预测。资料审核齐全后，自动化专责编制并发给项目业主与新建光伏电站相关的《数据网通信地址表》及《××光伏电站远动信息表》。与此同时，市局及县级供电公司开始着手搭建各自调管范围内的后台。

（15）光差保护调试、调度数据网调试。在完成光缆敷设、光纤熔接、信道测通后，即可向县供电公司自动化专责处申请调试，专责安排检修班值班人员会同各厂家、试验人员一起进行光差保护、调度数据网调试等事项。

（16）远动联调。在完成光伏电站站内调试、供电公司后台搭建、调度数据网调试、远动装置与主站建立通信后，即可申请进行远动联调。申请获批后，供电公司会告知项目业主调度值班室的联系电话。项目业主将该联系方式交由后台厂家及现场调试负责人，即可开始进行远动信息联调（AGC在并网前具备基础调试，等并网后再进行正式调试）。

（17）并网启动试运行前阶段质量监督检查。即在施工、安装、调试结束之后，并网之前的质监验收，同样也分工程实体验收和工程资料验收，涵盖防雷接地、电气设备施工质量、电气五防检验、消防设施及备案情况、安全用电防护用品及工器具等实体工程，也强调试验报告、投运方案、运行规范、应急预案、组织机构、运维人员证件等保证安全运行的证明文件和措施文件，总体侧重电气专业。质监站出具《电力工程质量监督检查专家意见书》（包括整改项、验收组专家意见等），经整改符合要求后，质监站发出《电力工程质量监督检查并网通知书》。

（18）并网预备会。在完成所有基础建设、电气调试、远动联调且质监站出具质量监督检查验收合格文件后，由项目业主向市局、县供电公司各部门发出邀请函参加并网预备会，一是汇总所有与并网息息相关的问题，二是商讨对电站进行用电检查事宜。

（19）高压用电检查。项目业主在并网验收前向营销部专责提供相关资料（电气试验报告、电气施工图纸、设备随机资料等）审核，资料齐全后，调控中心组织公司各部门和县公司对光伏电站进行用电检查，现场检查汇总所有问题出具整改报告，其实质就是并网预验收。

（20）人员培训。在预验收后，调控中心由专责亲临光伏电站现场对运维人员进行集中培训，检查高压电工进网许可证，并下发调度联系人员名单。

（21）并网复验收。项目业主必须完成所有问题整改以后，再进行复验收。等市、区/分公司运检部出具变电站新间隔一、二次设备及线路验收合格报告后，供电公司营销部统一出具验收合格报告单——《××光伏电站验收意见》，并明确说明电站经检查验收合格，可以投入运行。

（22）电能采集终端。向市局调度自动化电能计量专责处申请进行电能采集终端——市局主站测试。项目业主需据实填写专责给出的《××电站电量信息样表》。

（23）关口表安装。参照《关口电能计量系统投运前验收技术资料》，市局及县供电公司发策部、交易中心、计量科等现场验收合格后，由区/分供电公司为项目业主安装计量关口表。

（24）协议签订前需要的其他文件。由国网天津市电力公司电力科学技术研究院电源技术中心出具《××光伏电站并网检测测试项目》及《××光伏电站并网检测技术方案》；与天津市津电信通科技有限公司签订的《通信运维技术服务合同》；经电力公司批准的《××光伏电站倒送电方案》《××光伏电站并网启动方案》；《××光伏电站典型操作票》。

（25）协议签订。建设单位凭《××光伏电站验收意见》与第二十四条所列文件到市局先后签订《购售电合同》与《并网调度协议》（所需资料：调度命名编号、人员名单、固定电话），随后建设单位再与项目地供电公司签订《调度协议》（双电源用户）。待三个合同齐全后，向市局申请召开并网启动会。

（26）并网启动会。由市局调控中心专责负责安排会议时间、地点、参会人员等，为倒送电及并网做最后部署，并详细安排倒送电及并网操作时间点。

（27）提票。按照并网启动会上制定的倒送电及并网操作时间点以及《调度协议》约定，建设单位向调控中心提请《××光伏电站启动并网调试申请票》，即调度操作票。

（28）倒送电及带负荷测向量。县电力公司运检部负责送至××光伏电站出线柜，建设单位在冲击光伏站内自有高压设备时，需先冲击SVG等类型无功补偿装置并且带负荷投入运行，以检测光差、母差类保护动作的正确性。在完成带负荷测向量之后，建设单位依照调度指令完成剩余高压设备的冲击，直至并网逆变器交流侧开关。

（29）并网启动。倒送电至箱式升压变电站带电安全运行24小时后，向市局调控中心申请逐台启动并网逆变器，投入光伏发电单元。

（30）并网后调试及试验。光伏区操作后台组态及调试；AGC/AVC调试；按前述《××光伏电站并网检测测试项目》及《××光伏电站并网检测技术方案》，由电科院完成相关涉网试验。

（31）关口电能计量点验收。参照《关口电能计量系统投运后验收技术资料》，向国网天津市电力公司提交《关于××电站关口电能计量点验收的申请》，市局及县供电公司安排发策部、交易中心、营销部、计量科等专业人员进行现场验收，并出具验收报告。

（32）质监终检，即竣工验收。符合竣工验收要求的，建设单位（项目）负责人组织施工（含分包）、设计、监理等单位的（项目）负责人等进行竣工验收。质监站对工程竣工验收的组织形式、验收程序、执行验收标准等情况进行现场监督。竣工验收后，质监站出具的竣工验收报告证明文件是办理电力业务许可证（发电类）的关键性文件之一。

105 安装在工厂等商业屋顶和个人家庭屋顶的收益相同吗？

答：收益是不同的。

对于分布式光伏发电，收益主要来自两个部分。

一部分是国家和当地的财政补贴。2020年3月，《国家发展改革委关于2020年光伏发电上网电价政策有关事项的通知》（发改价格〔2020〕511号）出台，对纳入2020年财政补贴的光伏项目，工商业分布式光伏发电补贴标准调整为每千瓦时

0.05 元；纳入 2020 年财政补贴规模的户用分布式光伏全发电量补贴标准调整为每千瓦时 0.08 元；

另一部分是分布式光伏发电带来的发电量收益，具体收益与当地的电价水平息息相关。以广东省为例，根据广东电网 2023 年发布的《广东电网有限责任公司关于 2023 年 1 月代理购电工商业用户价格的公告》，工商业用电电价为每千瓦时 0.8~1.7 元，大工业用电电价为每千瓦时 0.8~1.4 元，公共事业单位用电电价为每千瓦时 0.6~0.8 元，政府学校医院事业单位、农业用电和居民用电每千瓦时 0.5~0.8 元。

因此采用单位电量定额补贴对于安装在不同建筑或电力用户的分布式光伏收益是不同的，总的来说电价越高的地方收益也越大。

106 光伏全过程工程咨询服务体系的具体内容有哪些？

答：光伏全过程工程咨询的服务体系包括但不限于技术可行性分析、项目评估和融资支持、工程设计和规划、招标采购和工程造价、施工监理和质量管理、运维管理和性能监测等。

（1）技术可行性分析：咨询公司对项目进行技术可行性分析，评估光伏电站的建设可行性和经济性，通过分析项目所在地的光照条件、土地条件、政策环境、投资成本等因素，制订出最优的光伏发电方案。

（2）项目评估和融资支持：评估包括项目投资成本、预期收益、风险分析等方面；融资支持则包括为客户提供融资咨询和资金申请支持，帮助客户链接优质的投资商，解决资金问题，促进项目的顺利实施。

（3）工程设计和规划：设计包括电站选址、光伏电池板选型、电池板安装方式、逆变器的选择和安装、配套设施等方面，规划则包括光伏电站的整体布局、电网接入方案等。

（4）招标采购和工程造价：根据项目进度与客户需求，咨询公司运用科学理论及工程技术、经济、管理和法律等方面的专业知识，提供过程实施、招标采购管理咨询和采购技能培训等服务；按照工程建设过程分阶段进行造价咨询，编制及审核投资估算、概预（结）算、标底及最高限价，进行工程量清单、工程变更审核，对工程投资进行动态控制。

（5）施工监理和质量管理：包括现场施工监理、工程质量检测、材料和设备的验收等方面，确保项目按照规划和设计要求进行施工，对工程质量、进度、投资、绿色等目标进行控制。

（6）运维管理和性能监测：运维管理包括日常巡检、设备维护、故障排除等；性能监测包括对光伏电站的发电效率、电池板温度、光照强度等方面进行监测，及时发现并解决问题，保证光伏电站的高效稳定运行。

107 "双碳"背景下，咨询服务有哪些创新服务内容？相应服务取费依据文件有哪些？

答：（1）"双碳"背景下的创新咨询服务主要有"双碳"战略咨询、"双碳"管理咨询、碳管理数智化、能源结构转型和绿色评估认证等方面。

①"双碳"战略咨询：结合碳达峰碳中和总体行动目标，开展双碳政策解读，实行路径规划、行动方案、清单编制、方法学开发、ESG审计与报告鉴证、产品碳足迹核算、标准体系研究等，成为客户的双碳战略顾问。

②"双碳"管理咨询：开展全面碳盘查，进行节能诊断、策划节能改造、全面碳资产管理、碳交易，为客户提供"一站式"、全过程的"双碳"管理咨询服务。

③碳管理数智化：结合客户需求，为客户打造定制化的数智化碳管理平台，实现碳排放数据实时、精准、全面的在线展示，提供智能预判、分析及处理，实现高效的碳管理。

④能源结构转型：提供光伏、风电、生物质能及储能项目等新能源项目的招标代理、工程监理、造价咨询、检测认证服务、全过程工程咨询和EPC总包等服务。

⑤绿色评估认证：为数据中心、学校、园区等提供绿色低碳建设规划及咨询服务，开展绿色低碳评估认证咨询服务，助力客户开展园区绿色低碳评估认证工作。

（2）针对新能源项目，根据咨询服务内容可参考传统工程咨询服务进行取费，也可参考《光伏发电工程设计概算编制规定及费用标准》（NB/T 32027—2016），相关依据标准如下。

①新能源建设项目项目管理费可参考财政部《关于印发〈基本建设项目建设成本管理规定〉的通知》（财建〔2016〕504号）。

②可研咨询及项目建议书取费可参考《国家计委关于印发建设项目前期工作咨询收费暂行规定的通知》（计价格〔1999〕1283号）。

③招标代理服务取费可参考《国家计委关于印发〈招标代理服务收费管理暂行办法〉的通知》（计价格〔2002〕1980号）。

④工程监理取费可参考《国家发改委、建设部关于印发〈建设工程监理与相关服务收费管理规定〉的通知》（发改价格〔2007〕670号）。

⑤项目后评价咨询服务取费可参考《国家发展改革委关于印发中央政府投资项目后评价管理办法和中央政府投资项目后评价报告编制大纲（试行）的通知》（发改投资〔2014〕2129号）。

⑥工程造价取费各省取费有所差异，以广东省为例，取费标准可参考广东省物价局《关于调整我省建设工程造价咨询服务收费的复函》（粤价函〔2011〕742号）。

⑦光伏建设项目取费标准还可参考《光伏发电工程设计概算编制规定及费用标准》（NB／T 32027—2016），可根据实际情况选用适合具体项目的取费依据。

⑧"双碳"咨询业务目前尚无通用性的取费依据文件，常规做法可按照投入的人工及现场成本，叠加一定比例的利润及税金进行收取；此外对于给客户带来收益的双碳咨询业务，譬如碳资产开发、绿色金融贷款、碳交易等，可按照创造的收益，采用比例分成的模式，具体操作细则根据与客户协商结果纳入合同进行约定。

108 全过程工程咨询解决新能源项目有哪些重难点问题？

答： 全过程工程咨询可以解决新能源项目市场前景评估、土地选择和评估、技术选型、工程设计和规划、设备采购和供应链管理、施工管理和监督、运营和维护等重难点问题。

（1）市场前景评估：新能源项目的市场前景评估是项目决策的关键环节。全过程工程咨询可以根据政策、市场、经济等多方面因素，进行市场需求和竞争环境分析，预测项目的盈利能力和风险等级。

（2）土地选择和评估：新能源项目需要足够的土地来建设设施和设备，全过程工程咨询可以帮助项目团队选择和评估最适合的土地，包括地形地貌、水文地质、地震等方面，覆盖环境影响和土地开发限制等因素，以确定建设地点。

（3）技术选型：新能源项目的成功与否在很大程度上取决于所采用的技术，全过程工程咨询可以帮助项目团队确定最适合项目需求的技术选型，包括设备、材料、控制系统等方面。

（4）工程设计和规划：新能源项目需要详细的工程设计和规划，包括设备布局、管道布局、电力布局等方面，全过程工程咨询可以提供专业的技术支持，确保项目满足当地的法律法规和标准。

（5）设备采购和供应链管理：新能源项目需要大量的设备和材料，包括发电设备、变压器、电缆等，此外，为确保项目的可行性和效益，需考虑品牌、价格、维护成本、保修服务等方面的因素，全过程工程咨询可以帮助项目团队遴选优质供应商并建立紧密的合作关系，并监督整个供应链的运作。

（6）施工管理和监督：新能源项目的施工需要精密的计划和协调，以确保按时按质完成，全过程工程咨询可以提供专业的施工管理和监督服务，帮助项目团队管理风险、降低成本。

（7）运营和维护：新能源项目的成功需要长期的运营和维护，全过程工程咨询可以提供专业的运营和维护服务，包括设备监测维修、预防性维护等方面。

109　光伏发电项目的建设流程是什么？

答： 光伏发电项目分为分布式光伏发电项目和集中式光伏发电项目。两种模式建设场景及建设流程存在较大差异，下面分别进行介绍。

（1）分布式发电项目建设流程。

①前期开发阶段：寻找项目资源，与业主初步沟通，确定项目地点后，与厂区业主建立联系，针对厂区情况、屋顶结构、用电水平等基本问题进行访谈，确定合作意愿和用能需求；前期资料收集，包括资信审核、厂区情况、屋顶情况、用电情况、生产情况；现场实地踏勘，现场踏勘的主要目的是考核屋顶实际情况与图纸是否一致，条件允许时，可利用无人机航拍，有效提高踏勘效率；技术方案测算，确立开发意向，通过详细的技术方案测算，确定分布式光伏项目具备经济和技术可行性且与项目业主针对合作模式和交易价格达成一致后，签订售电协议或屋顶租赁协议，启动项目建设流程。

②项目备案阶段：获得县、区发改委项目备案；获得县、区电网公司接入批复。

③设计施工阶段：初步设计、采购招标、施工图设计、建设实施。

④并网验收阶段：项目业主向电网公司提出并网验收和调试申请；电网公司受理并网验收和调试申请；与电网签订购售电合同和并网调度协议；安装关口电能计量装置；完成并网验收及调试；项目并网运行。

（2）集中式发电项目建设流程。

①前期踏勘阶段：与土地所在村县沟通，了解场址地点、面积、土地类型和产权、地貌特征、附近变电站等情况，通过面积估算可以布置的光伏组件规模，通过土地类

型和产权归属估计征地难度和费用，通过地貌特征（平地、山地或水面）估计施工难度，通过附近变电站估计接入系统距离和费用，深入了解当地光伏补贴政策、允许建设的容量、在建项目及已建成项目的收益等情况。

②前期手续办理阶段：项目备案工作；获得批复文件；获得开工许可。

③项目施工图阶段：初步设计编制；设备招投标；施工图编制。

④项目建设实施阶段：开工准备阶段；土建、安装工程及送出线路施工阶段；工程调试阶段；设置安全标识，启动验收阶段；发电试运行，即初步验收阶段；工程移交生产验收阶段；竣工验收阶段；出质保验收阶段。

110 PPP模式的适用场景是什么？

答：《国务院办公厅转发财政部发展改革委人民银行关于在公共服务领域推广政府和社会资本合作模式指导意见的通知》明确：在能源、交通运输、水利、环境保护、农业、林业、科技、保障性安居工程、医疗、卫生、养老、教育、文化等公共服务领域，广泛采用政府和社会资本合作（PPP）模式提供公共服务。

并非所有的项目均适宜采用PPP模式，应结合各地PPP项目操作实践的特性综合判定，通常PPP模式适用以下场景。

（1）项目本身具备公用属性且适宜市场化提供。

第一，项目本身具备公共属性，即拟采用PPP模式的项目属于基础设施或公共服务领域向社会提供的公共产品或服务，如市政设施、公共交通、公共医疗卫生等项目，有别于单纯的商业投资开发性质项目。

第二，项目产出适宜市场化提供，即拟采用PPP模式实施的项目的产出成果是属于政府基于公共管理职责而向社会公众提供的产品或服务，但是，出于政府行政职能转变、构建现代财政制度、控制地方债务总量、高效利用社会资金等综合因素考虑，对适宜由市场提供的，转由社会资本代政府方履行相关义务，实现公共产品或服务的市场化提供，这属于一种公共产品或服务提供方式的机制创新。对于涉及国家安全、国家秘密、公共安全的项目应当由政府直接提供，不适合通过市场化方式提供，因此不适宜采用PPP模式。

（2）项目合作周期长、投资体量大。

第一，由于PPP模式是一个需要考虑全生命周期范畴的项目运作方式，从项目前期遴选识别直至项目最终移交，属于一个较长期的合作过程，与传统政府单纯一个阶段的采购行为相区分，以实现更高效率、更加经济地提供公共产品或服务的目的，因此，拟采用PPP模式的项目需要建立一个长期稳定的合作关系；合作期间，合作各方基于谈定的协议约定执行彼此间的责权利。

第二，拟采用PPP模式实施的项目本身应具备投资规模较大的特征。因为政府和社会资本合作项目属于基础设施或公共服务项目，无论是传统政府采购方式还是PPP模式，项目投资体量相对较大，且较为复杂，谈判耗时长、前期费用高，因此对项目规模有一定要求，否则前期费用占项目总投资的比例过大，有悖政府和社会资本合作模式优化资源、提高效率的目的。

111 光伏发电项目采用PPP模式的工作流程是什么？

答：光伏发电项目采用PPP模式可划分为四个工作阶段：项目识别、项目采购、项目执行、项目移交。

（1）项目识别阶段：所谓项目识别，即政府在确定一个光伏项目是否采用PPP模式时，需综合评价该项目是否符合"投资规模较大、需求长期稳定、价格调整机制灵活、市场化程度较高"等条件，从而最终决定是否采用政府和社会资本合作模式（PPP模式）。

①项目发起：根据PPP项目发起方式的不同，PPP项目包括政府发起、社会资本发起两种模式。

②项目筛选：财政部门会同行业主管部门，对潜在政府和社会资本光伏合作项目进行评估筛选，确定备选项目。

③物有所值评价：财政部门会同行业主管部门，从定性和定量两方面开展物有所值评价工作。定性评价重点关注项目采用政府和社会资本合作模式与采用政府传统采购模式相比能否增加供给、优化风险分配、提高运营效率、促进创新和公平竞争等。定量评价主要通过对政府和社会资本合作项目全生命周期内政府支出成本现值与公共部门比较值进行比较，计算项目的物有所值量值，判断政府和社会资本合作模式是否降低项目全生命周期成本。

（2）项目采购阶段。

④资格预审：项目实施机构根据光伏项目需要准备资格预审文件，发布资格预审公告，邀请社会资本和与其合作的金融机构参与资格预审，验证项目能否获得社会资本响应和实现充分竞争，并将资格预审的评审报告提交财政部门备案，资格预审公告

应在省级以上人民政府财政部门指定的媒体上发布。

⑤采购谈判及项目合同签订：项目实施机构应成立专门的采购结果确认谈判工作组，按照候选社会资本的排名，依次与候选社会资本及与其合作的金融机构就合同中可变的细节问题进行合同签署前的确认谈判，率先达成一致的即为中选者。

确认谈判完成后，项目实施机构与中选社会资本签署确认谈判备忘录，并将采购结果和根据采购文件、响应文件、补遗文件和确认谈判备忘录拟定的合同文本进行公示，公示期不得少于5个工作日，合同文本应将中选社会资本响应文件中的重要承诺和技术文件等作为附件。合同文本中涉及国家秘密、商业秘密的内容可以不公示。公示期满无异议的项目合同，应在政府审核同意后，由项目实施机构与中选社会资本签署。需要为项目设立专门项目公司的，待项目公司成立后，由项目公司与项目实施机构重新签署项目合同，或签署关于承继项目合同的补充合同。

（3）项目执行阶段。

⑥融资管理：项目融资由社会资本或项目公司负责，社会资本或项目公司应及时开展融资方案设计、机构接洽、合同签订和融资交割等工作。财政部门和项目实施机构应做好监督管理工作，防止企业债务向政府转移。

⑦政府支付及绩效监测：项目合同涉及的政府支付义务，财政部门应结合中长期财政规划统筹考虑，纳入同级政府预算，按照预算管理相关规定执行，财政部门和项目实施机构建立政府和社会资本合作项目政府支付台账，严格控制政府财政风险，在政府综合财务报告制度建立后，政府和社会资本合作项目中的政府支付义务应纳入政府综合财务报告。

⑧中期评估：项目实施机构每3~5年对项目进行中期评估，重点分析项目运行状况和项目合同的合规性、适应性和合理性，及时评估已发现问题的风险，制订应对措施，并报财政部门备案。

（4）项目移交阶段。

⑨移交准备：项目移交时，项目实施机构或政府指定的其他机构代表政府收回项目合同约定的项目资产。项目合同中应明确约定移交形式、补偿方式、移交内容和移交标准。

⑩性能测试：项目实施机构或政府指定的机构应组建项目移交组，根据项目合同约定与社会资本或项目公司确认移交情形和补偿方式，制订资产评估和性能测试方案，项目移交工作组应委托具有相关资质的资产评估机构按照项目合同约定的评估方式，对移交资产进行资产评估，作为确定补偿金额的依据。光伏项目移交工作组应严

格按照性能测试方案和移交标准对移交资产进行性能测试。光伏性能测试结果不达标的，移交工作组应要求社会资本或项目公司进行恢复性修理、更新重置或提取移交维修保函。

112 光伏发电项目常规的发承包方式有哪些？

答： 光伏发电项目常规的发承包方式包括以下几种。大总包模式（大EPC模式）、小总包模式（小EPC模式）、施工总承包模式（PC模式）、"工程总承包＋运维"模式（EPC+O）、项目管理承包模式（PMC模式）。

不同发承包方式的内容及范围如表10-2所示。

表10-2 光伏发电项目常规发承包方式的内容及范围

发承包方式	内容及范围
大总包	大EPC模式，承包单位的承包范围包含设计、施工以及所有设备及材料的采购
小总包	小EPC模式，承包单位的承包范围包含设计、施工和配套材料采购；甲方负责设备及主要材料的提供
施工总承包	PC模式，承包范围包含采购、施工，甲方提供设计
工程总承包＋运维	EPC+O模式，承包单位除了负责项目设计、施工及采购外，还负责运营维护
项目管理承包	PMC模式，甲方引入专业的项目管理承包商，对项目管理全过程进行集约化管理，其工作范围包括进行工程的整体规划、项目定义、工程招标、选择EPC承包商，并对设计、采购、施工、试运行进行全面管理

113 工程总承包模式的特点有哪些？此类项目中发包人和承包商的工作如何分工？

答：（1）总承包商根据合同约定向发包人交付工程总承包项目的工程产品，发包人按照约定向其支付工程产品价款和报酬。具体而言，工程总承包模式的特点如下。

①以"发包人要求"为核心管理目标：发包人要求一般包括功能、时间、质量标准等基本要求，各投标的承包商根据发包人要求，在验证所有有关的信息和数据、进

行必要的现场调查后，结合自己的人员、设备、经验情况提出初步方案，发包人通过比较评估，选定中标的EPC总承包商并签订合同。

②以总承包商为履约核心：由总承包商自行完成对整个项目的设计、采购施工一体化策划，并对发包人提供的全部数据信息进行复核和论证，负责设计、生产（制造）所需物资的采购、调配和EPC项目的试运行管理，直至符合发包人在合同中规定的性能标准。

总承包商在此合同项下的风险较施工总承包合同要大很多，包括发包人在招标文件及其后程序中提供的全部资料和信息数据，总承包商均需复核，发包人对此类文件和数据的完整性、准确性不承担责任，除非合同另有约定或属于总承包商无法复核的情况。

③根据实际项目需要，扩展合同范围：合同履行完毕时，发包人获得一个可投产或者运行的工程设施，工程总承包如果加入了项目运营期间的管理或维修，还可以扩展为工程总承包加维修运营模式。

（2）工程总承包项目中发包人和承包商的工作分工遵照总承包合同双方权利义务、合同范围等约定执行，关键阶段工作分工如表10-3所示。

表10-3　　　　　　　　工程总承包项目关键阶段工作分工

项目阶段	发包人	承包商
项目实施准备	组建项目机构，筹集资金，选定项目地址，确定工程承包方式，提供功能性要求，编制招标文件	—
发包方案确定	对承包商提供的投标文件进行技术和财务评估，签订合同	递交投标文件，签订合同
项目实施	检查并控制进度、成本和质量目标，分析变更和索赔，并根据合同进行支付	设计与优化，设备材料采购和施工单位选择，全面进行设计与采购、施工的管理与协调，控制造价
移交和试运行	竣工检验和竣工后检验，验收工程，联合承包商进行试运行	接受单体和整体工程的竣工检验，培训发包方人员，联合发包人进行试运行，移交工程，修补工程缺陷

114 总承包单位为项目或作业人员购置的相关保险有哪些？

答：总承包单位为项目或作业人员购置的相关保险包括强制性保险和非强制性保险，其中强制性保险属于总承包单位必须购买的保险项，不同国家的强制性保险险别不一，根据项目所在地国家的法律和双方签订的合同规定办理；非强制性保险为总承包单位推荐性购买的保险。

（1）强制性保险。

总承包单位必须按项目所在地国家的法律和双方签订的合同规定办理有关强制性保险后，才能从事法律许可的业务或活动。根据国际惯例，工程总承包通常投保以下险别。

①建筑工程一切险／安装工程一切险：EPC总承包商应以其和业主的共同名义投保建筑工程一切险(附第三方责任险)／安装工程一切险(附第三方责任险)，并使之持续有效。建筑和安装工程保险分为一切险和列明责任保险，前者是指在保险合同中清楚地界定除外责任，其他未除外的均属于保险责任；后者是指清楚地界定保险责任，未列明承保的均为除外责任；保险范围是在保险合同约定的保险期限内发生双方规定的除外责任以外的工程(包括材料和设备)、施工设备等的损失及因施工造成的第三方人身伤害及财产损失。

②人身意外伤害保险：EPC总承包商应以业主和EPC总承包商的联合名义办理人身意外保险，并使之持续有效；保险范围是由于执行总承包合同引起的任何人员(建筑工程一切险／安装工程一切险中的"第三方"及下面提到的雇主责任险中规定的被保人员除外)的伤亡，或与之有关的任何赔偿费、诉讼费和其他相关费用，但须在保险合同双方约定的风险范围和保险责任内。

③雇主责任险：EPC总承包商应办理雇主责任险并使之保持有效。EPC总承包商可要求其分包商为其雇用人员办理雇主责任险，但业主只追究EPC总承包商的责任。

④机动车辆险：EPC总承包商应投保机动车辆险。机动车包括私用和商用汽车，两种都必须投保车身险和第三方责任险。

⑤十年责任险和两年责任险：EPC总承包商应投保十年责任险和两年责任险，并使之保持有效。承保范围是工程竣工后的十年内主体部分、两年内的建筑设备，且是由于发生于竣工之前的原因所造成的损失。

（2）非强制性保险。

非强制性保险是指与项目投资建设过程直接相关的各类附加或专门保险。这些附加保险包括由业主投保的预期利润损失险或完工延迟险，EPC总承包商投保的职业责任保险(如设计责任险等)、施工机具和设备保险、货物运输保险、汇率险等。投保人不仅要力争降低各类保险的费率，同时要考虑降低免赔额，要注意扩大保险覆盖范围。

115 分包合同的示范文本有哪些?

答：分包合同的示范文本包括但不限于：中华人民共和国住房和城乡建设部、中华人民共和国国家工商行政管理总局于2017年发布的《建设工程施工合同（示范文本）》（GF-2017—0201）；中华人民共和国建设部、中华人民共和国国家工商行政管理总局于2003年印发的《建设工程施工专业分包合同(示范文本)》（GF-2003—0213）、《建设工程施工劳务分包合同(示范文本)》（GF-2003—0214）。

其中两份施工分包合同示范文本（主要条款）简介如下。

（1）《建设工程施工劳务分包合同（示范文本）》，主要内容包括：劳务分包的工程对象及内容、完成劳务工作期限、质量标准以及合同双方的义务等。示范文本第17条"劳务报酬"约定合同双方可在"①固定劳务报酬（含管理费）；②不同工种劳务的计时单价（含管理费），按确认的工时计算；③不同工作成果的计件单价（含管理费），按确认的工程量计算"三种方式任选一种。同时示范文本第18条约定了"工时及工程量的确认"，第19条约定了"劳务报酬的中间支付"，第24条约定了"劳务报酬的最终支付"，有利于从根本上遏制和解决工程承包人拖欠农民工工资这个影响社会稳定的复杂问题。

（2）《建设工程施工专业分包合同（示范文本）》，分为协议书、通用条款和专用条款三部分。通用条款部分共38个条款，分为词语定义、合同文件，双方一般权利和义务，工期，质量与安全，合同价款与支付，工期变更，竣工验收及结算，违约、索赔及争议，保障、保险及担保等。其中第5条"总包合同"、第10条"分包人的工作"、第11条"总包合同解除"、第12条"转包与再分包"、第29条"保障"、第35条"分包合同的解除"等条款，都是与《建设工程施工合同（示范文本）》不同的特有条款。

116 光伏项目安装过程需要注意哪些电气安全要求？会不会因漏电对人身产生危险？

答：光伏电站是比较安全的，正常的使用和安装不会造成漏电对人身产生危险。国家能源局发布的《户用光伏建设运行百问百答（2022年版）》具体要求如下。

（1）在安装组件时，请使用绝缘工具，不要戴金属饰品。

（2）请勿在有负载的情况下断开电气连接。

（3）必须保持接插头干燥和清洁，不要将其他金属物体插入接插头内，或者以其他任何方式来进行电气连接。

（4）不要触摸或操作玻璃破碎、边框脱落和背板受损的光伏组件，除非组件断开了电气连接并且作业人员穿着个人防护装备。

（5）如果组件是潮湿的，请勿触碰组件，除非是在清洁组件的时候，但是需要按照组件清洗手册的要求操作。

（6）在没有佩戴个人防护装置或者橡胶手套的时候，一定不能触碰潮湿的接插头。

117 安装光伏组件是否面临违建或者改造房屋问题？

答：根据国家能源局下发的《分布式光伏发电项目管理暂行办法》第三章第十一条规定，项目备案工作应根据分布式光伏发电项目特点尽可能简化程序，免除发电业务许可、规划选址、土地预审、水土保持、环境影响评价、节能评估及社会风险评估等支持性文件。第十二条规定，对个人利用自有住宅及在住宅区域内建设的分布式光伏发电项目，由当地电网企业直接登记并集中向当地能源主管部门备案。不需要国家资金补贴的项目由省级能源主管部门自行管理。

据此规定，屋顶分布式光伏发电系统不属于违建，只要通过合法的途径提交申请，合理设计、建造光伏电站，国家电网会予以接入电网，目前在家庭光伏发电系统的建设安装方面，已经具备非常成熟的市场经验，在荷载符合要求的情况下，对于房屋完全无须改造。

【案例1】武汉某小区多栋楼楼顶建起光伏发电站，业主并未取得物业支持，但依然建设成功。

物业认为：在楼顶建光伏发电站，侵占楼顶公共平台，影响楼栋主面外观，侵犯其他业主的集体利益。

城管意见：城管执法中队负责人表示，根据相关规定，分布式光伏发电项目可免除发电业务许可、规划选址、土地预审、水土保持、环境影响评价、节能评估及社会风险评估等支持性文件。据此，城管部门认定光伏发电设施属于合法的，不属于违建，故而没有拆除。

国家发展和改革委意见：近年来，国家一直鼓励建设光伏发电站；按规定，建光伏发电站应到当地发改委备案；不备案就不能并网，也不能享受国家补贴；个人如果在天台等小区公共空间安装光伏发电设备，应征得小区业委会及发电站所在楼栋多数业主的同意。

【分析】小区楼顶建光伏电站可以免去支持性文件手续，但要征得其他业主同意再建。

【案例2】浙江某大厦顶部光伏建筑被举报是违建。在建设光伏电站的过程中，加盖了钢结构屋顶，且没有任何审批就建设。

【分析】大厦屋顶加盖已经突破了原有的规划控制指标，钢结构屋顶形成封闭空间，产生了建筑面积，且未审批，属于违建。

118 安装光伏组件会不会对生态环境造成影响？

答：安装光伏组件不会对生态环境造成影响。

（1）光伏电站在运行过程中，不会产生废气、废水、废料，不会产生环境污染物。

（2）光伏电站在运转中，不需要转动零部件，因此不会发生噪声污染。

（3）光伏电站的运行原理是光生伏打效应，光伏板在阳光直射下产生直流电，直流电通过串并联汇流后进入光伏逆变器，转换为可以直接使用、并入电网的电流。光伏电站在整个工作过程中，不会产生任何的高频交流电，没有电磁辐射，所以不会对人体和环境产生危害。

（4）光伏电站的电缆铺设使用的是管道和桥架，不会对原有的建筑和环境造成破坏。

119 工程争议解决的方式有哪些？

答：工程争议解决的方式一般包括和解、调解、仲裁以及诉讼四种。

（1）和解。和解是指当事人因合同发生纠纷时可以再行协商，在尊重双方利益的基础上，就争议的事项达成一致，从而解决纠纷的方式。和解是当事人自由选择的在自愿原则下解决合同纠纷的方式，而不是合同纠纷解决的必经程序。当事人也可以不经协商和解而直接选择其他解决纠纷的途径。

（2）调解。调解是指在第三人的主持下，通过运用说服教育等方法来解决当事人之间合同纠纷的方式。调解有两种方式，一是人民调解委员会调解当事人发生的合同纠纷，可以向纠纷当事人所在地或者纠纷发生地的人民调解委员会申请调解；二是行政调解，主要指工商行政管理机关居中对合同当事人的纠纷进行调解，申请行政调解的纠纷必须具备以下条件：申请人必须是与本案有直接利害关系的当事人，有明确的被申请人、具体的调解请求和事实根据；符合工商行政管理机关受理案件范围的规定。

下列调解申请不予受理：①已经向人民法院起诉的；②已经向仲裁机构申请仲裁的；③一方要求调解，另一方不同意调解的。

双方当事人接受调解达成协议的，应当制作调解协议书，当事人应当按照调解协议书履行各自的义务。由于调解协议书不具有法律强制力，一方当事人不履行的，对方当事人不能就此请求人民法院强制执行，但可以采用其他方式来解决争议。

（3）仲裁。仲裁是指发生合同争议的双方当事人，根据争议发生前或发生后达成的仲裁协议，将纠纷提交仲裁机关进行裁决解决纠纷的方式。仲裁具有"准司法"性质，仲裁机构作出的仲裁裁决具有法律效力，当事人应当履行。

（4）诉讼。诉讼是指合同纠纷发生后，当事人如果没有仲裁协议，任何一方均可以向人民法院提起民事诉讼，请求人民法院对合同纠纷依法予以处理。这是解决合同纠纷的最常见方式。合同纠纷经人民法院审理并作出判决后，当事人对人民法院作出的发生法律效力的判决书必须履行，拒不履行的，另一方当事人可以申请人民法院强制执行。

120 光伏新能源相关的规范清单有哪些？

答：光伏新能源常用的相关规范包括但不限于以下列表：

（1）GB 50797—2012光伏发电站设计规范；

（2）GB 50794—2012光伏发电站施工规范；

（3）GB 50666—2011混凝土结构工程施工规范；

（4）GB 50217—2018电力工程电缆设计标准；

（5）GB 50017—2017钢结构设计标准；

（6）GB 50204—2015混凝土结构工程施工质量验收规范；

（7）GB 50148—2010电气装置安装工程 电力变压器、油浸电抗器、互感器施工及验收规范；

（8）GB 50147—2010电气装置安装工程 高压电器施工及验收规范；

（9）GB 50171—2012电气装置安装工程 盘、柜及二次回路接线施工及验收规范；

（10）GB/T 50319—2013建设工程监理规范；

（11）GB/T 50358—2017建设项目工程总承包管理规范；

（12）NB/T 10100—2018光伏发电工程地质勘察规范；

（13）NB/T 10353—2019太阳能发电工程太阳能资源评估技术规程；

（14）NB/T 32042—2018光伏发电工程建设监理规范；

（15）NB/T 32026—2015光伏发电站并网性能测试与评价方法；

（16）NB/T 32016—2013并网光伏发电监控系统技术规范；

（17）NB/T 32004—2018光伏并网逆变器技术规范；

（18）NB/T 10642—2021光伏发电站支架技术要求；

（19）NB/T 10320—2019光伏发电工程组件及支架安装质量评定标准；

（20）NB/T 10294—2019机房走线架；

（21）NB/T 10292—2019铝合金电缆桥架；

（22）GB/T 34936—2017光伏发电站汇流箱技术要求；

（23）GB/T 14285—2006继电保护和安全自动装置技术规程；

（24）NB/T 32036—2017光伏发电工程达标投产验收规程；

（25）GB/T 50796—2012光伏发电工程验收规范；

（26）NB/T 32037—2017光伏发电建设项目文件归档与档案整理规范；

（27）NB/T 10433—2020光伏发电建设项目声像文件收集与归档规范。

第十一章 房建项目

121 建筑工程的内涵及分类是什么?

答:根据《建设工程分类标准》(GB/T 50841—2013),建筑工程是指供人们进行生产、生活或其他活动的房屋或场所。

建筑工程的分类如下。

(1)按照使用性质可分为民用建筑工程、工业建筑工程、构筑物工程及其他建筑工程等。按用途来分,民用建筑工程又可分为居住建筑、办公建筑、旅馆酒店建筑、商业建筑、居民服务建筑、文化建筑、教育建筑、体育建筑、卫生建筑、科研建筑、交通建筑、人防建筑、广播电影电视建筑等;工业建筑工程可分为厂房(机房、车间)、仓库、辅助附属设施等;构筑物工程可分为工业构筑物、民用构筑物和水工构筑物等。

(2)按照组成结构可分为地基与基础工程、主体结构工程、建筑屋面工程、建筑装饰装修工程和室外建筑工程。

(3)按照空间位置可分为地下工程、地上工程、水下工程、水上工程等。

122 建筑工程的建设流程是什么?

答:综合考虑项目的报建报批、施工及竣工验收工作,建筑工程可分为立项用地规划许可阶段、工程建设许可阶段、施工许可阶段、施工阶段、竣工验收阶段五个阶段。

(1)立项用地规划许可阶段(以企业投资类项目为例)(见图11-1)。

```
                          ┌─────────┐
                          │  开始   │
                          └────┬────┘
                               │
                               ▼
        ┌──────┬──────────────────────────────────┐
        │ 项目 │                                  │
        │ 业主 │      编制《项目备案登记表》       │
        └──────┴──────────────────────────────────┘
                               │
                               ▼
   ┌ ─ ─ ─ ─ ─ ─ ─ ─ ─ ─ ─ ─ ─ ─ ─ ─ ─ ─ ─ ─ ─ ─ ─ ─ ─ ─ ─ ┐
   │ ┌──────┬──────────────────┐    ┌──────┬──────────────┐ │
     │ 自然资│                  │    │ 项目 │              │
   │ │ 源部门│  控制性详细规划修改│    │ 业主 │编制《可行性研究报告》│ │
     └──────┴──────────────────┘    └──────┴──────────────┘
   └ ─ ─ ─ ─ ─ ─ ─ ─ ─ ─ ─ ─ ─ ─ ─ ─ ─ ─ ─ ─ ─ ─ ─ ─ ─ ─ ─ ┘
                               │
                               ▼
   ┌ ─ ─ ─ ─ ─ ─ ─ ─ ─ ─ ─ ─ ─ ─ ─ ─ ─ ─ ─ ─ ─ ─ ─ ─ ─ ─ ─ ┐
   │ ┌──────┬──────────────────┐ ┌────────┬──────────────┐ │
     │自然资 │                  │ │政府及发展│            │
   │ │源部门 │用地预算与选址意见书核发│ │改革部门 │社会稳定风险评估│ │
     └──────┴──────────────────┘ └────────┴──────────────┘
   │ ┌──────┬──────────────────┐ ┌────────┬──────────────┐ │
     │评估  │                  │ │文物主  │              │
   │ │单位  │ 地质灾害危险性评估 │ │管部门  │历史文化风貌保护│ │
     └──────┴──────────────────┘ └────────┴──────────────┘
   │ ┌──────┬──────────────────┐                          │
     │林业  │                  │
   │ │部门  │风景名胜区内建设活动审批│                        │
     └──────┴──────────────────┘
   └ ─ ─ ─ ─ ─ ─ ─ ─ ─ ─ ─ ─ ─ ─ ─ ─ ─ ─ ─ ─ ─ ─ ─ ─ ─ ─ ─ ┘
                               │
                               ▼
        ┌──────┬──────────────────────────────────┐
        │发展改│                                  │
        │革部门│       企业投资项目备案           │
        └──────┴──────────────────────────────────┘
                               │
                               ▼
        ┌──────┬──────────────────────────────────┐
        │自然资│                                  │
        │源部门│           用地批复              │
        └──────┴──────────────────────────────────┘
                               │
                               ▼
                        ╱──────────╲
                        │ 接工程建设 │
                        │  许可阶段  │
                        ╲──────────╱
```

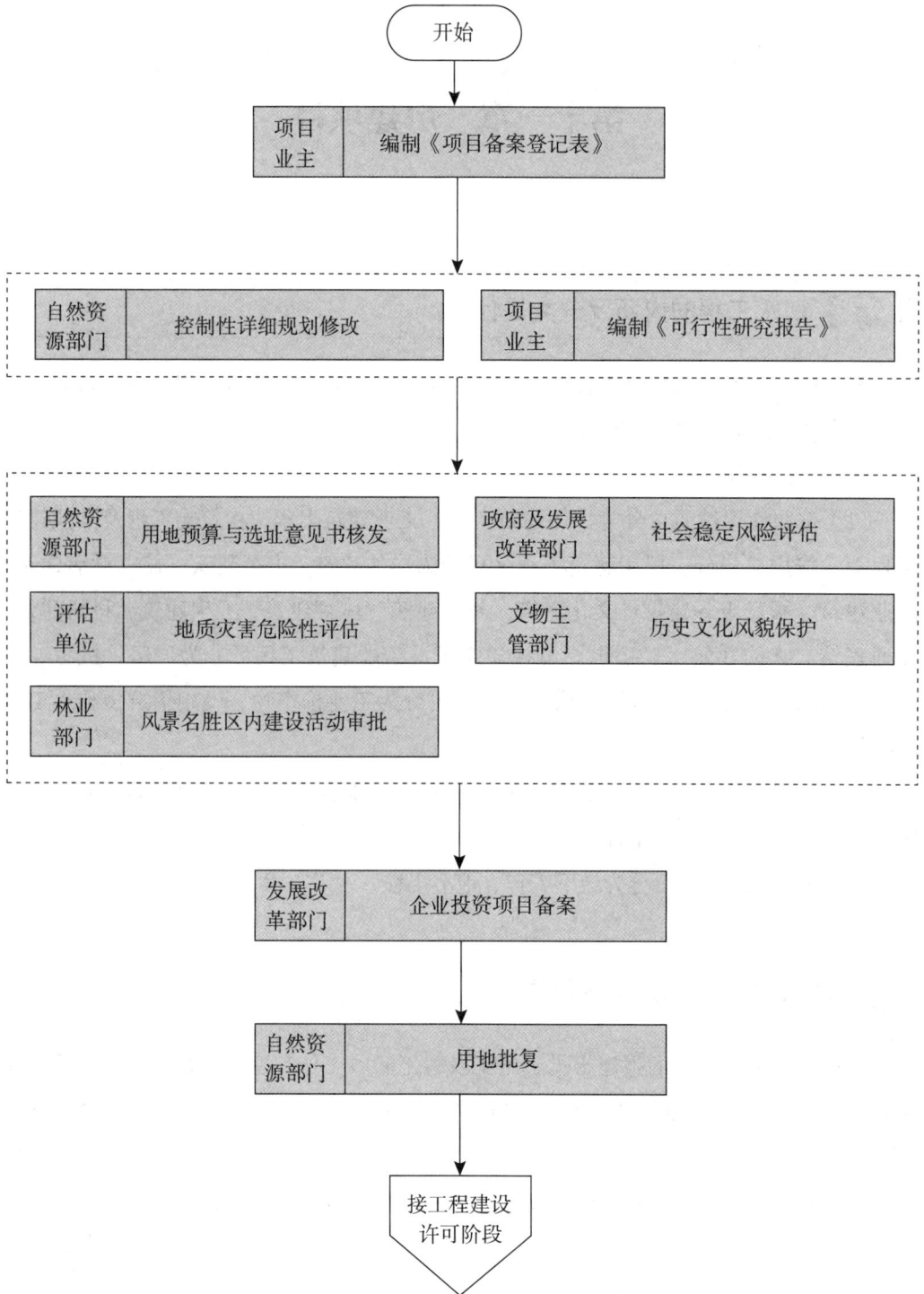

图 11-1　立项用地规划许可阶段建设流程

（2）工程建设许可阶段及施工许可阶段（见图11-2）。

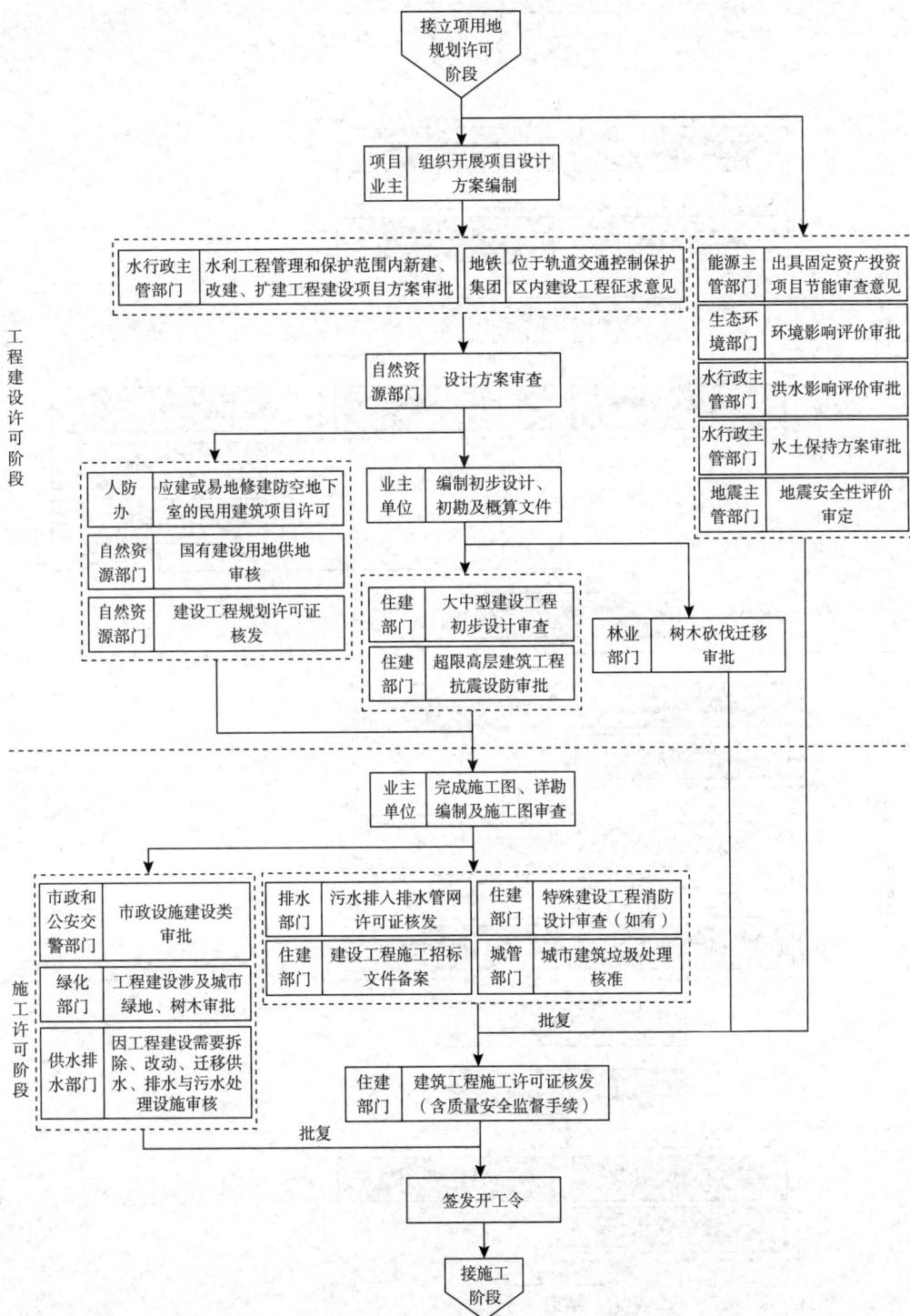

图11-2 的流程图

接立项用地规划许可阶段

| 项目业主 | 组织开展项目设计方案编制 |

水行政主管部门 | 水利工程管理和保护范围内新建、改建、扩建工程建设项目方案审批
地铁集团 | 位于轨道交通控制保护区内建设工程征求意见

能源主管部门 | 出具固定资产投资项目节能审查意见
生态环境部门 | 环境影响评价审批
水行政主管部门 | 洪水影响评价审批
水行政主管部门 | 水土保持方案审批
地震主管部门 | 地震安全性评价审定

自然资源部门 | 设计方案审查

人防办 | 应建或易地修建防空地下室的民用建筑项目许可
自然资源部门 | 国有建设用地供地审核
自然资源部门 | 建设工程规划许可证核发

业主单位 | 编制初步设计、初勘及概算文件

住建部门 | 大中型建设工程初步设计审查
住建部门 | 超限高层建筑工程抗震设防审查

林业部门 | 树木砍伐迁移审批

业主单位 | 完成施工图、详勘编制及施工图审查

市政和公安交警部门 | 市政设施建设类审批
绿化部门 | 工程建设涉及城市绿地、树木审批
供水排水部门 | 因工程建设需要拆除、改动、迁移供水、排水与污水处理设施审核

排水部门 | 污水排入排水管网许可证核发
住建部门 | 建设工程施工招标文件备案

住建部门 | 特殊建设工程消防设计审查（如有）
城管部门 | 城市建筑垃圾处理核准

批复

住建部门 | 建筑工程施工许可证核发（含质量安全监督手续）

批复

签发开工令

接施工阶段

图11-2 工程建设许可阶段及施工许可阶段流程

工程建设许可阶段

施工许可阶段

（3）施工阶段及竣工验收阶段（见图11-3）。

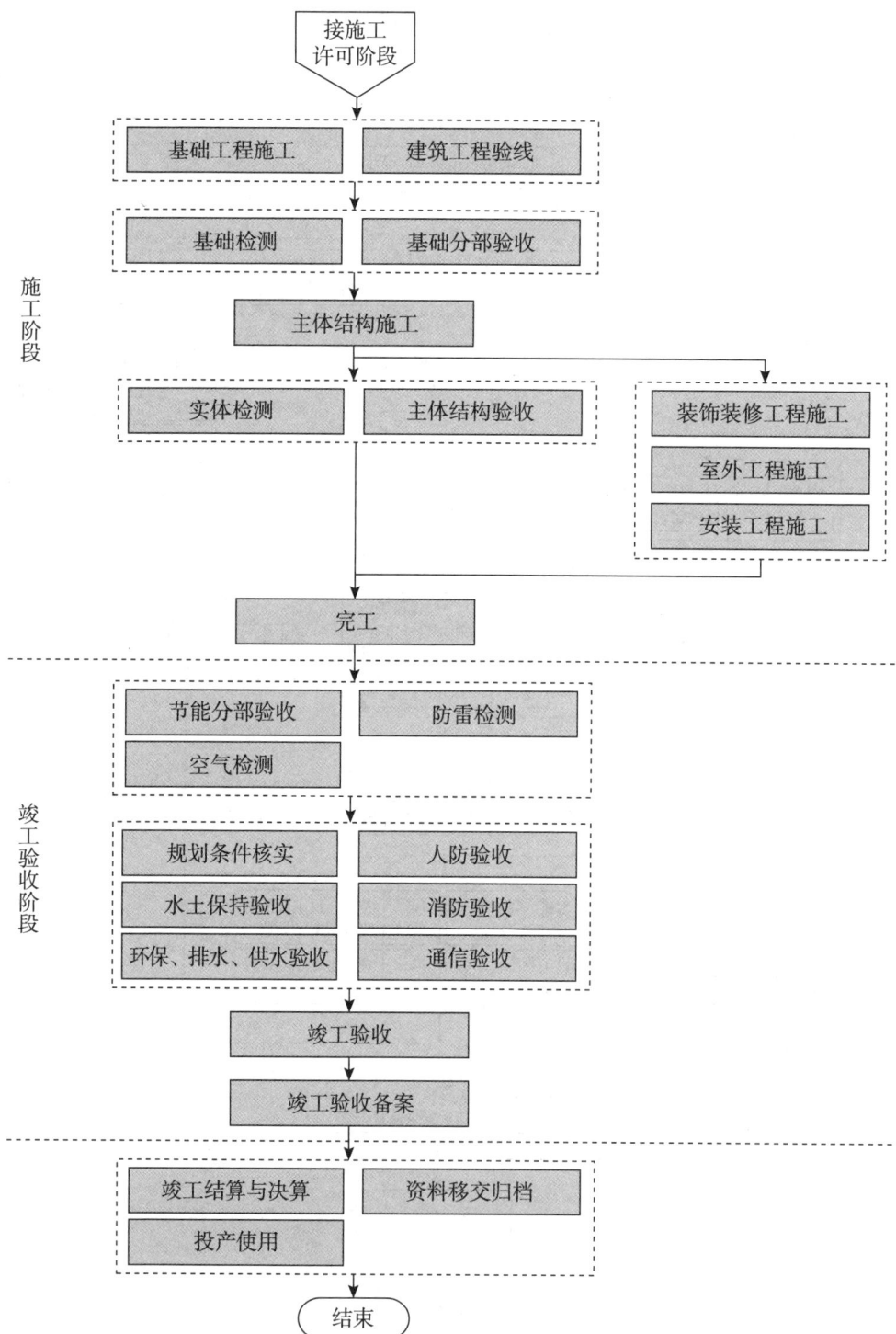

```
        ┌──────────┐
        │  接施工   │
        │ 许可阶段  │
        └────┬─────┘
```

施工阶段

- 基础工程施工 ｜ 建筑工程验线
- 基础检测 ｜ 基础分部验收
- 主体结构施工
- 实体检测 ｜ 主体结构验收 ｜ 装饰装修工程施工 / 室外工程施工 / 安装工程施工
- 完工

竣工验收阶段

- 节能分部验收 / 空气检测 ｜ 防雷检测
- 规划条件核实 / 水土保持验收 / 环保、排水、供水验收 ｜ 人防验收 / 消防验收 / 通信验收
- 竣工验收
- 竣工验收备案
- 竣工结算与决算 / 投产使用 ｜ 资料移交归档

```
        ┌──────┐
        │ 结束 │
        └──────┘
```

图11-3　施工阶段及竣工验收阶段流程

具体项目结合项目所在地建筑相关工程管理办法及规定组织实施。

123 项目管理与代建的区别有哪些?

答: 项目管理与代建在概念、合同主体和业主参与度上均存在区别。

(1)概念的区别。

建设工程项目管理:自项目开始至项目完成,通过项目策划和项目控制,以使项目的费用目标、进度目标和质量目标得以实现。

代建制:通过招标方式或业主方委托有资质的专门管理机构,对工程项目实行专业化、社会化管理,组织开展工程建设项目可行性研究、勘察、设计、招标、采购、监理及施工等工作,按建设计划和设计要求完成建设任务,直至竣工验收后交付使用单位的一种制度。

(2)合同主体的区别。

建设工程项目管理:工程项目管理公司不是工程发包主体,不直接与勘察、设计、招标、供货、监理及施工承包等企业签订合同,而是按照与业主签订的项目管理合同,对约定的包括前期管理、设计管理、合同管理、质量管理、进度管理、投资管理、安全管理、风险控制等方面的内容,以业主的名义对工程项目的组织实施进行管理和服务。

代建制:代建单位受业主的委托,以自己的名义与总承包企业或勘察、设计、招标、供货、监理及施工承包等企业签订合同,依据合同独立开展项目管理工作。

(3)业主参与程度的区别。

建设工程项目管理:工程项目管理公司与业主共同管理。

代建制:业主不直接参与项目管理,而是代建单位按照与业主方签订的合同代行项目建设投资主体职责,独立完成项目管理工作。

124 城乡规划编制单位资质等级分类及承接业务范围是什么?

答: 依据2012年中华人民共和国住房和城乡建设部令第12号《城乡规划编制单位资质管理规定》,城乡规划编制单位资质分为甲级、乙级、丙级。

(1)甲级城乡规划编制单位资质标准。

①有法人资格。

②注册资本金不少于100万元人民币。

③专业技术人员不少于40人，其中具有城乡规划专业高级技术职称的不少于4人，具有其他专业高级技术职称的不少于4人（建筑、道路交通、给排水专业各不少于1人）；具有城乡规划专业中级技术职称的不少于8人，具有其他专业中级技术职称的不少于15人。

④注册规划师不少于10人。

⑤具备符合业务要求的计算机图形输入输出设备及软件。

⑥有400平方米以上的固定工作场所，以及完善的技术、质量、财务管理制度。

（2）乙级城乡规划编制单位资质标准。

①有法人资格。

②注册资本金不少于50万元人民币。

③专业技术人员不少于25人，其中具有城乡规划专业高级技术职称的不少于2人，高级建筑师不少于1人、高级工程师不少于1人；具有城乡规划专业中级技术职称的不少于5人，具有其他专业中级技术职称的不少于10人。

④注册规划师不少于4人。

⑤具备符合业务要求的计算机图形输入输出设备。

⑥有200平方米以上的固定工作场所，以及完善的技术、质量、财务管理制度。

（3）丙级城乡规划编制单位资质标准。

①有法人资格。

②注册资本金不少于20万元人民币。

③专业技术人员不少于15人，其中具有城乡规划专业中级技术职称的不少于2人，具有其他专业中级技术职称的不少于4人。

④注册规划师不少于1人。

⑤专业技术人员配备计算机达80%。

⑥有100平方米以上的固定工作场所，以及完善的技术、质量、财务管理制度。

（4）各级资质业务承接范围如下。

甲级城乡规划编制单位承担城乡规划编制业务的范围不受限制。

乙级城乡规划编制单位可以在全国承担下列业务：镇、20万现状人口以下城市总体规划的编制；镇、登记注册所在地城市和100万现状人口以下城市相关专项规划的编制；详细规划的编制；乡、村庄规划的编制；建设工程项目规划选址的可行性研究。

丙级城乡规划编制单位可以在全国承担下列业务：镇总体规划（县人民政府所在

地镇除外）的编制；镇、登记注册所在地城市和20万现状人口以下城市的相关专项规划及控制性详细规划的编制；修建性详细规划的编制；乡、村庄规划的编制；中、小型建设工程项目规划选址的可行性研究。

125 哪些建设工程需进行消防设计审查？

答：依据《建设工程消防设计审查验收管理暂行规定》（中华人民共和国住房和城乡建设部令第51号），对特殊建设工程实行消防设计审查制度。特殊建设工程的建设单位应当向消防设计审查验收主管部门申请消防设计审查，消防设计审查验收主管部门依法对审查的结果负责。特殊建设工程未经消防设计审查或者审查不合格的，建设单位、施工单位不得施工。

需进行消防设计审查的特殊建设工程包含以下12种。

（1）总建筑面积大于二万平方米的体育场馆、会堂，公共展览馆、博物馆的展示厅。

（2）总建筑面积大于一万五千平方米的民用机场航站楼、客运车站候车室、客运码头候船厅。

（3）总建筑面积大于一万平方米的宾馆、饭店、商场、市场。

（4）总建筑面积大于二千五百平方米的影剧院，公共图书馆的阅览室，营业性室内健身、休闲场馆，医院的门诊楼，大学的教学楼、图书馆、食堂，劳动密集型企业的生产加工车间，寺庙、教堂。

（5）总建筑面积大于一千平方米的托儿所、幼儿园的儿童用房，儿童游乐厅等室内儿童活动场所，养老院、福利院，医院、疗养院的病房楼，中小学校的教学楼、图书馆、食堂，学校的集体宿舍，劳动密集型企业的员工集体宿舍。

（6）总建筑面积大于五百平方米的歌舞厅、录像厅、放映厅、卡拉OK厅、夜总会、游艺厅、桑拿浴室、网吧、酒吧，具有娱乐功能的餐馆、茶馆、咖啡厅。

（7）国家工程建设消防技术标准规定的一类高层住宅建筑。

（8）城市轨道交通、隧道工程，大型发电、变配电工程。

（9）生产、储存、装卸易燃易爆危险物品的工厂、仓库和专用车站、码头，易燃易爆气体和液体的充装站、供应站、调压站。

（10）国家机关办公楼、电力调度楼、电信楼、邮政楼、防灾指挥调度楼、广播电视楼、档案楼。

（11）设有本条第一项至第六项所列情形的建设工程。

（12）本条第十项、第十一项规定以外的单体建筑面积大于四万平方米或者建筑高度超过五十米的公共建筑。

126 工程质量检测机构资质类别及检测范围有哪些？

答：中华人民共和国住房和城乡建设部令第57号《建设工程质量检测管理办法》第五条规定，检测机构资质分为综合类资质、专项类资质；第十五条规定，检测机构与所检测建设工程相关的建设、施工、监理单位，以及建筑材料、建筑构配件和设备供应单位不得有隶属关系或者其他利害关系。

（1）《建设工程质量检测机构资质标准》，检测机构专项资质有9类，包括建筑材料及构配件、主体结构及装饰装修、钢结构、地基基础、建筑节能、建筑幕墙、市政工程材料、道路工程、桥梁及地下工程；检测机构资质不分等级。不同资质在资历及信誉、人员、检测设备及场所、管理水平等方面的要求详见文件具体规定。

（2）业务范围：综合资质承担全部专项资质中已取得检测参数的检测业务；专项资质承担所取得专项资质范围内已取得检测参数的检测业务。

（3）工程质量专项检测涉及检测项目清单如表11-1所示。

表11-1 工程质量专项检测涉及检测项目清单

序号	检测专项	检测项目
一	建筑材料及构配件	水泥/钢筋（含焊接与机械连接）/骨料、集料/砖、砌块、瓦、墙板/混凝土及拌合用水/混凝土外加剂/混凝土掺合料/砂浆/土/防水材料及防水密封材料/瓷砖及石材/塑料及金属管材/预制混凝土构件/预应力钢绞线/预应力混凝土用锚具夹具及连接器/预应力混凝土用波纹管/材料中的有害物质/建筑消能减震装置/建筑隔震装置/铝塑复合板/木材料及构配件/加固材料/焊接材料
二	主体机构及装饰装修	混凝土结构构件强度、砌体结构构件强度/钢筋及保护层厚度/植筋锚固力/构件位置和尺寸/外观质量及内部缺陷/装配式混凝土结构节点/结构构件性能/装饰装修工程/室内环境污染物
三	钢结构	钢材及焊接材料/焊缝/钢结构防腐及防火涂装/高强度螺栓及普通紧固件/构件位置与尺寸/结构构件性能/金属屋面
四	地基基础	地基及复合地基/桩的承载力/桩身完整性/锚杆抗拔承载力/地下连续墙

续表

序号	检测专项	检测项目
五	建筑节能	保温、绝热材料／粘接材料／增强加固材料／保温砂浆／抹面材料／隔热型材／建筑外窗／节能工程／电线电缆／反射隔热材料／供暖通风空调节能工程用材料、构件和设备／配电与照明节能工程用材料、构件和设备／可再生能源应用系统
六	建筑幕墙	密封胶／幕墙玻璃／幕墙
七	市政工程材料	土、无机结合稳定材料／土工合成材料／掺合料（粉煤灰、钢渣）／沥青及乳化沥青／沥青混合料用粗集料、细集料、矿粉、木质素纤维／沥青混合料／路面砖及路缘石／检查井盖、水箅、混凝土模块、防撞墩、隔离墩／水泥／骨料、集料／钢筋（含焊接与机械连接）／外加剂／砂浆／混凝土／防水材料及防水密封材料／水／石灰／石材／螺栓、锚具夹具及连接器
八	道路工程	沥青混合料路面／基层及底基层／土路基／排水管道工程／水泥混凝土路面
九	桥梁及地下工程	桥梁结构与构件／隧道主体结构／桥梁附属物／桥梁支座／桥梁伸缩装置／隧道环境／人行天桥及地下通道／综合管廊主体结构／涵洞主体结构

各检测项目必备检测参数及可选检测参数要求可查阅《建设工程质量检测机构资质标准》附件2。

127 施工合同约定的质量标准与国家强制性标准不一致、保修期低于法定最低期限的条款是否有效？

答：依据《北京市高级人民法院关于审理建设工程施工合同纠纷案件若干疑难问题的解答》（京高法发〔2012〕245号）。

建设工程施工合同中约定的建设工程质量标准低于国家规定的工程质量强制性安全标准的，该约定无效；合同约定的质量标准高于国家规定的强制性标准的，应当认定该约定有效。

建设工程施工合同中约定正常使用条件下工程的保修期限低于法律、行政法规规定的最低期限的，该规定无效。

当事人就工程质量保证金返还期限有约定的，依照其约定，但不影响承包人在保修期内承担质量保修责任；没有约定或约定不明的，工程质量保修金返还期限为工程竣工验收合格之日起二十四个月。

建设工程施工合同无效，但工程经竣工验收合格并交付发包人使用的，承包人应依据法律、行政法规的规定承担质量保修责任。发包人要求参照合同约定扣留一定比例的工程款作为工程质量保证金的，应予支持。

128 未取得建设审批手续的施工合同，效力如何认定？

答：未取得建设审批手续的施工合同是无效的。但是如果在一审法庭辩论终结前通过建设审批手续，那么是有效的，有以下两个依据文件。

（1）《北京市高级人民法院关于审理建设工程施工合同纠纷案件若干疑难问题的解答》（京高法发〔2012〕245号），发包人就尚未取得建设用地规划许可证、建设工程规划许可证等行政审批手续的工程，与承包人签订的建设工程施工合同无效。但在一审法庭辩论终结前发包人取得相应审批手续或者经主管部门批准建设的，应当认定合同有效。发包人未取得建筑工程施工许可证的，不影响施工合同的效力。

（2）《最高人民法院关于审理建设工程施工合同纠纷案件适用法律问题的解释（一）》（法释〔2020〕25号），当事人以发包人未取得建设工程规划许可证等规划审批手续为由，请求确认建设工程施工合同无效的，人民法院应予支持，但发包人在起诉前取得建设工程规划许可证等规划审批手续的除外。发包人能够办理审批手续而未办理，并以未办理审批手续为由请求确认建设工程施工合同无效的，人民法院不予支持。

129 固定总价合同履行中，当事人以工程发生设计变更为由要求对工程价款予以调整，如何处理？

答：（1）参照《北京市高级人民法院关于审理建设工程施工合同纠纷案件若干疑难问题的解答》（京高法发〔2012〕245号），建设工程施工合同约定工程价款实行固定总价结算，在实际履行过程中，因工程发生设计变更导致实际工程量增减，当事人要求对工程价款予以调整的，遵循以下处理原则：合同对工程价款调整有约定的，依照其约定；没有约定或约定不明的，可以参照合同约定标准对工程量增减部分予以单独结算，无法参照约定标准结算的，可以参照施工地建设行政主管部门发布的计价方法或者计价标准结算。

（2）建设工程施工合同约定了固定总价结算方式，如果没有发生合同修改或者变更等情况导致工程量发生变化时，应该按照合同约定的包干总价格结算工程款，一方当事人请求变更造价的，不予支持；但若在原工程总报价说明范围以外对项目进行了调整，承包方因项目调整要求增加工程造价的，对承包方的请求可以支持。

（3）主张工程价款调整的当事人应当对合同约定施工的具体范围、实际工程量增减的原因、数量等事实承担举证责任。

130 固定总价合同履行中，主要建筑材料价格发生重大变化，当事人要求对工程价款予以调整的，应如何处理？

答：参照《北京市高级人民法院关于审理建设工程施工合同纠纷案件若干疑难问题的解答》，建设工程施工合同约定工程价款实行固定总价结算，在实际履行过程中，钢材、木材、水泥、混凝土等对工程造价影响较大的主要建筑材料价格发生重大变化，超出了正常市场风险的范围，合同对建材价格变动风险负担有约定的，原则上依照其约定处理；没有约定或约定不明，该当事人要求调整工程价款的，可在市场风险范围和幅度之外酌情予以支持；具体数额可以委托鉴定机构参照施工地建设行政主管部门关于处理建材差价问题的意见予以确定。

因一方当事人原因导致工期延误或建筑材料供应时间延误的，在此期间的建材差价部分工程款，由过错方予以承担。

131 如何认定违法发包、违法分包？

答：（1）依据《建筑工程施工发包与承包违法行为认定查处管理办法》，违法发包是指建设单位将工程发包给个人或不具有相应资质的单位、肢解发包、违反法定程序发包及其他违反法律法规规定发包的行为。

第六条规定，存在下列情形之一的，属于违法发包。

①建设单位将工程发包给个人的。

②建设单位将工程发包给不具有相应资质的单位的。

③依法应当招标未招标或未按照法定招标程序发包的。

④建设单位设置不合理的招标投标条件，限制、排斥潜在投标人或者投标人的。

⑤建设单位将一个单位工程的施工分解成若干部分发包给不同的施工总承包或专业承包单位的。

（2）违法分包是指承包单位承包工程后违反法律法规规定，把单位工程或分部分项工程分包给其他单位或个人施工的行为。

第十二条规定，存在下列情形之一的，属于违法分包。

①承包单位将其承包的工程分包给个人的。

②施工总承包单位或专业承包单位将工程分包给不具备相应资质单位的。

③施工总承包单位将施工总承包合同范围内工程主体结构的施工分包给其他施工单位的，钢结构工程除外。

④专业分包单位将其承包的专业工程中非劳务作业部分再分包的。

⑤专业作业承包人将其承包的劳务再分包的。

⑥专业作业承包人除计取劳务作业费用外，还计取主要建筑材料款和大中型施工机械设备、主要周转材料费用的。

132 如何认定工程转包、挂靠？

答：（1）依据《建筑工程施工发包与承包违法行为认定查处管理办法》，转包是指承包单位承包工程后，不履行合同约定的责任和义务，将其承包的全部工程或者将其承包的全部工程肢解后以分包的名义分别转给其他施工单位或个人施工的行为。

第八条规定，存在下列情形之一的，应当认定为转包，但有证据证明属于挂靠或者其他违法行为的除外。

①承包单位将其承包的全部工程转给其他单位（包括母公司承接建筑工程后将所承接工程交由具有独立法人资格的子公司施工的情形）或个人施工的。

②承包单位将其承包的全部工程肢解以后，以分包的名义分别转给其他单位或个人施工的。

③施工总承包单位或专业承包单位未派驻项目负责人、技术负责人、质量管理负责人、安全管理负责人等主要管理人员，或派驻的项目负责人、技术负责人、质量管理负责人、安全管理负责人中一人及以上与施工单位没有订立劳动合同且没有建立劳动工资和社会养老保险关系，或派驻的项目负责人未对该工程的施工活动进行组织管理，又不能进行合理解释并提供相应证明的。

④合同约定由承包单位负责采购的主要建筑材料、构配件及工程设备或租赁的施工机械设备，由其他单位或个人采购、租赁，或施工单位不能提供有关采购、租赁合同及发票等证明，又不能进行合理解释并提供相应证明的。

⑤专业作业承包人承包的范围是承包单位承包的全部工程，专业作业承包人计取的是除上缴给承包单位"管理费"之外的全部工程价款的。

⑥承包单位通过采取合作、联营、个人承包等形式或名义，直接或变相将其承包的全部工程转给其他单位或个人施工的。

⑦专业工程的发包单位不是该工程的施工总承包或专业承包单位的，但建设单位依约作为发包单位的除外。

⑧专业作业的发包单位不是该工程承包单位的。

⑨施工合同主体之间没有工程款收付关系，或者承包单位收到款项后又将款项转拨给其他单位和个人，又不能进行合理解释并提供材料证明的。

（2）依据《建筑工程施工发包与承包违法行为认定查处管理办法》，挂靠是指单位或个人以其他有资质的施工单位的名义承揽工程的行为，包括参与投标、订立合同、办理有关施工手续、从事施工等活动。

第十条规定，存在下列情形之一的，属于挂靠。

①没有资质的单位或个人借用其他施工单位的资质承揽工程的。

②有资质的施工单位相互借用资质承揽工程的，包括资质等级低的借用资质等级高的，资质等级高的借用资质等级低的，相同资质等级相互借用的。

③上述第八条第3至第9项规定的情形，有证据证明属于挂靠的。

133 对违法发包、转包、违法分包及挂靠的行政处罚有哪些？

答：依据《建筑工程施工发包与承包违法行为认定查处管理办法》，县级以上人民政府住房和城乡建设主管部门对本行政区域内发现的违法发包、转包、违法分包及挂靠等违法行为，应当依法进行调查，并依法予以行政处罚。

建设单位违法发包，拒不整改或者整改后仍达不到要求的，视为没有依法确定施工企业，将其违法行为记入诚信档案，实行联合惩戒。对全部或部分使用国有资金的项目，同时将建设单位违法发包的行为告知其上级主管部门及纪检监察部门，并建议对建设单位直接负责的主管人员和其他直接责任人员给予相应的行政处分。

对认定有转包或违法分包行为的施工单位，依据《中华人民共和国建筑法》第六十七条、《建设工程质量管理条例》第六十二条的规定进行处罚。

对认定有挂靠行为的施工单位或个人，依据《中华人民共和国招标投标法》第五十四条、《中华人民共和国建筑法》第六十五条和《建设工程质量管理条例》第六十条的规定进行处罚。

对认定有转让、出借资质证书或者以其他方式允许他人以本单位的名义承揽工程的施工单位，依据《中华人民共和国建筑法》第六十六条、《建设工程质量管理条例》第六十一条的规定进行处罚。

对建设单位、施工单位给予单位罚款处罚的，依据《建设工程质量管理条例》第七十三条、《中华人民共和国招标投标法》第四十九条、《中华人民共和国招标投标法实施条例》第六十四条的规定，对单位直接负责的主管人员和其他直接责任人员进行处罚。

对认定有转包、违法分包、挂靠、转让出借资质证书或者以其他方式允许他人以本单位的名义承揽工程等违法行为的施工单位，可依法限制其参加工程投标活动、承揽新的工程项目，并对其企业资质是否满足资质标准条件进行核查，对达不到资质标准要求的限期整改，整改后仍达不到要求的，资质审批机关撤回其资质证书。

对2年内发生2次及以上转包、违法分包、挂靠、转让出借资质证书或者以其他方式允许他人以本单位的名义承揽工程的施工单位，应当依法按照情节严重情形给予处罚。

因违法发包、转包、违法分包及挂靠等行为导致发生质量安全事故的，应当依法按照情节严重情形给予处罚。

对于违法发包、转包、违法分包及挂靠等违法行为的行政处罚追溯期限，应当按照《全国人大法工委关于对建筑施工企业母公司承接工程后交由子公司实施是否属于转包以及行政处罚两年追诉期认定法律适用问题的意见》（法工办发〔2017〕223号）的规定，从存在违法发包、转包、违法分包、挂靠的建筑工程竣工验收之日起计算；合同工程量未全部完成而解除或终止履行合同的，自合同解除或终止之日起计算。

134 危险性较大的分部分项工程、超过一定规模的危险性较大的分部分项工程范围有哪些？

答：（1）《住房城乡建设部办公厅关于实施〈危险性较大的分部分项工程安全管理规定〉有关问题的通知》（建办质〔2018〕31号），明确了房屋建筑和市政基础设施工程中危险性较大的分部分项工程、超过一定规模的危险性较大的分部分项工程范围（见表11-2）。

表11-2　　房屋建筑和市政基础设施危险性较大分部分项工程范围

序号	类别	危险性较大的分部分项工程	超过一定规模的危险性较大的分部分项工程
1	基坑工程	1.开挖深度超过3m(含3m)的基坑(槽)的土方开挖、支护、降水工程。 2.开挖深度虽未超过3m,但地质条件、周边环境和地下管线复杂,或影响毗邻建、构筑物安全的基坑(槽)的土方开挖、支护、降水工程	开挖深度超过5m(含5m)的基坑(槽)的土方开挖、支护、降水工程
2	模板工程及支撑体系	1.各类工具式模板工程:包括滑模、爬模、飞模、隧道模等工程。 2.混凝土模板支撑工程:搭设高度5m及以上,或搭设跨度10m及以上,或施工总荷载(荷载效应基本组合的设计值,以下简称设计值)10kN/㎡及以上,或集中线荷载(设计值)15kN/m及以上,或高度大于支撑水平投影宽度且相对独立无联系构件的混凝土模板支撑工程。 3.承重支撑体系:用于钢结构安装等满堂支撑体系	1.各类工具式模板工程:包括滑模、爬模、飞模、隧道模等工程。 2.混凝土模板支撑工程:搭设高度8m及以上,或搭设跨度18m及以上,或施工总荷载(设计值)15kN/㎡及以上,或集中线荷载(设计值)20kN/m及以上。 3.承重支撑体系:用于钢结构安装等满堂支撑体系,承受单点集中荷载7kN及以上
3	起重吊装工程	1.采用非常规起重设备、方法,且单件起吊重量在10kN及以上的起重吊装工程。 2.采用起重机械进行安装的工程。 3.起重机械安装和拆卸工程	1.采用非常规起重设备、方法,且单件起吊重量在100kN及以上的起重吊装工程。 2.起吊重量300kN及以上,或搭设总高度200m及以上,或搭设基础标高在200m及以上的起重机械安装和拆卸工程
4	脚手架工程	1.搭设高度24m及以上的落地式钢管脚手架工程(包括采光井、电梯井脚手架)。 2.附着式升降脚手架工程。 3.悬挑式脚手架工程。 4.高处作业吊篮。 5.卸料平台、操作平台工程。 6.异型脚手架工程	1.搭设高度50m及以上的落地式钢管脚手架工程。 2.提升高度在150m及以上的附着式升降脚手架工程或附着式升降操作平台工程。 3.分段架体搭设高度20m及以上的悬挑式脚手架工程

续表

序号	类别	危险性较大的分部分项工程	超过一定规模的危险性较大的分部分项工程
5	拆除工程	可能影响行人、交通、电力设施、通信设施或其他建、构筑物安全的拆除工程	1.码头、桥梁、高架、烟囱、水塔或拆除中容易引起有毒有害气（液）体或粉尘扩散、易燃易爆事故发生的特殊建、构筑物的拆除工程。 2.文物保护建筑、优秀历史建筑或历史文化风貌区影响范围内的拆除工程
6	暗挖工程	采用矿山法、盾构法、顶管法施工的隧道、洞室工程	采用矿山法、盾构法、顶管法施工的隧道、洞室工程
7	其他	1.建筑幕墙安装工程。 2.钢结构、网架和索膜结构安装工程。 3.人工挖孔桩工程。 4.水下作业工程。 5.装配式建筑混凝土预制构件安装工程。 6.采用新技术、新工艺、新材料、新设备可能影响工程施工安全，尚无国家、行业及地方技术标准的分部分项工程	1.施工高度50m及以上的建筑幕墙安装工程。 2.跨度36m及以上的钢结构安装工程，或跨度60m及以上的网架和索膜结构安装工程。 3.开挖深度16m及以上的人工挖孔桩工程。 4.水下作业工程。 5.重量1000kN及以上的大型结构整体顶升、平移、转体等施工工艺。 6.采用新技术、新工艺、新材料、新设备可能影响工程施工安全，尚无国家、行业及地方技术标准的分部分项工程

（2）交通运输部发布的《公路工程施工安全技术规范》（JTG F90—2015），明确了公路工程危险性较大的分部分项工程、超过一定规模的危险性较大的分部分项工程的范围，与建办质〔2018〕31号文有相同之处也有不同之处（见表11-3）。

表11-3　　　　　　　　公路工程危险性较大分部分项工程范围

序号	类别	危险性较大的分部分项工程	超过一定规模的危险性较大的分部分项工程
1	基坑开挖、支护、降水工程	1.开挖深度不小于3m的基坑（槽）。 2.开挖深度小于3m，但地质条件和周边环境复杂的基坑（槽）开挖、支护、降水工程	1.深度不小于5m的基坑（槽）的土（石）开挖、支护、降水。 2.开挖深度虽小于5m，但地质条件、周围环境和地下管线复杂，或影响毗邻建（构）筑物安全，或存在有毒有害气体分布的基坑（槽）的开挖、支护、降水工程

续表

序号	类别	危险性较大的分部分项工程	超过一定规模的危险性较大的分部分项工程
2	滑坡处理和填、挖方路基工程	1. 滑坡处理。 2. 边坡高度大于20m的路堤或地面斜坡坡率陡于1:2.5的路堤，或不良地质地段、特殊岩土地段的路堤。 3. 土质挖方边坡高度大于20m、岩质挖方边坡高度大于30m，或不良地质、特殊岩土地段的挖方边坡	1. 中型及以上滑坡体处理。 2. 边坡高度大于20m的路堤或地面斜坡坡率陡于1:2.5的路堤，且处于不良地质地段、特殊岩土地段的路堤。 3. 土质挖方边坡高度大于20m、岩质挖方边坡高度大于30m且处于不良地质、特殊岩土地段的挖方边坡
3	基础工程	1. 桩基础。 2. 挡土墙基础。 3. 沉井等深水基础	1. 深度不小于15m的人工挖孔桩或开挖深度不超过15m，但地质条件复杂或存在有毒有害气体分布的人工挖孔桩工程。 2. 平均高度不小于6m且面积不小于1200㎡的砌体挡土墙的基础。 3. 水深不小于20m的各类深水基础
4	大型临时工程	1. 围堰工程。 2. 各类工具式模板工程。 3. 支架高度不小于5m；跨度不小于10m，施工总荷载不小于10kN/㎡；集中线荷载不小于15kN/m。 4. 搭设高度24m及以上的落地式钢管脚手架工程；附着式整体和分片提升脚手架工程；悬挑式脚手架工程；吊篮脚手架工程；自制卸料平台、移动操作平台工程；新型及异型脚手架工程。 5. 挂篮。 6. 便桥、临时码头。 7. 水上作业平台	1. 水深不小于10m的围堰工程。 2. 高度不小于40m墩柱、高度不小于100m索塔的滑模、爬模、翻模工程。 3. 支架高度不小于8m；跨度不小于18m，施工总荷载不小于15kN/㎡；集中线荷载不小于20kN/m。 4. 50m及以上落地式钢管脚手架工程。用于钢结构安装等满堂承重支撑体系，承受单点集中荷载7kN以上。 5. 猫道、移动模架
5	桥涵工程	1. 桥梁工程中的梁、拱、柱等构件施工。 2. 打桩船作业。 3. 施工船作业。 4. 边通航边施工作业。 5. 水下工程中的水下焊接、混凝土浇注等。 6. 顶进工程。 7. 上跨或下穿既有公路、铁路、管线施工	1. 长度不小于40m的预制梁的运输与安装，钢箱梁吊装。 2. 跨度不小于150m的钢管拱安装施工。 3. 高度不小于40m的墩柱、高度不小于100m的索塔等的施工。 4. 离岸无掩护条件下的桩基施工。 5. 开敞式水域大型预制构件的运输与吊装作业。 6. 在三级及以上通航等级的航道上进行的水上水下施工。 7. 转体施工

序号	类别	危险性较大的分部分项工程	超过一定规模的危险性较大的 分部分项工程
6	隧道工程	1. 不良地质隧道。 2. 特殊地质隧道。 3. 浅埋、偏压及邻近建筑物等特殊环境条件隧道。 4. Ⅳ级及以上软弱围岩地段的大跨度隧道。 5. 小净距隧道。 6. 瓦斯隧道	1. 隧道穿越岩溶发育区、高风险断层、沙层、采空区等工程地质或水文地质条件复杂地质环境；Ⅴ级围岩连续长度占总隧道长度 10% 以上且连续长度超过 100m；Ⅵ级围岩的隧道工程。 2. 软岩地区的高地应力区、膨胀岩、黄土、冻土等地段。 3. 埋深小于 1 倍跨度的浅埋地段；可能产生坍塌或滑坡的偏压地段；隧道上部存在需要保护的建筑物地段；隧道下穿水库或河沟地段。 4. Ⅳ级及以上软弱围岩地段跨度不小于 18m 的特大跨度隧道。 5. 连拱隧道；中夹岩柱小于 1 倍隧道开挖跨度的小净距隧道；长度大于 100m 的偏压棚洞。 6. 高瓦斯或瓦斯突出隧道。 7. 水下隧道
7	起重吊装工程	1. 采用非常规起重设备、方法，且单件起吊重量在 10kN 及以上的起重吊装工程。 2. 采用起重机械进行安装的工程。 3. 起重机械设备自身的安装、拆卸	1. 采用非常规起重设备、方法，且单件起吊重量在 100kN 及以上的起重吊装工程。 2. 起吊重量在 300kN 及以上的起重设备安装、拆卸工程
8	拆除、爆破工程	1. 桥梁、隧道拆除工程。 2. 爆破工程	1. 大桥及以上桥梁拆除工程。 2. 一级及以上公路隧道拆除工程。 3. C 级及以上爆破工程、水下爆破工程

（3）中华人民共和国水利行业标准《水利水电工程施工安全管理导则》（SL721—2015）明确了水利水电危险性较大的分部分项工程、超过一定规模的危险性较大的分部分项工程范围（见表11-4）。

表11-4　　　　　　　　　水利水电工程危险性较大的分部分项工程范围

序号	类别	危险性较大的分部分项工程	超过一定规模的危险性较大的分部分项工程
1	基坑支护、降水工程	开挖深度达到3（含）~5m或虽未超过3m但地质条件和周边环境复杂的基坑（槽）的土方开挖、支护、降水工程	1. 开挖深度超过5m的基坑（槽）的土方开挖、支护、降水工程。 2. 开挖深度虽未超过5m，但地质条件、周边环境和地下管线复杂，或影响毗邻建筑（构筑）物安全的基坑（槽）的土方开挖、支护、降水工程
2	土方和石方开挖工程	开挖深度达到3（含）~5m的基坑（槽）的土方和石方开挖工程	
3	模板工程及支撑体系	1. 大模板等工具式模板工程。 2. 混凝土模板支撑工程：搭设高度5（含）~8m；搭设跨度10（含）~18m；施工总荷载10（含）kN~15kN/㎡；集中线荷载15（含）kN~20kN/m；高度大于支撑水平投影宽度且相对独立无联系构件的混凝土模板支撑工程。 3. 承重支撑体系：用于钢结构安装等满堂支撑体系	1. 工具式模板工程：滑模、爬模、飞模工程。 2. 混凝土模板支撑工程：搭设高度8m及以上；搭设跨度18m及以上；施工总荷载15kN/㎡及以上；集中线荷载（设计值）20kN/m及以上。 3. 承重支撑体系：用于钢结构安装等满堂支撑体系，承受单点集中荷载700kg以上
4	起重吊装工程	1. 采用非常规起重设备、方法，且单件起吊重量在10（含）kN~100kN的起重吊装工程。 2. 采用起重机械进行安装的工程。 3. 起重机械设备自身的安装、拆卸	1. 采用非常规起重设备、方法，且单件起吊重量在100kN及以上的起重吊装工程。 2. 起重量在300kN及以上的起重设备安装工程；高度200m及以上内爬起重设备的拆除工程
5	脚手架工程	1. 搭设高度24（含）~50m的落地式钢管脚手架工程。 2. 附着式整体和分片提升脚手架工程。 3. 悬挑式脚手架工程。 4. 吊篮脚手架工程。 5. 自制卸料平台、移动操作平台工程。 6. 新型及异型脚手架工程	1. 搭设高度50m及以上落地式钢管脚手架工程。 2. 提升高度在150m及以上附着式整体和分片提升脚手架工程。 3. 搭设高度20m及以上的悬挑式脚手架工程
6	拆除、爆破工程	拆除、爆破工程	1. 采用爆破拆除的工程。 2. 可能影响行人、交通、电力设施、通信设施或其他建筑物、构筑物安全的拆除工程。 3. 文物保护建筑、优秀历史建筑或历史文化风貌区控制范围的拆除工程

续表

序号	类别	危险性较大的分部分项工程	超过一定规模的危险性较大的分部分项工程
7	围堰工程	围堰工程	—
8	水上作业工程	水上作业工程	—
9	沉井工程	沉井工程	—
10	临时用电工程	临时用电工程	—
11	其他危险性较大的工程	其他危险性较大的工程	1. 开挖深度超过16m的人工挖孔桩工程。 2. 地下暗挖工程、顶管工程、水下作业工程。 3. 采用新技术、新工艺、新材料、新设备及尚无相关技术标准的危险性较大的单项工程

135 建筑工程五方责任主体项目负责人质量终身负责制的相关处罚约定有哪些?

答: 依据《住房城乡建设部关于印发〈建筑工程五方责任主体项目负责人质量终身责任追究暂行办法〉的通知》(建质〔2014〕124号)第二条,建筑工程五方责任主体项目负责人是指承担建筑工程项目建设的建设单位项目负责人、勘察单位项目负责人、设计单位项目负责人、施工单位项目经理、监理单位总监理工程师。

第三条规定,建筑工程五方责任主体项目负责人质量终身责任,是指参与新建、扩建、改建的建筑工程项目负责人按照国家法律法规和有关规定,在工程设计使用年限内对工程质量承担相应责任。

第六条规定,符合下列情形之一的,县级以上地方人民政府住房城乡建设主管部门应当依法追究项目负责人的质量终身责任。

(一)发生工程质量事故。

(二)发生投诉、举报、群体性事件、媒体报道并造成恶劣社会影响的严重工程质量问题。

（三）由于勘察、设计或施工原因造成尚在设计使用年限内的建筑工程不能正常使用。

（四）存在其他需追究责任的违法违规行为。

第十一条规定，发生本办法第六条所列情形之一的，对建设单位项目负责人按以下方式进行责任追究。

（一）项目负责人为国家公职人员的，将其违法违规行为告知其上级主管部门及纪检监察部门，并建议对项目负责人给予相应的行政、纪律处分。

（二）构成犯罪的，移送司法机关依法追究刑事责任。

（三）处单位罚款数额5%以上10%以下的罚款。

（四）向社会公布曝光。

第十二条规定，发生本办法第六条所列情形之一的，对勘察单位项目负责人、设计单位项目负责人按以下方式进行责任追究。

（一）项目负责人为注册建筑师、勘察设计注册工程师的，责令停止执业1年；造成重大质量事故的，吊销执业资格证书，5年以内不予注册；情节特别恶劣的，终身不予注册。

（二）构成犯罪的，移送司法机关依法追究刑事责任。

（三）处单位罚款数额5%以上10%以下的罚款。

（四）向社会公布曝光。

第十三条规定，发生本办法第六条所列情形之一的，对施工单位项目经理按以下方式进行责任追究。

（一）项目经理为相关注册执业人员的，责令停止执业1年；造成重大质量事故的，吊销执业资格证书，5年以内不予注册；情节特别恶劣的，终身不予注册。

（二）构成犯罪的，移送司法机关依法追究刑事责任。

（三）处单位罚款数额5%以上10%以下的罚款。

（四）向社会公布曝光。

第十四条规定，发生本办法第六条所列情形之一的，对监理单位总监理工程师按以下方式进行责任追究。

（一）责令停止注册监理工程师执业1年；造成重大质量事故的，吊销执业资格证书，5年以内不予注册；情节特别恶劣的，终身不予注册。

（二）构成犯罪的，移送司法机关依法追究刑事责任。

（三）处单位罚款数额5%以上10%以下的罚款。

（四）向社会公布曝光。

136 建筑安装工程的工期定额是什么？

答： 建筑安装工程工期定额是在一定时期和一定的历史条件下，由建设行政管理部门下发的建筑工程从开工到竣工验收所需消耗的时间标准。

全国性的工期定额标准可参照《住房城乡建设部关于印发建筑安装工程工期定额的通知》（建标〔2016〕161号）。考虑全国各地建筑地质、气候等会产生不同影响，在进行工期预测时可参照地方标准，如《广东省建设工程施工工期定额》（参见粤建标〔2021〕193号）、2018年《北京市建设工程工期定额》和2018年《北京市房屋修缮工程工期定额》等。

与施工工期定额相比，建筑安装工程工期定额以建设项目为对象，工期以月计；施工工期定额以单位工程为对象，工期以天计。

工期计算方法如下。

（1）±0.00以下工程：无地下室工程，按首层建筑面积计算；有地下室工程，按地下室建筑面积总和计算。

（2）±0.00以上工程：按±0.00以上部分建筑面积总和计算。

（3）总工期：按±0.00以下与±0.00以上工期之和计算。

（4）影剧院、体育馆工程：不分±0.00以下以上，按整体建筑面积总和计算。

（5）装修工程工期：不分±0.00以下以上，按装修部分建筑面积总和计算。

137 新建民用建筑修建防空地下室的标准如何规定？哪些项目范围可以申请易地建设？

答： 依据《人民防空工程建设管理规定》（国人防办字〔2003〕18号），第四十七条，新建民用建筑应当按照下列标准修建防空地下室。

（1）新建10层(含)以上或者基础埋深3米(含)以上的民用建筑，按照地面首层建筑面积修建6级(含)以上防空地下室。

（2）新建除（1）款规定和居民住宅以外的其他民用建筑，地面总建筑面积在2000平方米以上的，按照地面建筑面积的2%～5%修建6级(含)以上防空地下室。

（3）开发区、工业园区、保税区和重要经济目标区除(1)款规定和居民住宅以外的新建民用建筑，按照一次性规划地面总建筑面积的2%～5%集中修建6级(含)以上防空地下室。按（2）（3）款规定的幅度具体划分：一类人民防空重点城市按照4%～5%修建；二类人民防空重点城市按照3%～4%修建；三类人民防空重点城市和其他城市

(含县城)按照2%～3%修建。

（4）新建除（1）款规定以外的人民防空重点城市的居民住宅楼，按照地面首层建筑面积修建6B级防空地下室。

（5）人民防空重点城市危房翻新住宅项目，按照翻新住宅地面首层建筑面积修建6B级防空地下室。

第四十八条规定，按照规定应修建防空地下室的民用建筑，因地质、地形等原因不宜修建的，或者规定应建面积小于民用建筑地面首层建筑面积的，经人民防空主管部门批准，可以不修建，但必须按照应修建防空地下室面积所需造价缴纳易地建设费，由人民防空主管部门统一就近易地修建。

省、市级人民政府对各地、各类型民用建筑修建防空地下室、申请易地建设的情形有详细规定的从其规定。

例如《广东省人民政府办公厅转发省人防办 省发展改革委 省财政厅 省自然资源厅 省住房城乡建设厅关于规范城市新建民用建筑修建防空地下室意见的通知》（粤府办〔2020〕27号），第三条规定，城市新建民用建筑受地质、地形、施工等客观因素影响，不能与地面建筑同步修建防空地下室，符合下列情形之一的，建设单位可以申请易地建设。

（一）采用桩基且桩基承台顶面埋置深度小于3米（或者不足规定的地下室空间净高）的。

（二）按规定指标应建防空地下室的面积只占地面建筑首层的局部，结构和基础处理困难，且经济很不合理的。

（三）建在流砂、暗河、基岩埋深很浅等地段的项目，因地质条件不适于修建的。

（四）因建设地段房屋或地下管道设施密集，防空地下室不能施工或者难以采取措施保证施工安全的。

符合上述易地建设条件的，经各地级以上市人民政府明确的主管部门批准，由项目业主单位按照应建防空地下室的建筑面积和规定的易地建设收费标准缴纳易地建设费。

防空地下室易地建设费严格按照《广东省行政事业性收费管理条例》管理，任何单位和个人不得以减免易地建设费作为招商引资等的优惠条件。国家对防空地下室易地建设费减免有规定的，从其规定。

138 建筑工程项目施工图审查的要点有哪些？

答：依据《房屋建筑和市政基础设施工程施工图设计文件审查管理办法》（2013年

住房和城乡建设部令第13号），第九条规定，建设单位应当将施工图送审查机构审查，但审查机构不得与所审查项目的建设单位、勘察设计企业有隶属关系或者其他利害关系。

第十一条规定，审查机构应当对施工图审查下列内容。

（1）是否符合工程建设强制性标准。

（2）地基基础和主体结构的安全性。

（3）是否符合民用建筑节能强制性标准，对执行绿色建筑标准的项目，还应当审查是否符合绿色建筑标准。

（4）勘察设计企业和注册执业人员以及相关人员是否按规定在施工图上加盖相应的图章和签字。

（5）法律、法规、规章规定必须审查的其他内容。

139 建筑工程竣工验收备案应提交哪些文件？

答：依据《住房和城乡建设部关于修改〈房屋建筑工程和市政基础设施工程竣工验收备案管理暂行办法〉的决定》（2009年中华人民共和国住房和城乡建设部令第2号），第五条规定，建设单位办理工程竣工验收备案应当提交下列文件。

（1）工程竣工验收备案表。

（2）工程竣工验收报告。竣工验收报告应当包括工程报建日期，施工许可证号，施工图设计文件审查意见，勘察、设计、施工、工程监理等单位分别签署的质量合格文件及验收人员签署的竣工验收原始文件，市政基础设施的有关质量检测和功能性试验资料以及备案机关认为需要提供的有关资料。

（3）法律、行政法规规定应当由规划、环保等部门出具的认可文件或者准许使用文件。

（4）法律规定应当由公安消防部门出具的对大型的人员密集场所和其他特殊建设工程验收合格的证明文件。

（5）施工单位签署的工程质量保修书。

（6）法规、规章规定必须提供的其他文件。

住宅工程还应当提交《住宅质量保证书》和《住宅使用说明书》。

140 国家优质工程奖参评应具备哪些条件？

答：依据《国家优质工程奖评选办法》（2018修订版），国家优质工程奖获奖项目应当具备下列条件。

（1）建设程序合法合规，诚信守诺。

（2）创优目标明确，计划合理，质量管理体系健全。

（3）设计水平先进，获得省（部）级优秀设计奖或中施企协组织评定的工程建设项目优秀设计成果。

（4）获得工程所在地或所属行业省（部）级最高质量奖，具体名单见表11-5。

（5）科技创新达到同时期国内先进水平，获得省（部）级科技进步奖或科技示范工程。

（6）践行绿色建造理念，节能环保主要经济技术指标达到同时期国内先进水平。

（7）通过竣工验收并投入使用一年以上四年以内。其中，住宅项目竣工后投入使用满三年，入住率在90%以上。

（8）经济效益及社会效益达到同时期国内先进水平。

表11-5　　　　　　　　　省（部）级最高工程质量奖名单

序号	工程类别	最高质量奖	主办单位
1	冶金	冶金行业优质工程奖	中国冶金建设协会
2	有色	中国有色金属工业（部级）优质工程	中国有色金属工业协会
3	煤炭	煤炭行业"太阳杯"	中国煤炭建设协会
4	石油	石油优质工程金质奖	中国石油工程建设协会
5	石化	中国石油化工集团公司优质工程	中国石油化工集团公司
6	化工	全国化学工业建设优质工程	中国化工施工企业协会
7	电力	中国电力优质工程奖	中国电力建设企业协会
8	核工业	中国核能优质工程奖	中国核能行业协会
9	建材	建材行业优质工程奖	中国建材工程建设协会
10	水利	中国水利工程优质（大禹）奖	中国水利工程协会
11	通信	全国优质通信工程项目一等成果	中国通信企业协会通信工程建设分会
12	铁路	铁路优质工程一等奖	国家铁路局
		"中铁杯"优质工程	中国中铁股份有限公司
		"铁建杯"优质工程	中国铁建股份有限公司
		"通号杯"优质工程（通信信号）	中国铁路通信信号集团有限公司

序号	工程类别	最高质量奖	主办单位
13	水运	水运交通优质工程奖	中国水运建设行业协会
		中国交建优质工程奖	中国交通建设股份有限公司
14	军工	军队优质工程一等奖	中国人民解放军总后勤部
15 ~ 17	公路市政建筑	李春奖（公路交通优质工程奖）	中国公路建设行业协会
		全国市政金杯示范工程	中国市政工程协会
		北京市建筑（竣工）"长城杯"金质奖	北京市工程建设质量管理协会
		天津市建设工程"金奖海河杯"	天津市建筑施工行业协会
		上海市建设工程"白玉兰"奖	上海市建筑施工行业协会
		重庆市"巴渝杯"优质工程	重庆市建筑业协会
		河北省建筑工程"安济杯"奖	河北省建筑业协会
		山西省建设工程"汾水杯"奖	山西省建筑业协会
		内蒙古自治区"草原杯"工程质量奖	内蒙古自治区住房建设厅
		辽宁省建设工程"世纪杯"奖	辽宁省建筑业协会
		吉林省建设工程"长白山杯"奖	吉林省建筑业协会
		黑龙江建设工程质量"龙江杯"奖	黑龙江省建筑业协会
		江苏省"扬子杯"优质工程奖	江苏省住房和城乡建设厅
		浙江省"钱江杯"优质工程奖	浙江省住房和城乡建设厅
		安徽省建设工程"黄山杯"	安徽省住房和城乡建设厅
		福建省"闽江杯"优质工程奖	福建省建筑业协会
		山东省建筑工程质量"泰山杯"奖	山东省住房和城乡建设厅
		河南省工程建设优质工程奖	河南省工程建设协会
		河南省建设工程"中州杯"奖	河南省建筑业协会
		湖北省建设优质工程（楚天杯）	湖北省建设工程质量安全协会
		湖南省建设工程"芙蓉奖"	湖南省建筑业协会
		江西省优质建设工程"杜鹃花奖"	江西省建筑业协会
		广东省建设工程"金匠奖"	广东省建筑业协会

续表

序号	工程类别	最高质量奖	主办单位
15～17	公路市政建筑	广西壮族自治区建设工程"真武阁杯"奖	广西建筑业联合会
		海南省建筑工程"绿岛杯"	海南省建筑业协会
		四川省建设工程"天府杯"金奖	四川省建筑业协会
		云南省优质工程一等奖	云南省建筑业协会
		贵州省"黄果树杯"优质工程奖	贵州省建筑业协会
		西藏自治区"雪莲杯"优质工程奖	西藏自治区土木建筑学会
		宁夏回族自治区"西夏杯"优质工程奖	宁夏建筑业联合会
		新疆建筑工程天山奖（自治区优质工程）	新疆维吾尔自治区建筑业协会
		青海省建筑工程"江河源"杯奖	青海省建筑业协会
		陕西省建设工程"长安杯"奖	陕西省住房和城乡建设厅
		甘肃省建设工程飞天奖	甘肃省住房和城乡建设厅
		"中建杯"（优质工程金奖）	中国建筑集团有限公司
		"中铁杯"优质工程	中国中铁股份有限公司
		"铁建杯"优质工程	中国铁建股份有限公司
		中国交建优质工程奖	中国交通建设股份有限公司
		中国电力建设集团优质工程奖	中国电力建设股份有限公司